国家社科基金项目成果

# 中国银行业的结构缺陷与国家金融安全
## ——全球金融动荡时代的改革战略

于永臻　著

中国经济出版社
CHINA ECONOMIC PUBLISHING HOUSE
北京

**图书在版编目（CIP）数据**

中国银行业的结构缺陷与国家金融安全——全球金融动荡时代的改革战略/于永臻著

北京：中国经济出版社，2013.6

ISBN 978－7－5136－1950－9

Ⅰ.①全… Ⅱ.①于… Ⅲ.①银行业－市场竞争－研究－中国 ②银行业－经济效率－研究－中国 ③金融－风险管理－研究－中国 Ⅳ.①F832

**中国版本图书馆 CIP 数据核字（2012）第 233017 号**

责任编辑 严 莉

责任审读 霍宏涛

责任印制 常 毅

封面设计 华子图文

**出版发行** 中国经济出版社

**印 刷 者** 北京市昌平区新兴胶印厂

**经 销 者** 各地新华书店

**开　　本** 710mm×1000mm 1/16

**印　　张** 18.25

**字　　数** 285 千字

**版　　次** 2013 年 6 月第 1 版

**印　　次** 2013 年 6 月第 1 次

**书　　号** ISBN 978－7－5136－1950－9/F・9503

**定　　价** 45.00 元

**中国经济出版社** **网址** www.economyph.com **社址** 北京市西城区百万庄北街 3 号 **邮编** 100037

本版图书如存在印装质量问题，请与本社发行中心联系调换（联系电话:010－68319116）



服务热线：010－68344225 88386794

# 序 言

原北京大学校长 吴树青

中国的金融业是以银行间接融资为主导的,银行信贷资金的配置效率决定着整个金融资源的配置效率。近些年,中国银行业微观经营效率有很大改善,但是市场开放度不够,垄断还比较严重,竞争不充分,因而宏观信贷资金配置效率不高,存在较大浪费。银行业改革的目标是为了提升中国金融资源的配置效率。有效率才有竞争力,有竞争力才有国家金融安全。在后金融危机时代,需要继续坚定地推进改革开放,也必须有清晰的战略思路。

于永臻同志完成的这本专著对此进行了深入的探索。他是我的博士生,在读书期间就开始了对相关问题的研究,毕业后在中央党校执教8年,现在财政部从事政策研究工作。他2008年至2010年获哈佛大学全额奖学金在肯尼迪政府学院做博士后研究员,2010年至2011年又受邀在国际货币基金组织(IMF)西半球部和亚太部做访问学者,历时三载,在风暴眼观察和思考全球金融危机中的世界经济和金融业发展趋向,与世界一流研究机构接轨、和国际主流学术圈进行广泛交流。他曾就危机后中国银行业未来的改革和发展方向、分业和混业经营等问题拜访了哈佛大学、美联储、美国财政部、IMF、世行、布鲁金斯学会、皮特森国际经济研究所等机构的学者、官员和金融专家,获得了第一手的资料,撰写并发表了多篇英文论文,在哈佛、国际货币基金组织等多个顶级机构的国际会议宣读,收到多位国际专家的建议和评论,使得本书的研究更加具有国际视野,大大丰富了研究的深度和广度。

本书立足于解决我国金融和银行系统长期存在的深层次矛盾。中国是WTO的成员,中国银行业将面临国内竞争国际化和国际竞争国内化的趋势,进行大刀阔斧的改革,提高整体竞争力已经成为必由之路。近些年,国有控股商业银行的财务指标虽然大为改善,但银行治理结构低效,改革的重点尚不明确,任务依然艰巨。应该说,我国政府主导型金融体系曾经发挥了积极作用,它能够有效动员金融资源的功能,对中国渐进型经济改革的成功有重要贡献。通过促进外资企业、乡镇企业、民营企业等体制外经济的发展,并通过国有银行的政策性贷款维护国有企业等体制内经济的稳定,中国实现了经济的快速增长,进而再通过非国有经济的增长消化国有企业改革释放的就业压力,中国渐进的经济改革取得了巨大成功。然而,以金融体系为中介的整个金融资源的运用仍然相对低效。利率作为资金成本,成为企业选择投资项目的门槛,由于利率长期人为地控制在低于市场均衡的水平,其对投资项目的筛选功能就不能有效发挥。中国的低利率导致风险补偿功能的缺失,从而使银行在放款时产生强烈的低风险偏好,给所有制、政府背景、企业规模、抵押品和社会关系亲疏等因素以更多的考量,结果出现信贷及其所支配的社会资源向房地产、国有大企业等倾斜,资源配置效率偏低;并进而引起产业结构、经济结构的扭曲,资产泡沫的发酵和系统性金融风险的不断积累。

近些年金融业呈现结构失衡状态下的低效率增长。主要表现在:一是金融发展扭曲为结构失衡下的规模增长。金融机构信贷资产增长多倍,但是融资结构并没有得到改善。10余年前提出的非国有经济在融资上的“倒三七结构”问题仍然没有解决。二是金融运行仍处于低效率状态。以银行业为例,由于银行金融GDP相当于存贷款利差与信贷规模的乘积,利差越大,金融GDP越大,而中国的存贷款利差比国际平均水平多两个百分点,它实际反映的是银行体系运行效率越差,而不是其对经济增长的贡献越大。另一个突出表现在于反常的国际资本循环。中美双边投资收益率的研究成果表明,1999－2009年间,美国在华直接投资的经营性净收益率为15%,加上资产升值和人民币升值因素,实际收益率为18%。美国在中国的股票投资收益率为13%。相比较而言,中国对美国直接投资的实际收益率仅为2.3%,股票投资实际收益率为1.77%,中国投资美国国债与机构债的实际收益率为3.22%。显然中国的投资机会比美国多得多,美国在中国的投资收益率也比中国在美国投资的收益率高得多,那么为什么中国会出现高达1.4万亿美元的对美资本净输出呢?答案显然是金融运行的效率太低,其中一个重要的原因是金融中介不足。这也已经成为国内储蓄转化为国内有效投资的主要瓶颈,而金融中介不足又与民间有效率企业组织发育不良以及金融生态环境有关。三是存在扭曲的二元金融结构。近年来,在有抵押品的行业、国有垄断企业和短期投机领域出现流动性泛滥，投资过度，资产泡沫的局面。而在缺少抵押品的服务业领域、交易成本高的民营中小企业和未来不确定性较大的农业、高新技术产业和新创企业，则存在流动性不足，从而投资不足，发展受阻的问题。

2008 年发端于美国的全球金融危机对未来世界经济的格局将产生深远的影响，我国金融业面临着崭新的挑战与机遇。作者紧紧围绕着提升中国银行业的产业组织效率这条主线，对中国银行业的市场结构、竞争与垄断状况、银行产业组织演变趋势与国有银行的体制转轨、银行产业组织结构与中小企业融资、银行业对外开放与国家金融安全、金融全球化、资产价格波动与银行体系脆弱性、分业经营还是混业经营、金融危机和欧债危机引发的新思考等问题进行了较为深入的分析，并得出了自己的结论和政策建议。在后金融危机时代，对于中国这样以间接融资为主的国家打造一个安全、稳健，富有活力和效率的银行产业，是构筑国家金融安全体系的主要任务之一。中国银行业改革和打造国家金融安全体系的核心是银行产业组织效率的提升，既包括微观面上银行经营效率的提高，也包括宏观面上信贷资金配置效率的改进。作者认为提高中国银行业效率需要进一步强化竞争；中型银行的充分发展是提高整个银行业竞争和效率的关键；发展中小城市银行和村镇银行是解决金融资源宏观配置效率扭曲的重要途径；需要警惕资产价格波动对我国银行体系脆弱性的冲击；应当适时推进混业经营并相应改革金融监管体制。

国有银行需要进行产权结构多元化和产业结构竞争化并重的综合改革。中国银行业既要通过产权改革来解决国有银行的自生能力问题（即内在发展动力机制），又要通过市场结构调整来促进竞争，这样才能提高银行产业效率（微观面上单个银行的经营效率和宏观面上整个银行业的资金配置效率）。这是由中国经济转轨的特殊矛盾决定的。国有银行体制转轨的路径选择应该是产权结构和市场结构改革并重的综合改革。我国 2003 年以来的银行业改革主要集中在国有商业银行的产权结构多元化上（如引入境外战略投资者），但在市场结构竞争化方面却进展缓慢，没有协调推进产权结构和市场结构并重的综合改革，“一条腿长，一条腿短”，因而并没有取得最佳效果。金融业是一个有机联系、互相补充的多样性生态系统，既需要大中小型商业银行，也需要面向社区、中小企业和农民的合作金融组织。为了提高中国银行业宏微观两个层面的效率，必须有策略地开放市场，增加中国银行业的竞争的政策重点应当是坚定不移地大规模对内资开放银行业市场。

面对中国银行体系存在的结构缺陷，汲取2008年金融危机以来欧美国家的教训，建立完善、合理、高效、安全的银行产业组织是当前结构调整和优化政策的应有之意。本书得出了很多富有启发性的结论和政策建议，有助于政府审时度势，正确制定面向全球化的金融发展战略，提升整个银行产业组织和资金配置效率，增强我国银行业的国际竞争力。

吴敬琏

2013年2月8日

# 内容摘要

2008年发端于美国的全球金融危机对未来世界经济的格局将产生深远的影响，我国面临着崭新的挑战与机遇。深度全球化背景下，银行业作为一个对外资开放的产业领域，面对金融全球化带来的挑战和竞争，如何进一步推动体制改革，化解目前银行业存在的隐患，优化银行产业组织结构，提高我国信贷资金配置效率和银行产业整体竞争力，构筑面向全球化的中国金融安全体系，将是未来我们长期努力的方向。

作者运用产业组织理论这一分析工具对我国银行产业组织进行了较为深入的研究。作者紧紧围绕着提升中国银行业的产业组织效率这条主线，对中国银行业的市场结构、竞争与垄断状况、银行产业组织演变趋势与国有银行的体制转轨、银行产业组织结构与中小企业融资、银行业对外开放与国家金融安全、金融全球化、资产价格波动与银行体系脆弱性、分业经营还是混业经营、金融危机引发的新思考等问题进行了较为深入的分析，并得出了自己的结论和政策建议。

作者首先对产业组织理论的演进历史做了一个回顾，在此基础上探讨了产业组织理论的新发展、与金融产业组织有关的研究进展，指出对中国银行产业组织的研究应该置于我国经济发展的阶段和处于转轨期的特殊背景下才能得出符合实际的结论。

第一章考察了2003年以前制度变迁中的我国银行业市场结构及其垄断、竞争状况。由于改革的路径依赖以及政府对银行业的严格管制，当前国有银行仍占垄断地位，非国有银行的竞争力明显不足，整个银行体系的经营绩效连年下滑。我国银行业是一种典型的寡头垄断型的市场结构，2003年以前，我国银行业的竞争强度同其他市场经济国家相比，仍属于竞争强度偏弱的水平，规模经济不明显，国有银行甚至是规模不经济。

第二章则集中在2003年以来开放冲击下我国银行业市场结构、竞争与绩效。新一轮的国有银行改革，不但再次动用了注资、剥离不良资产等改写资产负债表的老手段，还初步建立起国有商业银行法人治理结构，引进战略投资者并实现建行、中行、交行、工商银行和农行，以及许多中小商业银行分别于境内外的上市。新一轮银行改革的前后，国有商业银行的内部结构和所处的外部环境都有很大的不同，相对而言，股份制银行承担的政策性负担远远小于国有商业银行。2003 年以后我国银行业的集中度延续了下降的趋势，四大行以外的商业银行的市场份额不断增加，但集中度仍然比较高。另外，2001 年中国入世后开始稳步推进金融业开放承诺的履行，尤其是 2006 年以后，全面开放银行业，取消外资银行经营人民币业务的地域和客户限制，取消对外资银行在华经营的非审慎性限制，在华外资银行取得了较快发展。外资银行由于目前所占的市场份额较小，目前对我国银行业的竞争与效率的影响还比较小，但长期来看，其冲击不容忽视。

第三章研究了中国银行产业组织效率。中国金融资源配置效率的高低很大程度上取决于占社会资金 78% 以上的银行业的资金效率。作者对中国银行业的寡头垄断型市场结构之下的两个层面的银行产业组织效率（即单个银行微观面上的经营效率和整个银行业宏观面上的信贷资金配置效率）分别进行了研究，结果表明：我国占主体地位的国有银行在经营效率上不但远远低于国际同行，而且低于股份制商业银行；中国的信贷资金配置是扭曲而低效率的，一方面，国有银行存在严重的“惜贷”现象，另一方面，对经济增长作出巨大贡献的中小企业（特别是富有效率的民营中小企业）得不到相应的资金支持。中型银行的充分发展对于促进银行业的竞争和效率具有重要意义。

第四章结合主要市场经济国家银行产业组织演变趋势来探讨我国国有银行体制转轨的路径选择。金融全球化的深入、混业经营的发展以及信息技术革命的迅速推进导致 20 世纪 90 年代以来，国际范围内银行产业组织演进出现了集中和规模扩张的趋势，在此背景下，中国银行业既要通过产权改革来解决国有银行的自生能力问题（即内在发展动力机制），又要通过市场结构调整来促进竞争，这样才能提高产业组织效率（微观面的经营效率和宏观面的资金配置效率）。这是由中国经济转轨的特殊矛盾决定的。国有银行体制转轨的路径选择应该是股权多元化的产权结构改革和放开行业管制的市场结构改革并重的综合改革，关键是政策上要扬长补短，相互配合。我国 2003 年以来的银行业改革主要集中在国有商业银行的产权结构多元化上

（如引入境外战略投资者），但在市场结构竞争化方面却进展缓慢，没有协调推进产权结构和市场结构并重的综合改革，“一条腿长，一条腿短”，因而并没有取得最佳效果。市场开放才有竞争，有竞争才有效率，有效率才有竞争力，有竞争力才有国家金融安全。产权结构多元化和市场结构竞争化并重才是改革的最佳路径。由于外资银行目前所占的市场份额较小，对我国银行业的竞争与效率的影响还比较小，当前增加中国银行业市场结构竞争化的政策重点应当是坚定不移地大规模对内资开放银行业市场。要特别加大对国内民间投资的市场准入和开放力度。

第五章分析了银行产业组织结构与中小企业融资的关系。在政策认识层面，当前很多学者对依靠大银行解决中小企业融资难抱有幻想，把重点和希望寄托在大银行业务流程的再造上。鉴于我国银行信贷资金配置扭曲而低效率的现实，作者认为银行产业组织结构的缺陷是导致中小企业（特别是民营中小企业）融资难的主要原因。因为中小企业的融资主要通过间接的渠道，而小银行与大银行相比，在给中小企业的贷款中存在着比较优势。因而，弥补银行产业组织结构缺陷，放松政府管制，发展中小银行（特别是民营中小银行）的市场结构改革势在必行。中小企业融资难的根源是信息不对称，我国长期金融抑制下形成的银行产业组织缺陷（中小金融机构极不发达）是造成我国中小企业融资特别困难（与国际相比较而言）的主要原因。同时，农村和西部地区长期处于对金融资源的渴求当中，但农村和西部的储蓄资金却通过四大银行信贷渠道大规模流向城市和发达地区，造成农村和西部地区为城市和东部地区的发展长期“献血”，进一步拉大城乡和区域经济差距。银行产业组织结构由集中走向分散会使中小企业贷款增加，竞争加剧，从而使得这些金融资源扭曲的状态得以改善。

第六章分析的重点是银行业对外开放与国家金融安全，涉及外资银行进入中国的进程及其绩效、组织形式演进以及银行业对外开放的国际经验教训与金融安全等内容。改革开放30多年来，中国银行业对外开放经历了从局部地区到全国范围、从外币业务到本币业务、从外国居民到本国居民的发展历程，在循序渐进中稳步推进。外资银行已成为我国银行业的重要组成部分。中国正在快速融入金融全球化，借鉴银行业开放的国际经验教训，面对加入WTO后我国银行业正在和即将面临的挑战，我们可以得出这样的结论：构筑我国面向全球化的银行安全战略的根本点是提升银行业的产业组织效率，进而提升中国银行业的整体竞争力，为此，我们还需尽早制定基于金融安全的我国银行产业组织优化和监管策略。

第七章分析了金融全球化、资产价格波动与银行体系脆弱性的关系。金融全球化的发展，极大地推进了发展中国家的金融深化进程，但在后金融危机时代的国际金融环境中，也对发展中国家的金融安全构成了威胁。中国已经加入WTO和正在快速融入金融全球化，银行业对外开放的步伐正在加快，对国家金融安全正产生越来越大的影响。在现代金融体系中，金融市场环境的变化对银行的经营产生着越来越重要的影响。而资本市场的特点又是极易形成泡沫，因此，在后金融危机时代要十分关注资产价格波动与银行所赖以存在的金融市场脆弱性的联动关系问题，要研究房地产、股票、债券、外汇、金融衍生品等资产价格自身波动的内在规律及其对我国银行体系安全的冲击。本章对后金融危机时代我国所处的国际经济环境进行了分析，提出要十分警惕美国量化宽松货币政策对我国银行体系安全的冲击。要特别关注房地产价格的调控，要讲究调控的艺术，把握好时机和力度。尤其要指出的是，2008年引爆全球金融危机的"大而不能倒"问题，在我国甚至更加严重，加之我国大银行和金融机构都是国家信用做隐性担保，因而这些所谓的"系统性重要的金融机构"在危机发生时必然会得到国家的救助，甚至绑架国家政策。因此，推动我国银行业对内外资的开放，特别是对内资的开放，强化竞争从而提升效率，具有重要的战略意义。

第八章则将分析的重点放在金融危机引发的对中国银行业是否应该走向混业经营的新思考上。2008年金融危机过后，华尔街的投行委身于商业银行，这引起了对分业和混业监管的新讨论。作者对我国银行推行混业经营的利弊得失进行了比较分析，指出从长远来看，中国金融业最终将与世界各国集银行、保险、证券等金融业务于一身的金融巨头进行角逐，从分业经营走向混业经营的体制变革是必然的。混业经营的推进固然风险巨大，但如果建立了与之匹配的良好的金融监管体系，总体上利大于弊。同时，作者提出了在混业经营趋势下我国金融监管体制改革的一些建议。

第九章分析了全球金融危机对宏观经济理论和政策的新挑战，进而对金融安全问题进行了宏观经济学思考。过去的100年发生了三次大经济危机，"大萧条"挑战当时的主流经济学，引发了"凯恩斯革命"和现代宏观经济学的诞生，也引发了对金融安全体系构建的思考，凯恩斯的"政府干预"思想反映在金融领域就是格拉斯—斯蒂格尔法案的通过和分业经营、分业监管模式的确立;20世纪70年代的“经济滞胀”引发了“回归古典”的浪潮,新自由主义宏观经济学主导了顶层政策设计,最终导致美国1999年《金融现代化法案》的通过和混业经营的流行以及金融监管的全面放松,成为21世纪金融危机发生的重要原因;而2008年全球金融危机中出现的新问题对金融安全、宏观经济学的理论与政策形成了新挑战,同样也必将引起金融监管和金融安全顶层政策设计的变革。作者认为,深度全球化背景下国与国之间宏观经济政策协调之难和“国家道德风险”的制约需要在理论和政策层面加强相关研究,推动新的全球治理框架和经济政治秩序的重构;在宏观经济政策中,价格稳定目标应当包括资产价格的稳定;在金融市场高度发达的背景下,金融机构具有了强大的货币创造和衍生功能,央行不再是唯一的货币发行机构,因此要有效监控和调节货币供应量;对市场机制和政府干预各自的边界要有相对清晰的划分,这样才能在金融监管和鼓励金融创新二者之间找到平衡点;收入和财富分配问题应该纳入宏观经济理论和政策视野,减少因贫富悬殊造成金融政策扭曲从而引致金融危机的可能性。

第十章阐述了欧债危机走势及其对我国经济和金融安全的启示。欧债危机反复发酵,仍是当前全球经济下行的主要风险,目前欧元区存在的基本矛盾仍较尖锐,经济增长乏力使债务危机有进入债务负担重－紧缩财政－经济下滑－债务负担进一步加重的恶性循环的可能。欧债危机前景仍不明朗,或呈现长期化趋势,仍可能存在反复。欧债危机会对我国经济有多重影响,其发生原因主要有五个方面。欧债危机对我国有四点启示:一是评估政府债务风险时必须充分考虑经济增速下滑因素;二是完善社会福利制度必须与国家财力相适应;三是必须坚持财政政策和货币政策完整与灵活性;四是银行和公共部门之间的债务传导风险必须得到有效制约。"马歇尔计划"对我国有重要启示,欧债危机给我国提供了有选择增持欧元区主权债券的机会,也为我国投资欧洲企业、购买欧洲的先进技术和全球的资源类产品提供了很好的机会和时间窗口,也为我国金融业在全球布局和国际化提供了前所未有的机遇。

最后,作者将目光转向了对当前中国银行业改革的战略思考,对全书做了总结,并提出了一些重要的思路和政策建议。在后金融危机时代,对于中国这样一个以间接融资为主的国家打造一个安全、稳健、富有活力和效率的银行产业,是构筑国家金融安全体系的主要任务之一。中国银行业改革和打造国家金融安全体系的核心是银行产业组织效率的提升,既包括微观面上银行经营效率的提高,也包括宏观面上信贷资金配置效率的改进。作者认为提高中国银行业效率需要进一步强化竞争;中型银行的充分发展是提高整个银行业竞争和效率的关键;大力发展中小城市银行和村镇银行是解决金融资源宏观配置效率扭曲的重要途径;需要警惕资产价格波动对我国银行体系脆弱性的冲击;应当适时推进混业经营并相应改革金融监管体制;要在对宏观经济理论和政策的反思中对金融安全的顶层政策进行重构;要抓住欧债危机带来的前所未有机遇有序在全球金融版图布局。

# Abstract

As a member of WTO, China will reduce its control on foreign capital's entry into banking field. With regard to the forthcoming challenge and competition in financial globalization, we should dedicate to further the reform of economic system, eliminate potential hazard of our banking industry, optimize structure of banking industry organization, elevate the efficiency of credit resource allocation and China banks' ability to compete in the market, and establish the national financial security system in globalization.

By applying the Industrial Organization Theory as an analysis tool, the author delves into research on China banking industrial organization. Focusing on the promotion of efficiency of China banking industrial organization, the thesis conducts researches on such topics in sequence and makes its own conclusions and policy advice, as market structure of banking industry in China, the situation of its competition and monopoly, the evolution trend of worldwide banking industrial organization and its implication to the system transition of state-owned banks, the relationship between banking industrial structure and small and medium-sized business finance, banking sector's open-up with regard to globalization and national financial security, the strategies about optimization of banking industrial organization and banking supervision.

At first, the author gives an historical review on the Theory of Industrial organization. Based on this, the author summarizes the new arguments about Theory of Industrial Organization and the progress relative to research on financial industrial organization, pointing out that the research conclusions on China banking industrial organization could be more practical only when it is drawn under such consideration that China is a transition economy and developing country.

Chapter 1 examines China banking industrial structure and its competition and monopoly in institutional evolution. Because of the path dependence of reform and strict control on banking sector from government, the state-owned banks monopoly credit market, the non-state-owned banks are evidently lack of ability to acquire more clients, and the performance of whole banking sector is getting worse and worse. Banking industrial structure in China is typically oligopolistic. Compared with other market economies, the extent of competition among banks of China is substantially low before 2003. The scale economy of banking industry is not evident, while state-owned banks are not in scale economy.

Chapter 2 concentrates on the banking market structure, competition and performance facing the impact from external since 2003. The new round of reform on state-owned banks has not only used those traditional means of rewriting the balance sheet such as capital injection and isolation of toxic-assets, but also initially built the corporate governance structure for state-owned commercial banks, brought in strategic investors and then realized the listing of CCB, BC, BCM, ABC and many small and medium-sized commercial banks. After the new around of reform, both the internal structure and the externalities have significantly changed. The policy burden beard by joint-equity banks are relatively far less than that of state-owned commercial banks. Since the year of 2003, our banking concentration continues a declining trend, which means a shrinking market share to the Big Four banks and an increase to the other commercial banks, yet the banking concentration is still high. Besides, China has gradually been opening the financial markets according to the promise for entering WTO, especially when it came to the year of 2006, owing to the full opening of banking and the abolishment of restrictions on overseas banks' locations, choice of customers and non-prudence, foreign banks in China has gain rapid development. Though foreign banks have a smaller share at present, in the long term, their strength should not be overlooked.

Chapter 3 focuses on the discussion of efficiency of banking industrial organization in China. The efficiency of financial resource allocation of China is largely determined by the allocation efficiency of the capital of banking sector, which account for 78% of the total. The author discusses double sides of efficiency of banking industrial organization in China under oligopolistic structure separately. (One is the micro business performance of every single bank; the other is the macro credit allocation efficiency of whole banking sector.) The research indicates that state-owned banks which account for the main part of credit market, performed not only far worse than their international competitors, but worse than joint-equity commercial banks. The credit allocation in China is twisted and inefficient. On one hand, the state-owned banks tend to be reluctant to lend; on the other hand, the small and medium-sized firms (especially the high-efficiency ones) can't get loans. Full development of midsize banks is therefore of great significance.

Chapter 4 discusses the path selection of state-owned banks' system transition, considering the evolution trend of banking industrial organization in main market economies. With the expanding of financial globalization, generalization of universal banking system, and development of Information technology revolution, the trend of concentration and scale expanding in main market economies is more and more evident since 1990s. Based on this background, the author argues that the core problem of China banking reform is to promote the efficiency of banking industrial organization. Property reforms and market structure adjustment should be combined to solve this problem, which is determined by the particular contradiction in economy transition. The path selection of state-owned banks' system transition should pay the same attention to both the diversified property structure reform and the industrial structure reform contributing to reducing control on banking. To achieve this, the key point lies in the cooperation between policies. The banking reform since 2003 has mainly been concentrated on multiple property rights(such as bring in foreign investors), however quite less attention is paid to competitive market structure, without a comprehensive reform programme of the two factors, hardly can we achieve good effect. Only open markets can be competitive, only competitive markets can be effective, only competitive markets can gain competitiveness, and only competitiveness can secure national financial safety. The best path of reform is to combine multiple property rights structure with competitive market structure. Since foreign banks have a small market share, its effect on competition and efficiency is quite insignificant. Presently the policy priorities of competitive banking market structure should unswervingly emphasize on entirely opening to domestic investors, especially to those private investors.

Chapter 5 provides a detailed discussion on the relationship between banking industrial structure and small and medium-sized firms finance. As to the cogitation of policies, many scholars still have illusions about big banks' help solving the financing of small and medium-sized firms pin their hopes on the business process reengineering of big banks. The author argues that the lacuna of banking industrial structure is the key reason that small and medium-sized firms (especially the privately-owned small and medium-sized ones) can't get enough loans. Small and medium-sized firms are usually financed indirectly. Compared with big banks, small banks have an advantage when they deal with loans to small and medium-sized firms. Therefore, in order to compensate for the lacuna of banking industrial structure, it is necessary to conduct market structure reform, which includes reducing government control on banking, developing small and medium-sized banks (especially private small banks). Banking organizational deficiencies (underdevelopment of small and medium-sized institutions) formed under the long term financial regulation is the main reason for financing of small and medium-size firms. Contemporarily, rural areas and the West have always been ravenous for financial resources, while their deposits keep streaming to urban and developed areas, which increase the economical discrepancies between urban-rural and different regions. The decentralization of banking organization structure will increase lending to small and medium-sized firms and intensify competition, therefore gradually improve the distortion of financial resources allocation.

Chapter 6 focuses on banking sector's open-up and financial security in financial globalization, involving the access to Chinese market, evolution of organizational form and performance of foreign banks, lessons from banking sector's open-up and financial security. Since 30 years of reform and opening-up, China banking sector has went through a development process from regional to countrywide, from foreign currency business to local currency business, from foreign residents to residents, which promotes steadily step by step. Foreign banks are becoming an important part of China banking sector. China is now in the process of rapid integration into the global economy, in terms of the banking open-up experience from other countries and the coming challenges after China's entry into WTO, we can thus conclude that the core of China banking reform and construction of national financial security system is the elevation of banking industrial organization efficiency, and strengthen the whole banking sector's competitive ability, for which we should develop strategy on banking sector's organization optimization and supervision based on financial security.

Chapter 7 analyses the relationship of financial globalization, volatility in asset prices and banking fragility. The development of financial globalization has greatly promoted the financial deepening process of developing countries, yet as well posed a threat to the financial security to them in the post-crisis era. Since China has entered WTO and is rapidly integrating into the financial globalization, the speeding pace of banking sector's open up is exerting more and more influence on China financial security. In the modern financial system, changes of financial market are posing a growing impact to banking operation. Hence it is easy to form bubbles in capital market, we should pay much attention to the correlation between asset price changes and the fragility of financial market that banks lives on, also we should investigate prices of assets such as real estate, stock, bond, foreign exchange and financial derivatives, focusing on the inherent laws of its fluctuation and its impact to our banking system safety. This chapter analyses China's located international economic environments in the post-crisis era, puts that we should be vigilant of the potential shocks to our banking system safety of America's quantitative easying. Special attention should be paid to real estate price regulation. Proper timing, frequency and intensity are of great importance. In particular, the problem of "too big to fall" which detonated the global financial crisis in 2008 is even more serious in China. Additionally, the big banks and financial institutions in China are implicitly guaranteed by the government, therefore these so-called "systemic important financial institutions" can inevitably get government bailouts, or even seize control of government policy. In conclusion, it is of strategically importance to open up the banking sector, especially to domestic investors, stiffen competition and increase efficiency.

Chapter 8 lays stress on new thinking of whether China's banking sector should change separating operation into mixing operation triggered by the financial crisis. After the financial crisis, Investment banks in Wall Street commit themselves to commercial banks, which lead to a new round of discussion on separating supervision and mixing operation. The author analyses the advantages and disadvantages of bank mixing operation of China's banking sector, posing that in the long run, China's financial sector will have to compete with financial magnates that mix banking, insurance and securities business around the world, so it is inevitable that mixing operation replaces separating operation. No doubt the risk of mixing operation is huge, but if a well-established financial supervision system is provided, it will generally do more good than harm. The author has also made suggestions on the financial supervision system reform in today's trend for mixing operation.

Chapter 9 analyses the challenges of the global financial crisis to the macro economic theory and policy, and then gives macroeconomics thinking on the finance security issue. There have been three financial crises in the past 100 years. The Great Depression hadn't only challenge to the theoretic foundation of mainstream economics, led to the Keynesian Revolution and the birth of modern macroeconomics, but arisen the thinking of the construction of financial security system. Actually, the passing of Glass-Steagall Act and the construction of separating-operation and speciallized supervision was just the reflection of government intervention in the financial field, which was proposed by Keynes. The Great Stagflation in the 1970s triggered waves of returning to classical economics, Neoliberalist economics held the power of speech and finally led to the passing of Gramm-leach-bliley and the relaxation of financial supervision, which later became an important cause of the global financial crisis in 2008. Identically, new problems exposed in the crisis in 2008 pose new challenges and will lead to changes in financial supervision and the design of top financial security policies. As to the author, the study of the coordination of macroeconomic policies among the states and national moral risk should be emphasized at the level of theory and policy, advancing the refactoring of global governance framework and economic and political order. The stability of asset price should be included in the price stability target of macroeconomic policy. In the speed developing financial market, financial institutions have powerful capability of money creation and deriving, and the central park is no longer the only money producer, so it is of great importance to efficiently monitor and adjust the money supply, demarcate the boundary between market mechanism and government interference, with that we can find the balance of financial regulation and financial innovation. Besides, the income distribution should be integrated into macroeconomic vision, in case that financial policy distortion raised by wealth inequality would cause a financial crisis.

Chapter 10 illustrates the trend of European sovereign debt crisis and its enlightments to China's economic and financial security. European sovereign debt crisis remains the main risk of global economic recession. Sharp basic contradiction and sluggish economic growth in Euro Zone means that the debt crisis may well enter a vicious circle like that: heavy debt burden – – – austerity budget – – – economic downturn – – – heavier debt burden. Currently, the prospect of European debt crisis is still uncertain. There are five reasons for the debt crisis to happen. According to the current situation, it seems like that the crisis could not be solved in a short period, instead it presents a long – term trend and could possibly see a relapse. To sum up, the debt crisis poses four enlightenments to China: Firstly, adequate consideration should be given to slower economic growth in assessments of government debt risk. Secondly, the social welfare system must be built in terms of national fiscal capacity. Thirdly, the integrity and flexibility of fiscal and monetary policy should be kept. Fourthly, the risk transmission path between banks and public sector should be controlled effectively. Marshall Plan has great inspiration to China. The debt crisis provides us an opportunity to increase the holdings of Euro Zone sovereign bond selectively, to invest in European companies and purchase advanced technology as well as natural resources. In addition, it provides an unprecedented opportunity for China's financial industry to internationalize their business, open new branches and initiate new business all over the world.

Finally, the author gives strategic thinking on the revolution of China banking sector, summarize the whole book, presents some important ideas and offers policy suggestions. In the post-crisis era, China, as a country mainly depends onindirect investment, to establish a banking sector of safety, stability, vibrancy and efficiency is a main task for constructing national financial security system. The core task of China banking reform and constructing national financial security system is to improve efficiency of banking industrial organization, both the operational efficiency at the micro level and the allocation efficiency of credit capital at the macro level. Further strengthen competition in order to improve the efficiency in China banking sector. Besides, full development of midsize banks is of great significance. An important way to solve the distortion of financial resources allocation is to further develop the banks in small and medium-sized cities and towns. We should be conscious of the impact of the fluctuation of asset prices on the banking system, promote mixed operation and revamp financial regulation correspondingly, reconstruct top financial security policies during the rethink on macroeconomic theory and policy.

# 目 录

导 论 / 1

一、本书的选题背景和意义 / 2

二、分析工具——产业组织理论的历史回顾 / 4

三、产业组织理论的新发展 / 7

四、与金融产业组织有关的研究及其贡献 / 10

五、本书的主要观点和创新之处 / 13

第一章 制度变迁中的我国银行业市场结构(1979—2002年):垄断与竞争 / 19

一、中国银行业的结构变迁 / 19

(一)改革开放以来银行业的产权和产业组织结构变迁 / 20

(二)中国银行业结构变迁的内在原因 / 22

二、中国银行业的市场份额、集中度与进出壁垒 / 25

(一)中国银行业的市场份额 / 25

(二)市场集中度 / 27

(三)中国银行业的进入与退出壁垒 / 32

三、中国银行业的规模经济 / 35

(一)关于银行业规模经济的一般理论 / 35

(二)影响银行业规模经济的因素 / 38

(三)中国银行业规模经济的实证分析 / 40

第二章 加入WTO以来银行业的结构、竞争与效率 / 47

一、银行主导型的金融结构 / 47

(一)中国当前的金融结构特征 / 48

(二)银行主导与市场主导:孰优孰劣? / 49

二、当前我国银行业市场结构与绩效 / 51
(一)我国银行业市场集中度(2004—2007 年) / 51
(二)我国银行业市场绩效(2004—2007 年) / 53
(三)中国银行业在金融危机期间表现抢眼 / 55
三、外资银行进入中国银行市场:竞争与效率变迁 / 56
(一)外资银行进入中国市场的竞争效应研究 / 57
(二)外资进入与银行业效率的实证研究 / 59

第三章 中国银行业的产业组织效率研究 / 62
一、中国银行业的经营绩效 / 62
(一)中国银行业的创值能力:一个基于 EVA 体系的分析 / 63
(二)银行业经营绩效的国际比较 / 68
二、银行信贷资金的配置效率 / 75
(一)问题的引出 / 76
(二)国有银行信贷资金配置的低效率 / 76
(三)国有银行信贷结构:资金配置的扭曲 / 79
三、信贷资金配置扭曲和低效的代价 / 81
四、银行产业组织效率提升及其结构缺陷的弥补 / 82
(一)我国的银行产业组织结构缺陷 / 82
(二)“中型银行促进竞争”假说与银行产业组织结构缺陷的矫正 / 84
(三)对中国银行业改革的启示 / 86

第四章 2003 年以来的国有银行改革:路径选择与改革绩效 / 87
一、2003 年以来国有银行改革的起点:困境与出路 / 87
(一)国有银行改革的难题 / 88
(二)国有银行竞争力的整体评估 / 90
(三)关于国有银行改革出路的思考 / 95
二、新一轮国有银行体制转轨路径选择的观点及其不足 / 96
(一)关于改革路径选择的现有观点及其理论基础 / 96

（二）两派观点的不足之处 / 97
三、产权结构和市场结构并重的综合改革 / 100
（一）改革路径的选择 / 100
（二）简短的结论和政策建议 / 102
四、国有商业银行股改上市：产权结构改革的迅速推进 / 103
（一）国有商业银行股份制改造过程中的主要难点 / 103
（二）国有商业银行股份制改革实施过程及其取得的成就 / 107
（三）进一步深化国有商业银行股份制改革的战略思考 / 110

**第五章 银行产业组织结构缺陷与中小企业融资 / 115**
一、中小企业融资问题与信贷配给 / 116
（一）中小企业融资概述 / 116
（二）信贷配给理论的相关观点及启示 / 118
（三）信贷配给理论对解决我国中小企业融资问题的启示 / 120
二、信贷决策与银行产业组织结构 / 121
（一）模型设定 / 121
（二）银行业垄断情况下的信贷决策 / 123
（三）引入中小金融机构后的中小企业融资 / 127
（四）对寡头垄断型市场结构下的信贷决策的推演 / 128
（五）模型对我国的启示和进一步的思考 / 129
三、信息不对称、交易成本与“小银行优势”假说 / 130
（一）信息不对称与中小企业融资的“小银行优势” / 130
（二）大银行和中小银行的专业化分工：一个理论模型 / 132
（三）简短结论及其对我国中小企业融资的政策启示 / 135

**第六章 银行业对外开放与国家金融安全 / 139**
一、外资银行进入中国的进程及其绩效 / 139
（一）中国银行业外资准入政策的演变 / 139
（二）外资银行在华扩张的组织形式演进 / 142
（三）“入世”后外资银行在华业务发展及经营绩效 / 144
二、银行业对外开放的国际经验教训与金融安全 / 149

(一)银行业开放的国际经验教训 / 149
(二)银行业开放对金融安全的影响分析 / 154

第七章 金融全球化、资产价格波动与银行体系脆弱 / 158
一、金融全球化与发展中国家的金融安全 / 158
(一)金融全球化的内涵及其表现 / 159
(二)金融全球化对发展中国家金融安全的挑战 / 161
二、资产价格波动与银行脆弱性:理论溯源及其启示 / 163
(一)资产价格波动与狭义银行脆弱性的关系 / 164
(二)资产价格波动与广义银行脆弱性的关系 / 166
三、金融危机与我国银行体系脆弱性 / 168
(一)金融危机与银行体系脆弱性研究的启示 / 168
(二)"大而不能倒"问题与我国银行体系脆弱性分析 / 171

第八章 分业经营还是混业经营?
——金融危机引发的新思考 / 175
一、分业与混业经营:孰优孰劣? / 175
(一)混业经营的主要益处 / 176
(二)混业经营趋势中的风险 / 177
(三)危机后对混业经营风险的再认识 / 179
二、全球金融危机的启示:混业经营需要匹配的金融监管模式 / 181
(一)危机前美国金融监管体系的缺陷 / 181
(二)美国金融监管体系的改革及其对我国的启示 / 182
三、混业经营趋势下我国金融监管体制的改革趋向 / 184
(一)混业经营趋势下我国金融监管存在的问题 / 184
(二)我国金融监管改革的趋向 / 185

第九章 全球金融危机对理论和政策的新挑战——对金融安全的宏观经济学思考 / 188
一、深度全球化背景下国与国之间宏观经济政策如何协调? / 189

(一)美国量化宽松货币政策的负外部溢出效应 / 189
(二)美元为主导的国际货币体系改革困难重重 / 189
(三)欧元体制的内在不协调 / 190
二、价格稳定目标是否应当包括资产价格的稳定? / 191
三、金融市场高度发达条件下央行如何有效监控和调节货币供应量? / 193
四、市场自由和政府干预的边界如何界定? / 194
五、收入和财富分配问题是否应该纳入宏观经济理论和政策的视野? / 195

**第十章 欧债危机走势及其对我国经济和金融安全的启示 / 198**

一、欧债危机发展趋势及对我国的影响 / 198
(一)欧元区经济濒临衰退且有加重债务负担之势 / 199
(二)当前救助机制的效果有待观察 / 199
(三)政治动荡也增添了危机解决的不确定性 / 200
(四)欧债危机对我国经济有多重影响 / 201
二、欧债危机爆发的主要原因 / 203
(一)反危机的财政支出扩张是此次危机的导火索 / 203
(二)人口老化、增长放缓与高福利之间的矛盾是根本原因 / 204
(三)欧洲经济发展长期不均衡是重要原因 / 205
(四)欧元体制的先天缺陷使危机应对更加被动 / 206
(五)国际市场投机在欧债危机中推波助澜 / 206
三、欧债危机对我国经济和金融安全的启示 / 207
(一)评估政府债务风险时必须充分考虑经济增速下滑的风险 / 207
(二)完善社会福利制度必须与国家财力相适应 / 208
(三)必须坚持财政政策和货币政策的灵活性 / 209
(四)银行和公共部门之间的债务传导风险必须得到有效制约 / 210
四、我国面临的历史性机遇 / 211

(一)“马歇尔计划”的启示 / 211
(二)有选择地增持欧元区主权债券的机遇 / 212
(三)加大“走出去”战略推进力度面临机遇 / 213

**结 论 ——暨对我国银行业改革和国家金融安全的若干战略思考 / 215**

一、提高中国银行业效率需要进一步强化竞争 / 215
二、国有商业银行需要进行产权结构多元化和产业结构竞争化并重的综合改革 / 217
三、中型银行的充分发展是提高整个银行业竞争和效率的关键 / 219
四、发展中小银行和村镇银行是解决金融资源宏观配置效率扭曲的重要途径 / 220
五、产业效率的提升是构筑我国银行安全战略的根本点 / 222
六、警惕资产价格波动对我国银行体系脆弱性的冲击 / 223
七、适时推进混业经营并相应改革金融监管体制 / 225
八、在宏观经济理论和政策反思中对金融安全进行顶层政策重构 / 226
九、汲取欧债危机的教训并充分利用带来的前所未有机遇 / 226
十、几点战略性政策建议 / 227

**参考文献 / 230**
**索引 / 246**
**后记 / 249**

# CONTENTS

**INTRODUCTION / 1**

1. The background and importance of this book / 2
2. Analysis tool—an historical review on theory of industiral organization / 4
3. The new arguments about theory of industrial organization / 7
4. Progress relative to research on finantial industrial organization / 10
5. The main point and innovation of this result / 13

**CHAPTER 1 CHINA'S BANKING INDUSTRIAL STRUCTURE IN INSTITUTIONAL EVOLUTION (1979—2002): MONOPOLY AND COMPETITION / 19**

1. Institutional evolution of China banking industry / 19
   1. 1 *The evolution of property right and industrial structure organization structure of banking industry* / 20
   1. 2 *The underlying causes of the evolution of chinese banking industrial structure* / 22
2. The market share, industrial concentration and barrier for entry of chinese banking / 25
   2. 1 *The market share of Chinese banking* / 25
   2. 2 *The industrial concentration of Chinese banking* / 27
   2. 3 *The entry and exit barriers* / 32
3. The scale economy of China banking industry / 35
   3. 1 *A general theory about scale economy of banking industry* / 35

3.2 *Factors that influence scale economy of banking industry* / 38
3.3 *The empirical analysis of the scale economy of China banking industry* / 40

**CHAPTER 2 THE STRUCTURE, COMPETITION, AND EFFICIENCY OF BANKING INDUSTRY SINCE CHINA'S ENTRY INTO WTO / 47**

1. The bank-oriented financial system / 47
1.1 *Current features of China's financial structure* / 48
1.2 *Financial market-oriented and banking-oriented: which one is better?* / 49
2. The market structure and performance of Chinese bank industry / 51
2.1 *The industrial concentration of Chinese banking (2004—2007)* / 51
2.2 *The market performance of Chinese banking (2004—2007)* / 53
2.3 *Chinese banking's strong showing during the financial crisis* / 55
3. Foreign banks into China : competition and efficiency change / 56
3.1 *Research on the competition effect of foreign banks' entering* / 57
3.2 *Empirical research on foreign banks' entering into China and the efficiency of banking industry* / 59

**CHAPTER 3 EFFICIENCY OF BANKING INDUSTRIAL ORGANIZATION IN CHINA / 62**

1. Business performance of Chinese banking industry / 62
1.1 *The value-added ability of Chinese banking industry: a study based on EVA system* / 63
1.2 *International comparisons on bussiness performance of banking*

*industry* / 68

2. Credit allocation efficiency of banking system / 75

2.1 *Derivation of the problem* / 76

2.2 *Inefficiency of credit allocation of state-owned banks* / 76

2.3 *Credit structure of state-owned banks: distortion of credit allocation* / 79

3. The cost of distortion and inefficiency of credit allocation / 81

4. Promotion of efficiency of banking industrial organization and remedy for its structural defects / 82

4.1 *The structual defects of chinese banking industrial organization* / 82

4.2 *The hypothesis that medium-sized banks promote competition and remedy for structural defects of banking industrial organization* / 84

4.3 *Inspiration on Chinese banking sector reform* / 86

**CHAPTER 4 STATE-OWNED BANKS' SYSTEM TRANSITION FROM 2003: PATH SELECTION AND REFORM ACHIEVEMENT / 87**

1. The starting point of the reform of state-owned banks since2003: plights and outlets / 87

1.1 *Problems in the reform of state-owned banks* / 88

1.2 *Assessment on overall competitiveness of state-owned banks* / 90

1.3 *Outlet of reform of state-owned banks* / 95

2. Views on the new round of path selection of state-owned bank system transformation and their defects / 96

2.1 *Existing views on the path selection of reform and their theoretical basis* / 96

2.2 *Defects of the two views* / 97

3. Comprehensive reform emphasis on both property right structure and industrial structure / 100

3.1 *The path selection of reform* / 100
3.2 *Brief conclusion and policy suggestions* / 102
4. Rapid advance of property rights structure reform—IPO of state-owned banks / 103
4.1 *Main difficulties in the shareholding reform of state-owned banks* / 103
4.2 *The shareholding reform process of state-owned banks and its achievements* / 107
4.3 *Strategic thinking on further deepening the shareholding reform of state-owned banks* / 110

**CHAPTER 5 THE DEFECT OF BANKING INDUSTRIAL STRUCTURE AND SMALL AND MEDIUM-SIZED ENTERPRISES FINANCING / 115**

1. Small and medium-sized enterprise financing problems and credit rationing / 116
1.1 *Overview on small and medium-sized enterprises financing* / 116
1.2 *Views about credit rationing theory and revelations* / 118
1.3 *Revelation of credit rationing theory on small and medium-sized enterprises financing problem* / 120
2. Credit decisions and banking organization structure / 121
2.1 *Model specification* / 121
2.2 *Credit decisions in the circumstance of banking monopoly* / 123
2.3 *Small and medium-sized enterprise financing with the introduction of small and medium-sized financial institutions* / 127
2.4 *Deduction of credit decisions in oligopolistic market structure* / 128
2.5 *Inspiration to China and further thinking* / 129
3. Information asymmetry, transaction cost and the "small banks advantage" hypothesis / 130
3.1 *Information asymmetry and the "small banks advantage" of small*

*and medium-sized enterprises* / 130

3.2 *Specialization of big banks and small banks: a theoretical model* / 132

3.3 *A brief conclusion and policy implications to China's small and medium-sized enterprises financing* / 135

**CHAPTER 6 BANKING SECTOR'S OPEN-UP AND FINANCIAL SECURITY / 139**

1. The acess to chinese market of foreign banks and their performance / 139

1.1 *The evolution of foreign investment access policy* / 139

1.2 *The changing of forms of foreign banks' expansion in China* / 142

1.3 *Development and bussiness performance of foreign banks in China after joining the WTO* / 144

2. International practice and lessons of banking sector's open up and financial security / 149

2.1 *International practice and lessons of banking sector's open up* / 149

2.2 *Analysis of the influence of banking sector's open up on financial security* / 154

**CHAPTER 7 FINANCIAL GLOBALIZATION, VOLATILITY IN ASSET PRICES AND BANKING FRAGILITY / 158**

1. Financial globalization and the financial security of developing countries / 158

1.1 *The connotation and manifestation of financial globalization* / 159

1.2 *Challenge from financial globalization to the financial security of developing countries posed by financial globalization* / 161

2. Volatility in asset prices and banking fragility: the theory review and its enlightenment / 163

2.1 *The linkage between volatility in asset prices and narrow banking fragility* / 164

2.2 *The linkage between volatility in asset prices and general banking fragility* / 166

3. Financial crisis and China's banking fragility / 168

3.1 *The inspiration of study on financial crisis and banking fragility* / 168

3.2 *The problem of "too big to fail" and analysis on China's banking fragility* / 171

**CHAPTER 8 NARROW BANKING OR UNIVERSAL BANKING? —NEW THOUGHTS TRIGGERED BY THE FINANCIAL CRISIS / 175**

1. Narrow banking or universal banking? / 175

1.1 *Main advantages of universal banking* / 176

1.2 *Risk of universal banking* / 177

1.3 *New thoughts on the risk of universal banking after the crisis* / 179

2. The reflection of the crisis: matched financial regulation mode for universal banking / 181

2.1 *Defects of America's financial regulation model before the crisis* / 181

2.2 *The inspiration of the reform of America's financial regulatory system to China* / 182

3. The financial supervision system reform in favor of universal banking / 184

3.1 *The problems of current financial supervision* / 184

3.2 *The trend of financial supervision system reform* / 185

**CHAPTER 9 THE CHALLENGES OF THE GLOBAL FINANCIAL CRISIS TO THE ECONOMIC THEORY AND POLICY—MACROECONOMICS THINKING ON THE FINANCE SECURITY ISSUE / 188**

1. The coordination of macroeconomic policies among the states in the background of deepening globalization / 189
    1. 1 *The negative externality of America's quantitative easing* / 189
    1. 2 *Difficulies in the reform of dollar-dominated global monetary system* / 189
    1. 3 *Inner contradiction of Euro system* / 190
2. Should the stability of asset price be included in the fast expanding target of macroeconomic policy? / 191
3. How to efficiently monitor and adjust the money supply in the fast expanding financial market? / 193
4. How to demarcate the boundary between market mechanism and government interference? / 194
5. Should the income distribution be integrated into macroeconomic vision? / 195

**CHAPTER 10 THE TREND OF EUROPE'S DEBT CRISIS AND ITS ENLIGHTMENTS TO CHINA'S ECONOMIC AND FINANCIAL SECURITY / 198**

1. The trend of Europe's debt crisis and its influence to China / 198
    1. 1 *Euro Zone is facing recession with heavier debt burden* / 199
    1. 2 *The effect of current rescue mechanisms still remain to be seen* / 199
    1. 3 *Political unrest enhances the uncertainty of crisis* / 200
    1. 4 *Multiple influence to China* / 201

2. Main reasons for the debt crisis / 203

2.1 *Blasting fuse: the anti-crisis fiscal expansion* / 203

2.2 *Root cause: contradiction between aging population, slower economic growth and high social welfare benefits* / 204

2.3 *Importmant reason: long-term unbalanced economic development within Euro Zone* / 205

2.4 *The birth defects of Euro system makes it more passive for the response to the debt crisi* / 206

2.5 *The speculative activities from international financial market adds fuel to the fire* / 206

3. Enlightments to China's economic and financial security / 207

3.1 *Adequate consideration should be given to slower economic growth in assessments of government debt risk* / 207

3.2 *The social welfare system must be built in terms of national fiscal capacity* / 208

3.3 *The integrity and flexibility of fiscal and monetary policy should be kept* / 209

3.4 *The risk transmission path between banks and public sector should be controlled effectively* / 210

4. China's historic opportunity / 211

4.1 *Enlightments of Marshall Plan* / 211

4.2 *An opportunity to increase the holdings of Euro Area sovereign bond selectively* / 212

4.3 *'Go global' strategy facing a new opportunity* / 213

**CONCLUSION STRATEGIC THINKING ON THE REFORM OF CHINA BANKING SECTOR AND NATIONAL FINANCIAL SECURITY / 215**

1. Further promotion the efficiency in China's banking sector / 215

2. Comprehensive reform emphasis on both the diversifying of property ownership and enhancing competitiveness of industrial structure should be

undertaking in banking sector / 217

3. Full development of midsize banks is of great significance to the banking sector / 219

4. Further developing the small and medium-sized banks in cities and towns is an important way to solve the distortion of financial resources allocation / 220

5. The core of bank security strategy is to promote the efficiency of banking industry while facing with international competitors / 222

6. Be conscious of the impact of the fluctuation of asset prices on the banking system / 223

7. Promote universal banking and revamp financial regulation correspondingly / 225

8. Reconstruct top financial security policies during the rethink on macroeconomic theory and policy / 226

9. Draw Lessons from European Debt Crisis and make full use of the unprecedented opportunities / 226

10. A few pieces of strategic policy suggestions / 227

**REFERENCES / 230**

**INDEX / 246**

**EPILOGUE / 249**

# 导　论[①]

改革开放30多年来,中国金融业的改革、开放和发展已有了巨大的推进,不过中国金融体系的两大基本特征并没有实质性的改变。一方面,中国金融体系仍然是银行主导型的,银行业在资金融通和资源配置过程中仍然发挥着主体的作用。另一方面,中国金融体系仍然是政府主导型的,行政力量在基准利率、人民币汇率和信贷投放规模等方面仍发挥重要的作用,金融业的市场准入、新业务的开发和提供仍需政府主管部门审批。这种银行主导和行政管制型金融体系的存在有其历史的必然性和合理性,但是现阶段已经到了需要实施变革的时期[②]。2008年的金融危机使我们深刻认识到始终以服务实体经济需求为目标,并维持相对稳健的杠杆水平,是中国金融业在危机中保持较好表现的根本原因。长期来看,中国经济的持续稳定发展取决于经济发展模式的成功转型。在这一过程中,金融业的持续稳健发展是重中之重,而这又与金融业监管高度相关。

中国作为世界贸易组织(WTO)的正式成员,企业已渐渐融入全球经济,不得不面对来自世界的竞争对手。挑战和机遇并存。中国银行业,作为一个正在对外资逐步开放的产业领域,如何进一步推动体制改革,优化银行产业结构,提高我国的信贷资金配置效率和银行产业整体竞争力,将是未来我们长期努力的方向。本书将以产业组织理论为分析工具,从一个崭新的视

---

① 2008—2011年,课题负责人获全额奖学金在哈佛大学做博士后研究员和国际货币基金组织(IMF)访问学者工作近三年,在风暴眼观察和思考全球金融危机中的世界经济和银行业发展趋向,并与国际顶尖专家进行广泛交流,使得课题的研究更加具有国际视野,大大丰富了课题研究的深度和广度。课题负责人就危机后中国银行业未来的改革和发展方向、分业和混业经营等问题访问了哈佛大学、美联储、美国财政部、IMF、世行、布鲁金斯学会、皮特森国际经济研究所等一流机构的学者、官员和金融专家,获得了第一手的资料和最新的见解。作者深刻认识到金融业发展壮大对于我国未来参与全球化的竞争和提升国际经济竞争力的极端重要性。

② 潘英丽. 为何需要加快金融转型[J]. 西部论丛,2010(12).

角，对银行业的产业组织、发展路径和结构优化进行较深入的分析和研究，探求后危机时代的国有银行改革走向，并试图对如何提高我国信贷资金配置效率和银行业竞争力，如何构筑面向全球化的中国金融安全体系提出产业组织方面的建议。

## 一、本书的选题背景和意义

作者选题基于以下几个背景：

1. 中国作为WTO的成员，中国银行业面临国内竞争国际化和国际竞争国内化的趋势，进行大刀阔斧的改革，提高整体竞争力已经成为必由之路。

如果说在加入WTO之前，我国的银行改革更多来自内部发展的需要，还主要是“关起门来自己改”的话，那么，自2001年11月以来，作为WTO的成员国，作为《金融服务协议》(Financial Services Agreement)的签字国，为了履行我们对于国际社会的承诺，我国银行业的内部调整和改革将面临更多的外部压力。尽管我们有过渡期的缓冲、谨慎性条款的保护，但可以预见的是我国的金融发展将比以往更多地受制于外部环境的发展，将更加紧密地同全球化的潮流相连。此时此刻，重新审视一下改革开放以来银行业向国际市场靠拢的步伐，盘点自身的优势和不足，分析可能面临的种种问题，是政府制定和实施银行产业未来发展政策的前提。

2. 国有控股商业银行的财务指标虽然大为改善，但银行治理结构低效，改革的重点尚不明确，任务依然艰巨。政府主导型金融体系有效动员金融资源的功能，对中国渐进型经济改革的成功有着举足轻重的决定作用。通过促进外资企业、乡镇企业、民营企业等体制外经济的发展，并通过国有银行的政策性贷款维护国有企业等体制内经济的稳定，中国实现了经济的快速增长，进而再通过非国有经济的增长消化国有企业改革释放的就业压力，中国渐进的经济改革取得了巨大成功。当然，渐进改革的社会成本并没有消失，只是通过银行体系实现了跨时期的后移。这就使东南亚金融危机后中国四大国有银行积累起一定数量的不良资产。加入世贸组织后，卸掉国有商业银行的这一历史包袱，创造中外银行平等竞争条件，成为2002年开始的国有银行股份制改革的首要任务。中央政府通过不良资产剥离、中央银行再贷款、财政和外汇储备注资、引进战略投资者、公开上市融资以及存贷款利差补贴等多项举措的实施，实现了改革的目的，恢复了银行体系稳定运行的基本条件。不过,金融体系潜在的问题已日渐凸显。特别是以金融体系为中介的整个社会资源的运用仍然相对低效。由于资金是社会稀缺资源的支配和使用权,社会资源的低效或无效运用最终必然反映为金融体系不良资产的积累。利率作为资金成本,成为企业选择投资项目的门槛,由于利率长期人为地控制在低于市场均衡的水平,其对投资项目的筛选功能就不能有效发挥。此外,银行放贷利率除了需要弥补资金成本和经营成本外,还需要弥补相应的信贷风险成本。中国的低利率导致风险补偿功能的缺失,从而使银行在放款时产生强烈的低风险偏好,给所有制、政府背景、企业规模、抵押品和社会关系亲疏等因素以更多的考虑,结果出现信贷及其所支配的社会资源向房地产、国有大企业等项目倾斜,资源配置效率偏低;并进而引起产业结构、经济结构的扭曲,资产泡沫的膨胀和系统性金融风险的不断积累。

3. 金融业呈现结构失衡的低效率增长。主要存在以下四方面问题:一是金融发展扭曲为结构失衡下的规模增长。我国贷款总额已从1999年的9.37万亿元增加到截至2013年4月的66.55万亿元①,但是融资结构并没有得到改善。10余年前提出的非国有经济在融资上的“倒三七结构”问题仍然没有解决。二是金融运行仍处于低效率状态。以银行业为例,由于银行金融GDP相当于存贷款利差与信贷规模的乘积,利差越大,金融GDP越大,但它实际反映的是银行体系运行效率越差,而不是其对经济增长的贡献越大。中国的存贷款利差比国际平均水平多两个百分点。三是存在金融中介不足。金融中介不足的一个突出表现在于反常的国际资本循环。我们对中美双边投资收益率的研究成果表明,1999—2009年间,美国在华直接投资的经营性净收益率为15%,加上资产升值和人民币升值因素,实际收益率为18%。美国的中国股票投资收益率为13%。相比较,中国对美国直接投资的实际收益率仅为2.3%,股票投资实际收益率为1.77%,中国投资美国国债与机构债的实际收益率为3.22%。显然中国的投资机会比美国多得多,美国在中国的投资收益率也比中国在美国投资的收益率高得多,那么为什么中国会出现高达1.4万亿美元的对美资本净输出呢?答案显然是金融中介不足已经成为国内储蓄转化为国内有效投资的主要瓶颈,而金融中介不

① 数据来自CEIC数据库。

足又与民间有效率企业组织发育不良以及金融生态环境有关。四是存在扭曲的二元金融结构。近年来,在有抵押品的行业、国有垄断企业和短期投机领域出现流动性泛滥、投资过度、资产泡沫的局面。而在很少抵押品的服务业领域、交易成本高的民营中小企业和未来不确定性较大的农业、高新技术产业和新创企业,则存在流动性不足,从而投资不足、发展受阻的问题。

4. 面对中国银行体系存在的结构问题,汲取2008年金融危机的教训,建立完善、合理、高效、安全的银行产业组织是当前结构调整和优化政策的应有之意。在现代金融体系中,金融市场环境的变化对银行的经营产生着越来越重要的影响。而资本金融市场的特点又是极易形成泡沫,因此,在后金融危机时代要十分关注资产价格波动与银行所赖以存在的金融市场脆弱性的联动关系问题,要研究房地产、股票、债券、外汇、金融衍生品等资产价格自身波动的内在规律及其对我国银行体系安全的冲击。全球金融危机之后的再平衡对于中国在经济结构、金融结构、发展模式以及宏观经济政策等都有很大的冲击,使得我国的政策制定环境变得异常复杂。因此,在当前我国经济结构调整中,面对加入WTO后金融走向开放的新形势,避免潜在的金融危机诱因的产生,制定正确的金融结构调整和银行产业组织优化政策,将是我们制定经济战略时不得不考虑的重要变量。

在上述四个主要的理论和实践背景下,选择运用产业组织理论对走向开放的中国银行业进行研究,是一个值得深入研究和意义重大的课题。运用这一新颖、独特的视角研究银行改革和开放的战略、银行组织结构与中小企业融资、信贷资金配置效率与银行产业结构整合、后金融危机时代的国家金融安全和银行产业组织优化等问题,会得出很多富有启发性的结论,有助于政府审时度势,正确制定面向全球化的金融发展战略,提升整个银行产业组织和资金配置效率,增强中国民族银行业的国际竞争力。

## 二、分析工具——产业组织理论的历史回顾

产业组织理论是本书研究所运用的主要分析工具。

产业组织理论的思想渊源是相当久远的,但是作为一种理论体系其形成于20世纪二三十年代。马歇尔(Alfred Marshall)是最早提出产业组织概

念的人（1890）[①]，张伯伦（E. H. Chamberlin，1933）[②] 和琼·罗宾逊（J. Robinson,1933）提出的"垄断竞争理论"为以后产业组织理论的研究提供了分析基础,他们被称为产业组织理论的先驱者。同一产业内企业与企业之间的关系,特别是垄断与竞争关系,曾是产业组织理论研究的核心内容,然而随着理论研究的逐渐深入,其研究范围已经扩展到企业内部的组织制度,以及企业与政府之间的关系[③]。

经济理论的发展总是与特定的历史时期相联系,它们主要是为解释特定时期的历史现象而产生的。在 15～16 世纪,西欧处于封建社会晚期,即海盗式的殖民主义时代,那时兴起的重商主义反映了商业资本的利益和要求,对西欧资本主义工商业的迅速发展起了推动作用。在 17、18 世纪和 19 世纪初,资本主义从封建主义的桎梏中破壳而出,以亚当·斯密(Adam Smith)为代表的古典经济学家研究资本主义的机理、内部联系和资本主义经济现象的外部关系,对资本主义的早期发展起到了积极的促进作用。到 19 世纪末和 20 世纪初,资本主义从自由竞争过渡到垄断资本时期,在关于垄断与竞争的激烈争论中,产业组织理论作为一门学科发展起来,并逐渐形成各个不同的重要流派。

1. 19 世纪 80 年代至 20 世纪初。这一时期垄断已经成为比较普遍的现象,特别是 1894—1901 年的兼并浪潮造就了成百上千的大型企业。美国 1890 年通过了第一部反垄断法——谢尔曼法,该法的实施使后来大量的企业价格协定被禁止,并使标准石油公司和美国烟草公司于 1911 年被分解,但第一次世界大战的影响使许多反垄断行动中断或停止了。反垄断的实践激起了学者们对垄断利弊的争论,托拉斯的拥护者认为合并是实现效率必需和不可避免的途径,但反对者担心垄断者可能会损害公共利益;反垄断案例的公布也为学者们提供了大量资料,使得产业组织研究的发展相当迅速。

---

① A. Marshall. Principles of Economics. London,1890.

在马歇尔看来,产业和生物组织体一样,是一个伴随着组织体中各部分的机能分化(企业内的分工和社会分工)和组织各部分之间紧密联系和联合(企业的兼并和准兼并)的社会组织体。他以分工和协作为基础讨论了产业组织中的内部经济和外部经济、工厂规模和经济规模。现代产业组织理论以此为基础构架了整个产业组织的主要问题,更加强调了产业组织中的厂商结构和行为。

② E. H. Chamberlin. The Theory of Monopolistic Competition. Harvard University Press,1933.

③ William G. Shepherd. The Economics of Industrial Organization: Analysis, Markets, Policies, 4th edition, Prentice - Hall, Inc. 1997, 21 - 31.

该时期许多学者，如约翰·克拉克（J. B. Clark，The Limits of Competition，1887）、亨利·亚当斯（H. C. Adams，Trusts，1903）、艾利（R. T. Ely，Monopolies and Trusts，1900）等的研究，为后来产业组织理论的发展奠定了坚实基础。实际上现在产业组织理论中的许多核心议题，如垄断的程度、实际和潜在的竞争、垄断的效率、规模经济和规模不经济、寡头垄断、价格歧视、领先者优势，以及创新的重要性、动态过程、沉淀成本、风险与不确定性等到1925年的时候就已经被许多学者认识到，并进行了较深入的讨论。

2. 20世纪30年代至50年代。1929—1933年世界经济遭遇大萧条，为了摆脱危机，美国实施罗斯福新政，从此开始资本主义国家对经济的干预，并逐渐发展成为各主要资本主义国家长期的经济纲领和政策。这以后，美国基本严格实施了以哈佛学派产业组织理论为基础的反垄断政策，政府规制也从最早的铁路扩展到电力、电信、公路、航空等众多部门。

该时期，以张伯伦和罗宾逊为代表的不完全竞争经济学发展起来，1933年，他们分别发表了《不完全竞争经济学》和《垄断竞争理论》两部著作，对垄断竞争问题进行了较深入的理论研究。1938年，梅森在哈佛大学建立产业组织研究小组，提出产业组织分析的理论体系和研究方向，并于1939年出版《大企业的生产价格政策》一书。1940年，克拉克提出"有效竞争"概念，1955年，斯蒂格勒汇总当时的主要研究成果，出版了《商业集中和价格政策》一书。1956年，贝恩（J. S. Bain）开始对市场进入障碍进行研究，并于1959年出版了第一部系统论述产业组织理论的教科书《产业组织》。同年，经济学家凯森和法学家特纳合作出版了《反托拉斯政策》一书。

3. 20世纪60年代至80年代。随着世界上最大、最强的钢铁、汽车等主要产业国际竞争力日趋低下，美国经济出现了大量的财政赤字和贸易赤字，一些重要产业的生产活动向国外转移，发生了所谓的产业空心化现象，越来越多观点认为过紧的反垄断政策是招致这种困境的主要原因之一。1981年里根就任美国总统后，任命信奉自由主义的贝格斯特和米勒分别担任美国司法部反托拉斯局局长和联邦贸易委员会主席，以后波斯纳又被任命为联邦法院的法官。芝加哥学派成了美国反垄断政策所依据的主流理论，并直接推动了美国对航空、铁路、银行、电信、广播等行业实行放松管制。

这一时期产业组织理论的发展可谓百家争鸣，有关认知和分析方法的积累已相当丰富，理论框架、计量模型、案例分析和政策制定的结合也基本达到了较好的程度。1968 年斯蒂格勒(Stigler)《产业组织》一书的问世,标志着芝加哥学派在理论上的成熟;可竞争市场理论在 1975—1982 年间发展起来,主要代表人物鲍莫尔、帕恩查和韦利格于 1982 年出版了《可竞争市场与产业结构理论》一书;博弈论开始应用到产业组织理论模型的研究中,1988 年泰勒尔发表《产业组织理论》,反映了该领域的主要研究成果。

4. 20 世纪 90 年代以后。20 世纪 90 年代以后,国际竞争压力的逐渐增强,使产业组织理论的研究者们不得不在世界经济一体化的背景下重新考虑该理论的发展方向。被称为跨世纪审判的美国司法部与 19 个州对微软公司诉讼案,以戴姆勒—克莱斯勒、波音—麦道等著名合并案为代表的国际性行业整合,各国对自然垄断行业的改革,以及 21 世纪之初发生的安然、世通公司事件,也注定对产业组织理论的发展提出新的要求。产业组织理论在研究方法和研究对象上都面临新的转变。

## 三、产业组织理论的新发展

产业组织理论的新发展主要表现在如下方面:

1. 在结构—行为—绩效分析框架方面改变了以梅森和贝恩为代表的单向和静态研究模式,但该框架仍是产业组织体系的主体理论框架。

新产业组织理论认为,SCP 框架是一个循环的流程,S、C、P 之间并非只是一个简单的 S - C - P 的单向决定,而且还存在着 P - C - S 这样一个反向决定,从长期看,SCP 框架实质上是一个周而复始、不断发展的循环过程。这一理论体系可以用图 1[①] 表示出来。

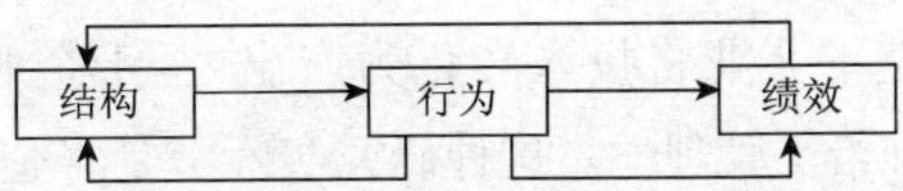


**图 1　结构、行为、绩效的相互关系**

例如,以斯蒂格勒(George Stigler)为代表的芝加哥学派认为,S、C、P 之间的关系主要体现为 P - C - S。由于一些企业在剧烈的市场竞争中能取得更高的生产效率,所以它们才能获得高额利润,并进而促进企业规模的扩大

① 李贤沛. 工业经济学[M]. 北京:经济管理出版社,1994:151.

和市场集中度的提高,形成以企业和高集中为特征的市场结构。德姆塞茨(H. Demsetz)就曾指出,较高的利润是组织规模经济的报酬,任何成本最低的企业规模自然也就迅速扩大,从而企业行为在运行绩效与市场结构之间形成一条反向通道①。斯蒂格勒认为,除了政府的进入规制外,由于真正的进入壁垒在实际中几乎不存在,因此市场上的现存企业都面临着潜在进入者的竞争压力。鲍莫尔(William Baumol)等人发展了斯蒂格勒的思想,在此基础上提出了"可竞争市场"和沉淀成本理论。他指出,在可竞争市场中,由于潜在进入者的压力,促使现存企业降低成本、扩张规模、注重创新,从而既改变了市场结构,又影响市场绩效。鲍莫尔的"可竞争市场"理论,摆脱了市场结构与市场行为之间单向既定的逻辑关系。

结构—行为—绩效这一理论框架从研究方法上看,将产业组织的理论和实践紧密结合,在此框架下既有理论规范,又有实证,避免了单纯的抽象或实证分析,从而使研究既有理论深度,又能与实际紧密相连②。从研究内容上看,该框架可以将产业组织研究的主要内容包容在一个简洁的框架中,所以尽管产业组织学的学派较多,但它至今仍然是产业组织体系的主体理论框架③。

2. 在理论基础上,新产业组织理论广泛吸取了现代微观经济学的新思维,修正了传统产业组织理论基于新古典主义的假设。

新古典主义的微观经济学,无论是局部均衡理论,还是一般均衡理论,都是将企业看作根据生产函数来确定最优产量的一种不可细化的基本分析单位。因此,在新古典主义看来,不管是垄断企业,还是完全竞争企业,不管是经理控制企业,还是股东控制企业,所有企业都以利润最大化为行为目的,在这一目的驱使下企业将投入转化为产出,至于企业内部是如何运作的,贝恩将此问题推给了管理学。这种研究实际上是将企业视为"黑箱",从而使研究脱离了客观实际。而新产业组织理论,尤其是以科斯、威廉姆逊为代表的新制度学派运用交易成本理论,对企业的存在及其规模作了更令人信服的解释。该派将交易成本论用以分析企业与市场边界,为产业组织研究提供了全新的微观经济视野,使新的产业组织理论更趋近于现实。

---

① 马建堂. 结构与行为——中国产业组织研究[M]. 北京:中国人民大学出版社,1993.

② 丁敬平. 产业组织与政府政策[M]. 北京:经济管理出版社,1991:93.

③ 金碚. 产业组织经济学[M]. 北京:经济管理出版社,1999.

3. 在研究重心方面，从产业组织分析的结构主义转向厂商行为主义，即从重视市场结构转向重视企业行为的分析。

如前所述，传统产业组织理论的分析框架为 S－C－P，因此将市场结构作为研究重心，而新产业组织理论更重视 SCP 框架中企业行为的分析，如芝加哥学派从行为主义的方法论出发，认为厂商行为是厂商预期的函数，政府无须干预市场机制的运作。新奥地利学派十分推崇企业行为的决策人——企业家的作用。在新古典理论中，企业家的作用是静态和被动的，而新奥地利学派则从不完全信息出发，在理解市场时强调过程学习和发现，认为竞争性市场过程是分散的知识、信息的发现和利用过程，因而他们特别强调企业家及其创业精神在这一过程中的重要作用，强调在竞争的市场上企业家的行为是指导资源的流动以最好地满足消费者的需要[①]。1985 年索耶尔（M. C. Sawyer）在其修订版的《产业和厂商经济学》一书中，首次把厂商纳入产业组织理论著作的标题中，并以厂商为中心展开分析。索耶尔认为，行业是不确定和虚的，厂商才是基本实在的经济单位，市场结构事实上反映的是企业之间的竞争关系。由此可见，20 世纪 80 年代以来，产业组织理论研究重点已完成了从结构主义向厂商主义、行为主义的转变。

4. 在研究方法上，突破实证分析的局限性，引进博弈论、计量经济学和信息经济学的分析方法，将博弈论和信息经济学有机地贯穿于产业组织研究中，推动了产业组织学的新发展。

1994 年和 1996 年两度诺贝尔经济学奖的归属体现了博弈论的分析方法在现代经济学中已经逐渐占据主流地位。博弈论是人们之间的行为存在相互作用情况下的决策理论。在产业组织理论中一般把博弈论应用在对寡头垄断竞争的分析中。最早的运用者是古诺（A. Cournot），他从独占出发，把分析延展至两企业垄断以及多数企业间的数量竞争。源于其名字，数量竞争也被称为古诺竞争，由此得到的均衡就是现代博弈论中的纳什均衡，不过不少人认为更确切的说法是古诺—纳什均衡。与古诺所研究的数量竞争相对，伯川德（J. Bertrand）和埃奇沃斯（F. Edgeworth）对价格竞争进行了研究，因此，价格竞争被称为伯川德—纳什均衡。1951 年纳什在冯·纽曼（John von Neumann）和摩根斯特恩（Oskar Morgenstern）1944 年编著的《博弈论与经

① 于立．产业经济学理论与实践问题研究［M］．北京：经济管理出版社，2000：20.

济行为》的基础上，将博弈的均衡进行了定式化，使纳什均衡成为有力的分析工具，因此，运用博弈论所进行的一系列研究主要是用纳什均衡阐明企业行为，分析在市场初期条件（或初期均衡状态）给定时，如何通过企业行为实现新的均衡①。

从产业组织理论的萌芽、形成和发展的过程中可以看出，萌芽阶段的产业组织理论主要以垄断和竞争为研究对象，形成阶段的该理论主要随着市场的不断扩大和产业组织的结构和形态越来越复杂，侧重研究产业组织的结构形态与结构、行为和绩效的关系，而发展阶段的该理论随着市场竞争的加剧，侧重从多角度探究企业市场行为。产业组织理论为各国在市场经济背景下制定产业政策和有关的公共政策，以影响和控制市场结构及企业的市场行为提供了理论依据。

但是产业组织理论仍存在一些有待完善之处。例如，SCP 框架虽然有助于把握企业行为及相关问题，但抽象掉了影响企业行为的其他一些重要因素，对企业行为理解存在简单化、抽象化的问题。再如，在理论基础上，新产业组织理论虽然对新古典主义假设有所突破，但以科斯为代表的交易成本理论至多只是把企业这种“黑箱”变成“暗箱”，离现实的企业仍有一定距离。总之，迄今为止新产业组织理论尽管取得了开拓性的进展，但仍有待完善。

## 四、与金融产业组织有关的研究及其贡献

目前与金融产业组织有关的已有研究是分金融结构、银行产业组织和证券公司的市场结构、金融企业（主要是国有商业银行）行为、金融效率和金融监管四条路线分别展开的。

1. 金融结构的研究国外主要以美国戈得史密斯的《金融结构和金融发展》②为代表。戈得史密斯对金融结构的定义是：一国现存的金融工具和金融机构的总和构成该国的金融结构。他从事金融结构研究的目的是“找出决定一国金融结构、金融工具存量和金融交易流量的主要经济因素，并阐明这些因素怎样相互作用而促进金融发展”。随着中国金融体系逐步建立和

---

① ［日］植草益．日本的产业组织理论与实证的前沿［M］．北京：经济管理出版社，2000：8.

② ［美］雷蒙德·W. 戈得史密斯．金融结构和金融发展（中译本）［M］．周朔，等，译．上海：上海三联出版社，1990：44.

完善,国内对金融结构的研究成果日益增多。如李茂生和王兆星对中国金融结构分别作出的研究等。王兆星对金融结构的定义是“各种金融要素有机联系的整体,包含着各种金融要素间质的联系和量的关系。从横向上它是金融主体、客体、形式、工具、价格及市场的有机整体,从纵向上则是微观基础、中观市场和宏观管理的有机整体”。而研究的目的则在于“通过优化金融结构,促进我国经济协调发展”(王兆星,1991)。国内外对金融结构的研究对金融产业组织尤其是金融产业组织的市场结构研究的贡献在于:一方面指出了金融结构与经济的互相作用,这给我们进行金融产业组织研究以启发;另一方面金融结构中对金融企业的研究可以为金融产业组织研究提供借鉴。

2. 对银行产业组织和证券公司市场结构的研究散见于学术期刊的论文中。如于良春和鞠源的《“十五”期间我国银行业发展与相关产业组织政策探讨》(《改革》,2000 年第 3 期),张磊的《银行业的产业结构、行为与绩效——从产业组织学角度对银行业进行分析》(《外国经济与管理》,2000 年第 3 期),赵旭、蒋振声和周军民的《中国银行业市场结构与绩效实证研究》(《金融研究》,2000 年第 3 期),刘伟和黄桂田的《银行改革的侧重点:产权结构还是市场结构》(《经济研究》,2002 年第 8 期)等。该类研究的主要贡献在于:对我国银行业和证券公司的产业组织和市场结构进行了探索,为更深入、系统地进行金融产业组织研究奠定了基础。

3. 对金融企业行为研究的专著不多。国外的专著目前笔者尚没有查找到,国内的研究专著是武捷思的《中国国有商业银行行为研究》[①]。在这本专著里,武捷思研究了银行行为的共同规律和国际经验,分析了国有商业银行的经营环境及其行为表现,最后提出了若干宏观政策和微观措施的建议。其他对金融企业行为的研究则散见于各类金融研究的文章中。

4. 对金融效率研究的专著以王广谦的《经济发展中金融的贡献与效率》和王振山的《金融效率论——金融资源配置的理论和实践》为代表。尤其是王振山以金融效率为主线,将帕累托效率理论运用于金融资源配置领域,对金融效率的帕累托条件、决定因素、金融体系内在运行特征对金融效率的影响等问题,进行了系统的理论和实证分析,对研究金融的绩效提供了有益的借鉴。

---

① 武捷思. 中国国有商业银行行为研究[M]. 北京:中国金融出版社,1996.

对金融监管研究的专著较多。大多专著分监管的目标、对象、主要内容、基本原则、形式、方法和传递机制几大方面展开。这些研究的贡献在于针对金融机构和金融业务,研究了金融监管的理论和实践。

与金融产业组织相关的研究为开展金融产业组织研究作出了贡献,但将产业组织理论运用在金融研究之中、系统地进行金融产业组织市场结构的研究仍有待进一步深入。如前所述,产业组织理论的一个重要作用是,可为市场经济背景下制定产业政策以控制和影响市场结构及市场行为提供理论依据。而我国市场化取向的金融改革方兴未艾,把金融作为一个产业,以产业组织理论为指导,研究在市场经济背景下金融产业组织的市场结构、行为和绩效不仅能深化国内外金融产业组织的理论研究,还能使我们更深刻地透视金融产业组织,为深化金融改革提供理论指导,并进而实现金融和经济在相互作用中的共同发展。

在我国金融业市场化转轨过程中,产业组织的市场结构对行为、绩效的作用较为突出,所以,我们应该借鉴西方产业经济学的成果和经验。同时,由于主要的金融企业还有待建立现代企业制度,金融市场也不像西方那样成熟和完善,因此,我们的研究应更多注意其"过渡性"和"特殊性",只有这样,金融产业组织的研究才可能更符合我国的实际,更能体现其"应用性"的特点。

西方发达国家产业组织理论的政策应用领域主要有三个(卡尔顿·佩罗夫,1998):一是增加或减少福利的政府行为的效果;二是反垄断及其法律、法规;三是政府如何规制商业行为和市场结构。但对于我国来讲,作为一个刚刚加入 WTO 的发展中国家,以日本为代表的后起国家的产业组织理论的理论观点和政策主张值得借鉴①。

面对强大的国际竞争,我国产业组织理论的研究及政策在强调完全竞

① 后起国家的产业组织理论的理论观点和政策主张是在特定的历史环境下形成的。其理论依据来源于德国古典经济学家李斯特创立的"幼小产业保护论"。"二战"后,日本经历了一个经济重整和政治维新的过程,初步建立起了自由竞争的市场秩序。但是,由于日本许多重要产业都处于幼小产业时期,在国际竞争中受到先进国家的巨大压力,日本学者和政府官员都意识到,在世界经济自由化的潮流中,维持一个自由竞争的市场体系并不符合当时日本的国情和大众的利益。因此,他们纷纷主张政府对这些产业加强保护和扶持,在本国迅速建立起高效率的分工协作体系,推进技术进步,降低生产成本,从而在这些产业迅速培育起与先进国家相抗衡的国际竞争力。其主要措施是实施大公司战略、大集团战略和在专业化协作基础上的大、中、小企业协调发展战略。

争的市场结构与平均利润率的形成、市场经济效率和企业内部的生产效率优势，着眼点应该在于产业的国际竞争力。近年来，面临世界经济一体化所带来的越来越激烈的国际竞争，发达国家也都纷纷采用积极的产业组织政策。推动产业内大企业和特大企业通过兼并和联合等形式进行产业整合是近年来发达国家产业组织政策的新趋势，而进一步巩固和增强本国产业的国际竞争优势则成为这一调整的根本目的。

当前，我国正处于经济体制改革的转轨时期，社会主义市场经济体制尚不完善。与此同时，加入 WTO 给我们带来的是经济自由化和国内外经济一体化的全面加深，使我国改革滞后的银行业发展面临前所未有的强大的国际竞争，尽快提升我国银行产业的国际竞争力已刻不容缓。因而，我国的银行产业组织研究，必须将制度研究和增强国际竞争力置于重要地位。重在从企业内部产权结构、组织结构为出发点来研究产业组织的新制度学派的产业组织理论，尤其是现代企业理论，以及以培育本国产业的国际竞争力为着眼点的后起国家产业组织理论，值得我国银行产业组织研究加以关注和借鉴。

## 五、本书的主要观点和创新之处

作者的分析紧紧围绕着提升中国银行业的产业组织效率这条主线，对中国银行业的市场结构、竞争与垄断状况、银行产业组织演变趋势与国有银行的体制转轨、银行产业组织与中小企业融资、银行业对外开放与国家金融安全、金融全球化、资产价格波动与银行体系脆弱性、分业经营还是混业经营、金融危机引发的新思考等问题进行了较为深入的分析，并得出了自己的结论和政策建议。

在过去 20 多年改革中，中国银行业走过了一条从单一的国有金融产权完全垄断到多种产权形式初具竞争的渐进道路，其产业组织结构变迁呈现出明显的阶段性特征。由于改革的路径依赖以及政府对银行业的严格管制，当前国有银行仍占垄断地位，非国有银行的竞争力明显不足，整个银行体系的经营绩效连年下滑，我国银行业是一种典型的寡头垄断型的市场结构。2003 年以前，我国银行业的竞争强度同其他市场经济国家相比，仍属于竞争强度偏弱的水平，规模经济不明显，国有银行甚至是规模不经济。

2003 年以来的新一轮的国有银行改革，不但再次动用了注资、剥离不良资产等改写资产负债表的老手段，还初步建立起国有商业银行法人治理结构，引进战略投资者并实现建行、中行、交行、工商银行和农行，以及许多中小商业银行分别于境内外的上市。新一轮银行改革的前后，国有商业银行的内部结构和所处的外部环境都有很大的不同，相对而言，股份制银行承担的政策性负担远远小于国有商业银行。2007年末，中国商业银行机构的总资产规模达到43万亿元人民币，为2007年GDP的172.3%，且近年来银行业的财务表现和产业态势都出现了一些前所未有的变化和特征。2003年以后我国银行业的集中度延续了下降的趋势，四大行以外的商业银行的市场份额不断增加，但集中度仍然比较高。另外，2001年中国"入世"后开始稳步推进金融业开放承诺的履行，尤其是2006年以后，全面开放银行业，取消外资银行经营人民币业务的地域和客户限制，取消对外资银行在华经营的非审慎性限制，在华外资银行取得了较快发展。外资银行由于目前所占的市场份额较小，目前对我国银行业的竞争与效率的影响还比较小，但长期来看，其冲击不容忽视。

基于中国银行业这种高度集中的产业组织结构和低效率，根据传统产业组织理论的SCP分析范式，中国银行业改革的侧重点似乎是放松管制、引入竞争的市场结构改革。然而考虑到中国转轨经济的特殊矛盾、全球银行产业组织的演变趋势以及中国加入WTO后面临的强大国际竞争，这个结论显得过于简单。

在20世纪90年代，金融全球化进程加快，国际范围内银行间的并购风潮使得银行业的行业集中度上升、单个银行的规模显著扩张。不仅如此，信息技术革命的迅速推进引发了世界范围内银行业的传统业务和产业组织结构的深刻变化，使银行业出现分散化和集中化并存的趋势。针对现实经济活动过程中出现的这种新变化和趋势，当前国有银行体制转轨应该选择怎样的路径？改革的侧重点是产权结构还是市场结构？制定政策的原则应该是什么？

中国银行业既要通过产权改革来解决国有银行的自生能力问题（即内在发展动力机制），又要通过市场结构调整来促进竞争，这样才能提高产业组织效率（微观面的经营效率和宏观面的资金配置效率）。这是由中国经济转轨的特殊矛盾决定的。国有银行体制转轨的路径选择应该是产权结构和市场结构改革并重的综合改革，二者本质上都是为了促进中国银行产业组织效率的提升,因而是相互协调、相互补充、相互促进的关系。协调的关键是政策上要扬长补短,进行合理的配合。

我国2003年以来的银行业改革主要集中在国有商业银行的产权结构多元化上(如引入境外战略投资者),但在市场结构竞争化方面却进展缓慢,没有协调推进产权结构和市场结构并重的综合改革,"一条腿长,一条腿短",因而并没有取得最佳效果。

市场开放才有竞争,有竞争才有效率,有效率才有竞争力,有竞争力才有国家金融安全。产权结构多元化和市场结构竞争化并重才是改革的最佳路径。这就是要加快银行业对内对外的开放速度。要特别加大对国内民间投资的市场准入和开放力度。

决策分散化的市场改革必然引起实体经济中产业组织结构的变化,为中小企业特别是体制外民营中小企业的发展带来了竞争,提升了经济的资源配置效率;与实体经济的产业组织结构变迁相匹配,必然要求金融产业组织结构改革,发展中小金融机构,特别是中小银行。因为中小企业的融资主要通过间接的渠道,而小银行与大银行相比,在给中小企业的贷款中存在着经济上的比较优势。因而,弥补银行产业组织结构缺陷,放松政府管制,发展中小银行的市场结构改革势在必行。中小企业融资难的根源是信息不对称,我国长期金融抑制下形成的银行产业组织缺陷(中小金融机构极不发达)是造成我国中小企业融资特别困难(与国际相比较而言)的主要原因。同时,农村和西部地区长期处于对金融资源的渴求当中,但农村和西部的储蓄资金却通过四大银行信贷渠道大规模流向城市和发达地区,造成农村和西部地区为城市和东部地区的发展长期"献血",进一步拉大城乡和区域经济差距。银行产业组织结构由集中走向分散会使中小企业贷款增加,竞争加剧,从而使得这些金融资源扭曲的状态得以改善。

金融全球化的发展,极大地推进了发展中国家的金融深化进程,但在后金融危机时代的国际金融环境中,也对发展中国家的金融安全构成了威胁。中国已经加入WTO和正在快速融入金融全球化,银行业对外开放的步伐正在加快,对国家金融安全正产生越来越大的影响。借鉴银行业开放的国际经验教训,面对加入WTO后我国银行业正在和即将面临的挑战,作者在对我国银行体系的脆弱性进行分析之后指出,构筑我国面向全球化的银行安全战略的根本点是提升银行业的产业组织效率,进而提升中国银行业的整体竞争力。

在现代金融体系中,金融市场环境的变化对银行的经营产生着越来越重要的影响。而资本金融市场的特点又是极易形成泡沫,因此,在后金融危机时代要十分关注资产价格波动与银行所赖以存在的金融市场脆弱性的联动关系问题,要研究房地产、股票、债券、外汇、金融衍生品等资产价格自身波动的内在规律及其对我国银行体系安全的冲击。2010 年 11 月份,美国为刺激本国经济增长,转嫁金融危机,实施了第二轮量化宽松货币政策,其产生的巨量流动性正在向新兴市场经济国家(如中国、巴西、印度等)蔓延,再加上国际范围的食品供给短缺,中东和北非的局势不稳,我国国内劳动力成本上升和外汇对冲引发的流动性过剩,通胀压力和房地产泡沫都有所加剧,我们要谨慎应对,防止资产价格泡沫的过分累积。特别是房地产价格的调控,要努力采取多种措施使其趋于稳定,升幅过高将会进一步累积泡沫和风险,降幅太大又可能引发泡沫破灭后的“金融危机”,要讲究调控的艺术,把握好时机和力度。

自 20 世纪 80 年代以来,随着各国经济的蓬勃发展及金融国际化步伐的加快,金融自由化的浪潮兴起,许多国家纷纷放弃原先的金融分业管制政策,与此同时越来越多的金融机构热衷于多元化经营并采取兼并收购等手段向其他业务领域渗透。混业经营逐渐成为各国金融业发展的基本模式。我国目前的金融体制是分业经营,但从长远来看,中国金融业最终将融入全球竞争之中,与世界各国集银行、保险、证券等金融业务于一身的金融巨头进行角逐,中国金融业实现从分业经营走向混业经营的体制变革是必然的,也是可能的。混业经营的推进固然风险巨大,但如果建立了与之匹配的良好的金融监管体系,总体上利大于弊。

中国银行业改革和打造国家金融安全体系的核心问题是银行产业组织效率的提升,既包括微观面上银行经营效率的提高,也包括宏观面上信贷资金配置效率的改进。

本书的主要创新之处在于:

1. 运用产业组织理论这一新的分析工具对中国银行业进行了较为系统深入的研究,并提出了完整、较符合实际的政策建议。

2. 提出了银行产业组织效率概念,并清晰界定为包括微观面上银行的经营效率和宏观面上信贷资金配置效率两个层面,同时对中国银行产业组织效率进行了深入研究。

3. 初步提出并论证了“中型银行(或企业)促进竞争假说”,认为应当重视中型银行的发展和改革,做大做强中型银行是提高我国银行业竞争和效率的关键。

4. 提出中国银行业的改革应该是产权结构和市场结构并重的综合改革,并进行了较严密的论证,提出目前要着力推进市场结构竞争化的改革,增进竞争,提升宏观面上的金融资源配置效率。外资银行由于目前所占的市场份额较小,目前对我国银行业的竞争与效率的影响还比较小,当前增加中国银行业的竞争的政策重点应当是坚定不移地大规模对内资开放银行业市场。

5. 对中小企业融资问题进行了深入的理论研究,扩展了相关的模型,严密论证了发展中小银行是解决这个问题的最佳战略。

6. 较系统地分析了银行业开放与金融安全的关系,提出了构筑面向全球化的我国国家金融和银行安全战略的根本点是提升银行产业组织效率的观点。

7. 对后金融危机时代我国所处的国际经济环境进行了分析,提出要十分关注资产价格波动与银行所赖以存在的金融市场脆弱性的联动关系问题,警惕美国二次量化宽松货币政策对我国银行体系安全的冲击。要特别关注房地产价格的调控,要讲究调控的艺术,把握好时机和力度。

8. 对我国银行推行混业经营的利弊得失进行了比较分析,指出从长远来看,中国金融业最终将与世界各国集银行、保险、证券等金融业务于一身的金融巨头进行角逐,从分业经营走向混业经营的体制变革是必然的。混业经营的推进固然风险巨大,但如果建立了与之匹配的良好的金融监管体系,总体上利大于弊。

9. 在全球金融危机和欧债危机对经济学、金融学理论与政策构成巨大挑战的背景下,对金融安全问题进行了宏观经济学思考。过去的100年发生了三次大的经济危机,“大萧条”挑战当时的主流经济学,引发了“凯恩斯革命”和现代宏观经济学的诞生,也引发了对金融安全体系构建的思考,凯恩斯的“政府干预”思想反映在金融领域就是格拉斯—斯蒂格尔法案的通过和分业经营、分业监管模式的确立;20世纪70年代的“经济滞胀”引发了“回归古典”的浪潮,新自由主义宏观经济学主导了顶层政策设计,最终导致美国

1999 年《金融现代化法案》的通过和混业经营的流行以及金融监管的全面放松，成为 21 世纪金融危机发生的重要原因；而 2008 年全球金融危机中出现的新问题对金融安全、宏观经济学的理论与政策形成了新挑战，同样也必将引起金融监管和金融安全顶层政策设计的变革。作者对当前金融学和宏观经济学理论与政策遇到的挑战进行了梳理，旨在提出问题，推动对金融安全与宏观经济理论和政策研究的深入。

10. 欧债危机反复发酵，仍是当前全球经济下行的主要风险。目前欧元区存在的基本矛盾仍较尖锐，经济增长乏力使债务危机有进入债务负担重—紧缩财政—经济下滑—债务负担进一步加重的恶性循环的可能。欧债危机前景仍不明朗，或呈现长期化趋势，仍可能存在反复。欧债危机会对我国经济有多重影响，其发生原因主要有五个方面。欧债危机对我国有四点启示：一是评估政府债务风险时必须充分考虑经济增速下滑因素；二是完善社会福利制度必须与国家财力相适应；三是必须坚持财政政策和货币政策完整与灵活性；四是银行和公共部门之间的债务传导风险必须得到有效制约。“马歇尔计划”对我国有重要启示，欧债危机给我国提供了有选择增持欧元区主权债券的机会，也为我国投资欧洲企业、购买欧洲的先进技术和全球的资源类产品提供了很好的机会和时间窗口，也为我国金融业在全球布局和国际化提供了前所未有的机遇。

其他小的创新之处散见各章。

# 第一章

# 制度变迁中的我国银行业市场结构(1979—2002年):垄断与竞争

在过去30多年改革中,中国银行业走过了一条从单一的国有金融产权完全垄断到多种产权形式初具竞争的渐进道路,其产业组织结构变迁呈现出明显的阶段性特征。由于改革的路径依赖以及政府对银行业的严格管制,当前国有银行仍占垄断地位,非国有银行的竞争力明显不足。中国的银行业是伴随着我国市场化改革而产生和发展起来的。从中国人民银行一家银行的完全垄断,到四大国有专业银行的高度垄断,再到国有专业银行商业化改革和多家股份制银行逐渐兴起的这一过程,中国银行业市场结构不断发展演变,到2002年时已经初步形成了规模庞大、层次多样的商业银行体系。本章将分析的重点放在1979年至2002年之间银行业市场结构的变迁。2002年,新一轮的国有银行改革,不但再次动用了注资、剥离不良资产等改写资产负债表的老手段,还初步建立起国有商业银行法人治理结构,引进战略投资者并实现建行、中行、交行、工商银行和农行,以及许多中小商业银行分别于境内外的上市。新一轮银行改革的前后,国有商业银行的内部结构和所处的外部环境都有很大的不同,因此2002年以后的情况将在下一章展开。

## 一、中国银行业的结构变迁

如果以20世纪80年代初期二阶层式银行体制的确立作为中国银行产业形成之起始的话,近30多年来,中国银行业在资产总量迅猛增长的同时,其产权结构和产业组织结构也发生了巨大变迁。这种结构变迁不仅仅体现在中资各类银行市场份额的变化上,而且也体现于外资银行在华势力的不断扩张,尤其是加入WTO后银行业市场很快走向全面开放,外资银行成为一股推动中国银行业结构变迁的强劲力量。

## (一)改革开放以来银行业的产权和产业组织结构变迁

作为金融体制改革的重要组成部分,中国银行业在30年间有了长足发展,为中国经济增长作出了巨大贡献。在总量增长的同时,中国银行业的市场结构也发生了很大变化,这个过程大体可以分为以下四个阶段:

1. 自1979年至1984年止,国有银行产权出现简单分解,从独此一家的中国人民银行中逐步分立出四大国有专业银行,中央银行—国有专业银行的二阶层式银行体系正式确立。四大国有专业银行基本上是在国家政策分工所限定的地域和行业范围内开展活动,发挥自己的功能。这个时期的银行虽已初步形成一种产业,但没有明确提出产业化经营或企业化经营;而且从结构上看,虽已打破"大一统"的高度集中的银行体系模式,但仍由国家完全垄断。到1984年底,国家银行体系的资产总额为5079.51亿元,国有四大专业银行控制着国内几乎所有的信贷资金市场。

值得注意的是从1979年起允许外资银行在中国设立代表处,到1980年底已有31家外国金融机构在中国设立代表处。1981年7月开始批准外资银行在深圳等5个经济特区设立营业性机构试点,允许其从事外汇金融业务,这是中国银行业市场开放的起步阶段。

2. 1985年开始至1995年,以中央银行为核心、国有商业银行和政策性银行为主体、其他多种银行并存的局面初步形成,中国银行业的国家完全垄断状态被打破。1985年"七五"计划明确提出进一步发展社会主义有计划的商品经济并逐步完善市场体系,在此指导思想下,金融体制相应发生改革,四大国有专业银行之间原有的业务分工界限开始打破,业务出现交叉和竞争,并于1986年在试点城市进行企业化经营的实验。鉴于四大专业银行的改革难度较大,主要是历史遗留问题难以解决,现实的政策性借款要求无法回避,决定采取"增量促存量"的方法,通过建立新型银行,强化国有专业银行的竞争对手,以样板的力量来推动专业银行的改革。但"商业银行"的提法真正得以明确是在1993年(《国务院关于金融体制改革的决定》),国家专业银行被定位为国有商业银行,1995年颁布实施的《商业银行法》,第一次赋予了商业银行的法律含义和地位。在这期间,我国先后建立了十几家新型的商业银行和三家政策性银行,并从1994年开始组建城市合作银行(后改称城市商业银行),这些银行组织机构的改革措施大大丰富了中国银行业产业组织结构。

与此同时,外资银行营业性机构在中国开放的地域进一步扩大。1990年,上海成为继经济特区以后率先引进外资银行营业性机构的沿海开放城市;1992年起,允许引进外资银行营业性机构的地域进一步扩大到大连等7个沿海城市;1994年8月,北京等11个内陆城市也被允许对外资银行营业性机构开放。至此,允许引进外资银行的地域扩大到23个城市和海南省。

3. 1996年以后国有专业银行加快商业化改革步伐,新兴商业银行开始发展壮大,外资银行在华市场份额曲折增长。随着《商业银行法》的颁布实施以及专业银行称谓的取消(原有四大专业银行改为国有独资商业银行),银行业的商业化进程明显加快。1998年传统的信贷规模管理模式寿终正寝,取而代之的是资产负债比例管理和风险管理模式,国有银行的自我约束、自我发展意识逐步增强。新兴商业银行因其清晰的产权和灵活的机制而得以迅速发展壮大,截至2000年底,其资产总额已达15167.6亿元,五年间增长了近10倍,在整个银行业所占比例上升了3个百分点。伴随着中资银行的竞争和发展,外资银行在中国也进入第三个扩展时期。从1996年开始,允许外资银行试点经营人民币业务。起初仅限于上海浦东,1998年扩展至深圳;业务范围包括人民币存贷款、结算、担保、国债及金融债券投资。1997年末,外资银行在华资产总额达到379.2亿美元,占中国银行业资产总额的2.1%。之后因亚洲金融危机的影响以及“广信事件”的冲击,外资银行在中国的拓展有所放慢,1999年陷入一个低谷,资产总额缩减为317.9亿美元,占当年银行业资产总额的比例下降为1.5%。1999年1月中国人民银行宣布将设立外资银行业务经营机构的地域扩大到所有中心城市,同时对外资银行经营人民币业务采取了一系列扶持政策。2000年外资银行开始恢复性增长,资产总额为346亿美元;2001年已达452亿美元,占银行资产总额的比例回升到2%左右。银行业资产总额由1980年的2624.26亿元增至2000年的178025.6亿元,增长了近70倍;其与国民生产总值的比率也由1980年的0.58上升到2000年的2.02[①]。

① 赵紫剑. 中国银行业结构变迁及其发展趋势[J]. 中央财经大学学报,2002(11).

表1-1　中国银行业资产结构变化表(1985—2000年)

| 银行类型 | 资产总额(亿元) | | | 占银行体系总资产的比例 | | |
|---|---|---|---|---|---|---|
| | 1985年 | 1995年 | 2000年 | 1985年 | 1995年 | 2000年 |
| 中央银行 | 2859.9 | 20624.3 | 39001.5 | 44.4% | 25.8% | 21.9% |
| 国有独资商业银行 | 3570.9 | 45812.9 | 98388.9 | 55.4% | 57.4% | 55.3% |
| 政策性银行 | — | 7475.3 | 22617.3 | — | 9.4% | 12.7% |
| 其他商业银行 | 12.58 | 4307.7 | 15167.7 | 0.2% | 5.4% | 8.5% |
| 外资银行 | NA | 1598.2 | 2850.3 | NA | 2.0% | 1.6% |

说明:1. 根据各年《中国金融年鉴》有关数据计算所得。外资银行资产总额按照各年的汇率年平均值测算。NA表示NOT AVAILABLE(即没有得到数据)。

2. 其他商业银行包括:交通银行、中信实业银行、招商银行、深圳发展银行、广东发展银行、福建兴业银行、中国光大银行、华夏银行、上海浦东发展银行、城市商业银行、中国民生银行、烟台住房储蓄银行和蚌埠住房储蓄银行。1985年仅指中国投资银行,1995年统计中包含海南发展银行和中国投资银行,不包括中国民生银行和城市商业银行。

## (二)中国银行业结构变迁的内在原因

从最近30多年的发展进程看,中国银行业的结构变迁大体呈现以下阶段性特征:初始时期为单一的国有银行体系,国家对银行业实行垄断经营;20世纪90年代以后新兴商业银行的崛起打破了国家的完全垄断,中资银行体系内部初步引入竞争机制;90年代中期起外资银行作为又一股竞争力量逐渐成长,银行业竞争加剧;2002年以来大型国有商业银行相继引入战略投资者并在境内外公开上市。

作为中国融资制度核心的银行业,其结构变迁的阶段性特征充分表明了银行业结构变迁是内生于经济体制转轨的,内在地反映了整个金融体制以及经济体制的变迁,并具有自身的发展逻辑。

1. 制度变迁的对应性要求银行业随时进行结构调整。社会中各种制度安排是彼此相关联的,一种制度安排变更需要相关制度发生相应的变化,反过来,相关的制度发生了变化也必然会对这种制度安排产生新的变更的要求。银行制度环境(如法律、所有制等方面)的改变,会相应产生银行制度变迁的要求。在中国特有的二重结构中,金融组织往往首先遵循的是上层结构(国家)的偏好,而不是下层结构(如储蓄者)的需求;金融制度安排也以最大限度地服务于国家所偏好的经济增长方式,以国家租金最大化为目标(张杰,1998)。改革后,在国有经济其他体制安排尤其是财政制度安排的作用受到严重削弱的条件下,国家通过扩展金融产权边界控制货币化收益来实现自身效用最大化的行为,是符合国家的“理性”假设的。而且,只要国家从金融产权垄断形式的扩展中所获收益大于所付成本,国家就会设法维护其对金融的垄断性。改革初期国有单一银行制度形成的主要原因也就在于此。但伴随着经济体制的市场化改革取向,所有制形式出现多元化,下层结构对多元化金融制度的需求越来越强烈;另一方面,国家垄断金融的成本越来越高,其突出表现就是国有银行的低效率与高风险并存,而且金融垄断的收益趋于减少且已难以抵消其成本,因此原有的国有银行制度不得不进行相应变革。

2. 银行体系的效率性要求引入竞争机制。由于国有银行的垄断势力是旧体制下国家保护的产物而不是自身经营管理能力的自然结果,国有银行的经营绩效方面存在很大问题,资本充足率很低的同时不良资产率居高不下,银行体系的潜在风险巨大。要想改善业绩,提高银行体系的效率,必须引入竞争机制,而增加竞争的最好方法之一就是分散所有权,“分散所有权有两种方式,一是对现有国有资产进行私有化,一是对新兴私人企业的准入,两种方式同等重要。”(世界银行,1996)①但就中国的情况而言,国家信用是维持国有银行仍在稳步运转的最后保障,国家放弃金融控制极易使潜在风险爆发。为确保金融体系的稳健性,对国有银行的改革采取的是一种渐进式、迂回型改革,即通过选择发展可交易的非国有产权(新兴商业银行)来促进国有银行的改革。其中隐含的期望逻辑是,由于金融结构与宏观社会经济结构紧密相关,非国有的银行体系建立起来之后,通过加强它与非国有企业之间的金融供求关系,可以增加非国有银行的金融物品在金融市场交易中的占有比例,增强其经营势力,由此进一步吸引国企的资金需求,引导国企的改革;而企业存量的松动最能动摇国有银行的垄断地位,从而激励其变革动力。另外随着国企改革的深入,对国有银行的依赖度随之下降,国有银行改革的社会压力也会减轻(张杰,1994)。既有的改革实践证明,新兴商业银行的崛起的确动摇了原来国有银行条块分割的金融市场格局,其机制优势也给银行体系注入了前所未有的活力,银行业市场的竞争程度大大提高。

① 赵紫剑. 中国银行业结构变迁及其发展趋势[J]. 中央财经大学学报,2002(11).

然而,国有独资银行仍占垄断地位,新兴银行的加入对整个银行业竞争程度的增加是有限的,而且,新兴银行的加入对国有独资银行盈利能力的冲击要大于对其资产分布的影响。银行体系竞争力不足的根本原因在于政府的严格管制(如在市场准入、业务范围等方面的管制)以及改革的路径依赖(即国有银行依然承担国有企业的贷款供给)。对政府管制的目标,经济学中有两种假设:一种认为政府以公共利益为目标(Public Interest Theory),另一种则认为政府行为实际上服从自身的特殊利益或某些特殊集团的"特殊利益"(Interest Group Theory)。在前种假设下,由于垄断会降低社会福利、造成分配不公,政府会根据社会要求限制垄断,打破垄断企业造成的进入壁垒,鼓励其他企业进入展开竞争,提高效率;而在后种假设下,政府为某种特殊利益,将会通过设置高于竞争价格的价格下限、对经营许可证进行管制等方式来限制竞争。中国银行业当前所面临的情况是,政府一方面从公共利益的角度出发,尽量减少政策性进入壁垒以打破国有银行的垄断;另一方面又从特殊利益集团(国有经济)的特殊利益角度考虑,对竞争性的增强顾虑重重。事实上,尽管从1997年中央金融工作会议就确定了积极发展中小金融机构的方针,但收效甚微。政府对银行机构供给的抑制不仅维护了国有银行的垄断地位,而且即使新兴银行有所发展,也无法从根本上创造出有利于这些银行扩大规模的经营环境。另外,由于特定的银行业结构和政府对行业的严格管制,国有银行与新兴银行之间的业务结构明显同质化。在国有银行垄断市场剩余的狭小市场份额内,新兴商业银行面临的竞争既有来自国有金融的成本竞争压力,也有自身无法取得规模经济的收益竞争压力,不正当竞争行为时有发生。商业银行经营空间的有限性再加上存贷利差的连年缩小,新兴银行进入带来的竞争加剧反而日益弱化了每个银行的盈利能力,导致近年来新兴商业银行资产利润率不断下滑,这不能不说是国内银行制度改革所面临的一个问题。

3. 利用制度势差提升国内银行业的竞争能力。金融全球化趋势大大加快了中国银行的对外开放进程,外资银行日益成为中国银行制度选择集合中不可藐视的一员。外资银行的经营遵循的是国际惯例,基本上不受政府干预,额外负担轻,而且大多具有健全的管理体制、科学的决策机制和灵活的经营机制,在组织结构安排、人力资源开发、委托代理机制、激励约束制度等方面都比较成熟,对国内外银行制度进行比较可以找出其效率差距,这种效率差距就形成银行制度的“势差”。由于银行制度“势差”的存在,先进的、高效率的银行制度会在传播过程中利用势能优势,影响甚至取代落后的低效率的银行制度。如果说国内新兴商业银行带给国有银行的竞争压力从某种程度上说还是有限的话,那么外资银行的成长带给中国银行业的挑战则是严峻的。30 多年来中国银行业的开放速度与世界其他国家相比属较快之列,但由于政府对开放中国银行业的审慎态度以及国内外经济金融环境的变动,外资银行业对中国银行服务市场的渗透程度(外资银行资产/银行体系总资产)低于大部分新兴经济体(如新加坡为 62%,韩国为 23%,智利为 25%,巴西为 30%①),仍属于浅层次。

## 二、中国银行业的市场份额、集中度与进出壁垒

作为产业组织理论的基本范畴,市场结构在其中占有重要地位。在传统的市场结构 SCP 分析范式中,市场结构(Structure)是决定企业行为(Conduct),进而决定市场绩效(Performance)的基本因素。因此,对中国银行业的市场结构(包括市场份额、市场集中度、产业进入与退出壁垒等)进行分析,有利于我们找到提高我国银行产业组织效率的对策。

### (一)中国银行业的市场份额

市场份额是指某个企业销售额占同一市场(或行业)全部销售额的比重。对银行业而言,我们用以下三个指标来反映银行的市场份额情况。

$R_s$ = 某银行存款总额/国内同期金融机构存款总额

$R_l$ = 某银行贷款总额/国内同期金融机构贷款总额

$R_a$ = 某银行资产总额/国内同期全部金融资产

一般而言,银行业中企业越多,单个企业所占比重越小,银行业的竞争程度越高;反之,银行业中企业越少,单个企业所占比重越大,银行业的垄断程度越高。中国银行业的市场份额见表 1-2。

① 赵紫剑. 中国银行业结构变迁及其发展趋势[J]. 中央财经大学学报,2002(11).

表 1－2　中国银行业的市场份额　（%）

| 项目/时间/银行 | $R_s$ | | | | $R_l$ | | | | $R_a$ | | | |
|---|---|---|---|---|---|---|---|---|---|---|---|---|
| | 1996 | 1997 | 1998 | 1999 | 1996 | 1997 | 1998 | 1999 | 1996 | 1997 | 1998 | 1999 |
| 中国工商银行 | 27.72 | 27.32 | 27.5 | 26.05 | 29.23 | 26.63 | 26.25 | 24.89 | 29.87 | 24.86 | 27.32 | 24.64 |
| 中国农业银行 | 13.87 | 13.77 | 14.28 | 14.24 | 14.69 | 13.09 | 16.24 | 16.57 | 12.07 | 13.32 | 13.47 | 26.47 |
| 中国银行 | 18.02 | 16.7 | 16.28 | 7.95 | 17.37 | 15.5 | 15.17 | 7.81 | 17.34 | 18.89 | 16.7 | 8.01 |
| 中国建设银行 | 17.01 | 15.89 | 16.17 | 15.49 | 16.28 | 14.8 | 14.95 | 12.03 | 17.49 | 14.24 | 15.89 | 15.47 |
| 中国交通银行 | 3.35 | 4.41 | 4.08 | 3.11 | 2.53 | 3.04 | 2.98 | 2.6 | 3.27 | 4.12 | 3.78 | 3.08 |
| 中国实业银行 | 1.27 | 1.12 | 1.05 | 0.86 | 0.83 | 0.53 | 0.51 | 0.65 | 0.89 | 1.07 | 0.99 | 0.86 |
| 光大银行 | 0.4 | 0.47 | 0.51 | 0.52 | 0.35 | 0.38 | 0.33 | 0.39 | 0.39 | 0.52 | 0.56 | 0.77 |
| 中国投资银行 | 0.48 | 0.53 | 0.5 | | 0.51 | 0.49 | 0.41 | | 0.5 | 0.63 | 0.56 | |
| 招商银行 | 0.83 | 0.89 | 0.96 | 0.83 | 0.68 | 0.65 | 0.67 | 0.66 | 0.84 | 1.01 | 1.03 | 0.91 |
| 深圳发展银行 | 0.3 | 0.28 | 0.31 | 0.28 | 0.22 | 0.19 | 0.2 | 0.22 | 0.25 | 0.26 | 0.29 | 0.27 |
| 广东发展银行 | 0.62 | 0.66 | 0.7 | 0.64 | 0.64 | 0.56 | 0.55 | 0.53 | 0.62 | 0.75 | 0.8 | 0.68 |
| 福建兴业银行 | 0.24 | 0.22 | 0.25 | 0.26 | 0.2 | 0.16 | 0.16 | 0.22 | 0.2 | 0.25 | 0.26 | 0.33 |
| 华夏银行 | 0.24 | 0.32 | 0.38 | 0.41 | 0.17 | 0.2 | 0.25 | 0.29 | 0.19 | 0.34 | 0.37 | 0.41 |
| 民生银行 | | 0.16 | 0.19 | 0.24 | | 0.06 | 0.12 | 0.16 | 0.07 | 0.16 | 0.19 | 0.25 |
| 上海浦东发展银行 | 0.59 | 0.62 | 0.72 | 0.66 | 0.47 | 0.49 | 0.5 | 0.51 | 0.53 | 0.69 | 0.65 | 0.69 |
| 烟台住房储蓄银行 | 0.05 | 0.04 | 0.06 | 0.06 | 0.03 | 0.03 | 0.03 | 0.04 | 0.05 | 0.05 | 0.06 | 0.06 |
| 蚌埠住房储蓄银行 | 0.006 | 0.006 | 0.007 | 0.007 | 0.001 | 0.005 | 0.006 | 0.006 | 0.005 | 0.006 | 0.006 | 0.006 |

资料来源:《中国金融年鉴》,1996、1997、1998、1999 年,中国金融出版社;中国人民银行统计司:《中国金融统计》(1997—1999),中国金融出版社。

从表 1－2 可看出,就存款市场份额来看,1999 年,存款市场上,中国工商银行(以下简称工行)所占份额最大,为 26.05%,其次为中国建设银行(以下简称建行)、中国农业银行(以下简称农行)、中国银行(以下简称中行),最小为蚌埠住房储蓄银行,仅为 0.007%,为工行的 1/3721。如果剔除掉两家住房储蓄银行,最小为民生银行,为 0.24%,占工行的 1/109。就贷款市场份额来看,1999 年,工行所占份额最大,为 24.89%,其次为农行、建行、中行,最小为蚌埠住房储蓄银行,为 0.006%,仅是工行的 1/4148。如果剔除掉两家住房储蓄银行,最小为民生银行,为 0.16%,仅是工行的 1/156。就资产份额来看,1999 年,资产份额最大者为工行,占 24.64%,其次是农行、建行、中行。排除掉四大国有商业银行,资产份额最大的是交通银行,占 3.08%,是工行的 1/8,不考虑两家住房储蓄银行,最小的是民生银行,是工行的 1/99。就 1995—1999 年来看,各行的 $R_s$、$R_l$、$R_a$ 变化幅度都不大,较稳定。因此,就市场份额而言,中国四大国有商业银行市场份额很大,远非其他商业银行所能及,其主导地位短期内不可动摇,目前中国银行业的市场结构具有明显的寡头垄断特征。

通过表 1-3 可以看出,2000—2002 年四大国有商业银行占 81% 以上的资产份额,59.6% 以上的存款份额,56.43% 以上的贷款份额,与中型股份制商业银行相比占有绝对的优势。当然,随着业务经营范围管制的放松和专业银行商业化改革的深入,四大国有商业银行的市场份额呈现出缓慢下降的趋势。

**表 1-3 2000—2002 年中国银行业资产、存款、贷款份额** (%)

| | 工商银行 | 农业银行 | 中国银行 | 建设银行 | 四行合计 | 交通银行 | 中信实业 | 光大银行 | 华夏银行 | 民生银行 | 广发银行 | 深发银行 | 招商银行 | 福建兴业 | 浦发银行 |
|---|---|---|---|---|---|---|---|---|---|---|---|---|---|---|---|
| 资产 | | | | | | | | | | | | | | | |
| 2000 年 | 29.27 | 16.48 | 20.25 | 19.10 | 85.80 | 4.74 | 1.77 | 1.54 | 0.72 | 0.53 | 1.12 | 0.50 | 1.66 | 0.65 | 0.98 |
| 2001 年 | 29.64 | 17.35 | 17.82 | 18.89 | 83.70 | 4.54 | 2.06 | 1.82 | 0.93 | 0.92 | 1.31 | 0.82 | 1.83 | 0.86 | 1.19 |
| 2002 年 | 28.23 | 17.75 | 17.33 | 18.39 | 81.70 | 4.57 | 2.00 | 1.96 | 1.06 | 1.47 | 1.31 | 0.99 | 2.22 | 1.06 | 1.67 |
| 存款 | | | | | | | | | | | | | | | |
| 2000 年 | 26.21 | 14.15 | 8.00 | 15.33 | 63.69 | 3.27 | 1.04 | 1.06 | 0.57 | 0.43 | 0.79 | 0.36 | 1.03 | 0.38 | 0.76 |
| 2001 年 | 23.56 | 14.10 | 8.27 | 15.02 | 60.95 | 3.29 | 1.27 | 1.26 | 0.71 | 0.72 | 0.97 | 0.55 | 1.49 | 0.56 | 0.95 |
| 2002 年 | 22.55 | 14.10 | 8.33 | 14.62 | 59.60 | 3.34 | 1.37 | — | — | 1.07 | 0.99 | 0.61 | 1.76 | 0.80 | 1.33 |
| 贷款 | | | | | | | | | | | | | | | |
| 2000 年 | 24.09 | 14.59 | 7.34 | 13.19 | 59.21 | 2.93 | 0.98 | 0.89 | 0.47 | 0.38 | 0.64 | 0.34 | 0.86 | 0.33 | 0.67 |
| 2001 年 | 22.93 | 14.27 | 7.59 | 12.77 | 57.56 | 2.93 | 1.13 | 1.21 | 0.55 | 0.65 | 0.82 | 0.44 | 1.25 | 0.64 | 0.79 |
| 2002 年 | 21.53 | 14.15 | 7.96 | 12.79 | 56.43 | 2.94 | 1.38 | 1.38 | — | 0.98 | 0.89 | 0.61 | 1.60 | 0.72 | 1.23 |

资料来源:根据《中国金融年鉴》(2001—2003 年)整理计算而得。

### (二)市场集中度

市场集中度是指某一特定的市场或产业中,少数较大的企业(或消费者)所占市场份额的大小。它主要反映市场垄断程度或竞争程度的高低。市场集中度是决定市场结构的基本因素,它可分为卖方集中度和买方集中度,我们一般主要考察卖方集中度。一般说来,某一市场的卖方集中度高,说明少数企业的市场占有率高,市场垄断程度高,这些为数较少的企业可凭借所占有的较高的市场份额来左右市场上产品的价格,从而使市场上的垄断因素增强,市场竞争程度相应下降。这时的市场就是一种典型的卖方垄断型市场结构。与之相反,市场集中度低,说明该产业内企业数目不仅众多,而且每家企业都不可能对该市场拥有绝对市场支配地位,市场竞争激烈,由此决定的市场结构具有典型的竞争特征。

市场集中度受多种因素的影响,主要有:企业或政府追求规模经济性的行为;企业追求垄断地位的动机;行业进入壁垒;政府经济政策与法规[①]的影响;等等。

影响银行业市场集中度的因素主要有:(1)银行规模大小与运作效率。银行业的规模经济水平愈高,大银行的运作效率越好,一个产业往往只适于生存少数大企业,市场集中度相应高一些。(2)银行业市场容量。一般而言,市场愈大,银行愈易进入,银行的扩张余地愈大,从而银行所占份额也就可能愈小。反之,市场愈小,竞争程度愈高,银行愈难进入,银行扩张的空间就小,大银行所占份额相对就高,市场集中度高。(3)银行进入壁垒高低。银行业进入壁垒高,意味着银行业的保护程度高和市场的竞争程度低,从而行业内大银行的支配势力大,大银行所占份额就高。所以银行进入壁垒高低与市场集中度成正比。(4)横向合并的自由度。银行业内愈能自由地合并,大银行通过横向合并而扩张的能力愈强,大银行所占份额也就可能越高,市场集中度高。

衡量银行业市场集中度的高低有两种方法,一是绝对法,二是相对法。绝对法直接计算前几位银行在市场中的份额,用以测定银行业中少数银行对市场的控制程度,包括绝对集中度(CRn)指数、赫希曼—赫芬达尔指数(HHI)和因托比指数(EI)。相对集中度是反映企业规模分布的集中度指标,主要用经济学中常用的洛伦茨曲线(Lorenz Curve)和基尼系数(Gini Coefficient)表示,另外也可用赫芬达尔指数(Herfindahl Index)和厂商规模的对数方差(Variance of the Logarithm of Firm Size)表示。相比较而言,绝对法主要反映银行市场中几家最大银行的集中程度,但难以看出本市场参与银行

① 许多国家政府为了防止市场份额过度集中于少数大企业手中,保持市场的竞争活力,颁布了许多限制市场集中度提高的政策和法规,如反托拉斯法和公平交易法。也有一些政策和法规会提高市场集中度,如专利法、保护关税法、限制外资法等。

的数目和本市场的整体规模是否均等;而相对法则主要顾及整个市场中参与银行规模的差异,却没有顾及到领先银行的集中程度。或者说,绝对法主要反映领先银行的集中度,相对法则主要反映该市场银行规模的差异。因此,为了准确把握银行业的市场集中度状况,应把二者结合起来。这里,我们主要介绍CRn指数、HHI、洛伦茨曲线和基尼系数。

1. CRn指数是直接计算前几位银行所占市场份额之和,记为 $CRn = \sum S_i$,其中 $S_i$ 为第i个银行的份额,n为银行数目。

根据表1-2的资料,我们可计算出1998年中国四大国有商业银行的资产份额、存款份额、贷款份额分别为73.38%、74.23%、72.61%,前八大银行的资产份额、存款份额、贷款份额分别为79.98%、81.04%、77.33%,这说明中国银行业的市场集中度高。这种状况在当今世界银行业中是一种普遍现象,还是中国的特例?我们不妨计算一下美国银行业的CR4和CR8。从2000年6月30日的资产总额看,美国银行资产总额前四名分别为美国国民银行(America National Association)、花旗银行(Citi Bank. N. A)、大通曼哈顿银行(Chase Manhatan Bank)、第一联合银行(First Union National Bank),它们的资产占全美金融总资产的份额分别为10.34%、6.10%、5.48%、4.04%,CR4=25.96%;如果考虑按资产排名的第五到第八名银行,它们分别是摩根担保信托公司(Morgan Guaranty Trust Company)、美国舰队国民银行(Fleet National Bank)、威尔士法戈银行(Wells Fargo Bank)、太阳信托银行(Sun Trust Bank),它们的资产份额分别为2.97%、2.52%、1.73%、1.66%,则美国银行业的CR8=34.84%①。与美国比较,中国银行业的市场集中度太高。与其他国家比较,见表1-4。

**表1-4 西方主要国家银行业的市场集中度**

| | 最大5家(10家)的集中程度(占总资产百分比) | | |
|---|---|---|---|
| | 1980年 | 1990年 | 1995年 |
| 日本 | 25(40) | 30(45) | 27(43) |
| 德国 | — | — | 17(28) |
| 法国 | 57(69) | 52(66) | 47(63) |

① 王国红. 中国银行业的市场结构[J]. 经济评论,2002(2).

续表

| | 最大5家(10家)的集中程度(占总资产百分比) | | |
|---|---|---|---|
| | 1980年 | 1990年 | 1995年 |
| 意大利 | 26(42) | 24(39) | 29(45) |
| 英国 | 63(80) | 58(79) | 57(78) |
| 加拿大 | — | 55(78) | 65(88) |
| 澳大利亚 | 62(80) | 65(79) | 67(79) |
| 比利时 | 64(76) | 58(74) | 59(73) |
| 芬兰 | 63(68) | 65(69) | 74(83) |
| 荷兰 | 73(81) | 77(86) | 81(89) |
| 挪威 | 63(74) | 68(79) | 58(71) |
| 西班牙 | 38(58) | 38(58) | 49(62) |
| 瑞典 | 64(71) | 70(82) | 86(93) |
| 瑞士 | 45(56) | 45(57) | 50(62) |

说明:1. 法国为1986年数字;意大利为1983年数字;芬兰和荷兰为1985年数字;瑞士为1987年数字。

2. 日本、英国、比利时和瑞士为1994年数字;芬兰为1993年数字。

3. 集中程度数据仅来自商业和储蓄银行。

资料来源:英国银行家协会、建筑业协会和各国提供的数据。转引自《国际清算银行年报》第66期。

而中国银行业的CR5(1998年)=77.16%,CR10(1998年)=81.19%。

从表1-4可看出:(1)各国银行业的市场集中度差异大。市场集中度低的国家有美国、日本、德国、意大利,市场集中度高的国家有荷兰、瑞典、芬兰等国。(2)各国银行业的市场集中度有上升的普遍趋势。“分支机构也普遍削减,而主要的例外是意大利、美国和日本等国家,它们在取消对设置分支机构的限制方面表现得很慢,或只是最近才这样做”。所以,我们不能单凭中国银行业的CRn指标就断言中国银行业集中度过高,而要仔细分析造成中国银行业集中度高的原因,它是否妨碍了竞争?中国银行业的市场集中度与荷兰差不多,甚至还低于瑞典,但形成的原因是不同的,中国银行业的市场集中度高的原因是政府刻意制造的,是外生的,它妨碍了竞争,而西方国家市场集中度高的原因则是在市场自由竞争中形成的,是追求规模经济、降低成本的结果,是内生的,它并未妨碍竞争。

2. HHI(Hirschman - Herfindahl Index)即赫希曼—赫芬达尔指数(为该二

人于 1964 年提出),记为 $HHI = \sum S_i^2$。

显然,HHI < CRn。当该市场中只有一个独占型垄断企业时,HHI = CRn。

当 n = 4 时,中国银行业 1996—1999 年的 HHI 指数(用资产份额表示)分别为 16.44%、13.55%、14.59%、11.82%,中国银行业的集中度是较高的。

3. 洛伦茨曲线和基尼系数。

洛伦茨曲线的最初用途是用于分析收入与财富的分布,以后被推广应用到产业相对集中度的分析和计量。它以企业的最小到最大顺序进行累积,以分析某市场占有率或资产比率等方面的相对集中程度(见图 1 - 1)。

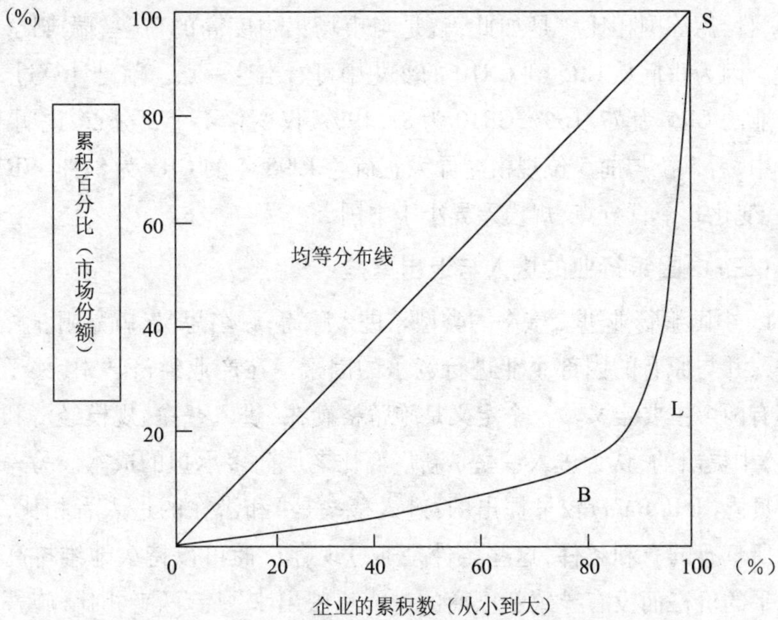


**图 1 - 1 洛伦茨曲线**

在图 1 - 1 中,以银行数目百分比(从规模最小的银行数目始至全部银行止)为横轴,以某一数目的银行所占市场份额为纵轴,并将其交点连接起来,便形成 45°线下面的弧线,这条曲线便为反映银行集中度的洛伦茨曲线。当市场上所有企业的规模完全相等时,洛伦茨曲线就是图中的对角线 OS。当企业的规模不完全相等时,洛伦茨曲线就是对角线 OS 下方的一条曲线。

曲线越偏离对角线,企业规模分布的不均匀度越大。如果把中国的银行体系划分为4家国有独资商业银行、10家股份制商业银行、2家住房储蓄银行、90多家城市商业银行,那么中国银行业的洛伦茨曲线我们可以粗略地在上图中画出来,表示为OBLS折线。它远离对角线,说明中国的银行规模差异极大。

有的经济学家提出这样一个问题:一个产业内部会存在着不少影响不大的"不重要"企业,如果把这些大量的不那么重要的企业包括进去度量分析集中度的变化,其准确性会有问题。因而,在洛伦茨曲线的基础上,提出了所谓"基尼系数"。基尼系数就是均等分布线和洛伦茨曲线之间的面积与对角线下面的面积之比。中国银行业的基尼系数接近1,说明中国银行资产(或存贷款)规模分布的差异严重。中国银行业的规模分布差异严重,不仅与美、日、德等国相比较是如此,就是与市场集中度高的荷兰、瑞典比,也是如此。因为我们从CR5到CR10的变化中可看出这一点。前已计算过,中国银行业的CR5为77.16%,CR10为81.19%,仅变化4个百分点,说明10个银行中,后5位与前5位规模差异大。荷兰1995年的CR5为81%,CR10为89%,变化8个百分点,规模差异小于中国。

### (三)中国银行业的进入与退出壁垒

1. 中国银行业进入壁垒的类型。进入障碍,顾名思义,就是阻止外部企业进入并与原有的内部企业进行竞争的因素。在产业经济学中,关于进入壁垒有两个主要定义。一个定义是施蒂格勒在《进入壁垒、规模经济和厂商规模》中提出的,认为进入壁垒是新厂商比老厂商多承担的成本。另一个定义是贝恩(J. S. Bain)较早提出的:进入壁垒是"和潜在的进入者相比,现存厂商所享有的有利条件,这些条件是通过现存厂商可以持久地维持高于竞争水平的价格而没有导致新厂商的进入反映出来"①。两者相比,施蒂格勒的定义更狭一些。根据施蒂格勒的定义,规模经济、资本需要量、产品差异等在贝恩看来是进入壁垒的因素便不再构成壁垒,而突出政府管制构成壁垒的作用。这里,我们采用贝恩关于进入壁垒的定义。

中国银行业进入壁垒的类型主要有:

(1)政策性壁垒。中国银行业的进入壁垒主要是政策性壁垒。包括禁

① J. S. Bain. Barries to New Competition. Cambridge, MA. Harrard University Press, 1956:3.

止进入,在异地任意开设分支行,禁止任意扩大营业范围,禁止将分支机构任意升级,禁止抬高或压低资金成本,等等。之所以中国银行业政策性壁垒严重,一方面是银行业关系国计民生,风险大,须由政府掌握控制;另一方面主要是政府通过设置政策性壁垒,垄断金融产权,攫取金融剩余的需要。

(2)产品差异壁垒。产品差异产生于"买主对非常类似、相互可以替代的一类产品之一的偏好……也可以是由于不同的购买习惯或偏好类型。因此,所谓的偏好不同于普遍接受的对竞争产品的评级或排序"①。中国银行产品差异壁垒,主要来自居民户的偏好,由于这种偏好的存在,新进入银行不得不以略低的价格卖出相对较少的产品。由于中国银行业产品价格固定,所以主要是第二种情况,即新银行由于产品差异不得不以同样的价格卖出相对较少的产品。居民户对原有银行的产品产生偏好的原因有许多,这里主要介绍两个原因。第一个原因是接受后来者往往需要收集产品信息,而收集产品信息则需付出成本,而这种成本是沉淀成本。对于单个居民来说,选择一个新进入市场的银行,由于不了解,风险大,如果要了解则又需支付成本。如果该银行不存在地理区位上的优势,一般说来,居民户不会选择后来银行。对于企业来说,原有银行已经与企业建立起了一种双向合作关系,要让企业重新去选择新银行,交易费用太大。因此对后来银行来说,由于居民户和企业的这种偏好不得不支付更多的费用。Urban 等 (1984)②考察了129种经常被购买的消费品,发现第二个出现的品牌只能享有"先动者"市场份额的75%。要想达到与"先动者"同样的市场份额,平均起来,第二品牌不得不支出相当于"先动者"3.5倍的广告费用。这一情况也适用于银行业。第二个原因,在于原有银行已经积累了像"生产经验"或"消费者信誉"之类的东西,这也会使人们产生不同的偏好。

(3)绝对成本壁垒。如果原有企业的单位成本曲线始终位于新进入企业的单位成本曲线的下方,从而在一定范围内,原有企业能够把价格定位在稍高于成本之上而又不会吸引别的企业进入,这说明原有企业具有绝对成本优势。绝对成本优势意味着:①原有企业在购买或取得任何生产要素(包括投资资金)方面具有价格或其他优势;②新企业的进入对任何要素的现有

① J. S. Bain. Barries to New Competition. Cambridge, MA. Harrard University Press, 1956:114.

② G. Urban, T. Carter, S. Gaskin& Z. Mucha. Market Share Rewards to Pioneering Brards. Management Science,1984(32):645.

价格水平产生可察觉的影响;③原有企业在利用生产技术方面有特别的优势。对中国银行业而言,常见的绝对成本壁垒主要有:①由于国家对国有企业的"父爱主义",国有银行得到的资金成本低。②国有银行在技术、设备上优越于其他商业银行,成本低。③进入方面的法律限制和政府政策,也使国有银行产生类似于专利的绝对成本优势。

(4)规模壁垒。规模经济以两种方式为新进入银行制造难题。第一,当由于规模经济的原因使大银行比小银行更有效率时,筹集资金来建立这样的银行就可能给新银行提出难题。第二,更为微妙的是规模经济可以挤出新银行。一方面,新银行如果试图以有效率的规模进入,在利率没放开之前,它即使与原有银行有一样的成本,也会因为在客户的偏好上处于劣势,利润少于原有银行;另一方面,如果新银行选择规模较小的方式进行生产,由于达不到规模经济,成本必然高于在位者银行。这两种情况,都会阻止新银行进入。

2. 中国银行业的退出壁垒。"退出"是指某银行停止作为卖方从原来的市场撤出的行为。"退出"一般包括两种情况:一是某银行在市场中被其他银行击败,处于破产状态,从而要退出银行业;二是某银行由于经营业绩不佳,需要向其他行业转移。由于受多种限制条件的制约,退出银行业时会遇到一定障碍,这种障碍称为退出壁垒。形成退出壁垒的主要因素有:

(1)沉淀成本。银行投资购买或兴建的设备建筑物等固定资产,一般用于特定的用途,一旦该银行破产或需要转产,退出银行业,该银行将遭受较大的固定费用损失,这部分因无法收回而造成的费用损失,称为沉淀成本。这方面的沉淀成本,银行业要比工商企业低,因为存在银行设备的流通市场,可以转让、租用、买卖,大大降低了这方面的沉淀成本,可以认为,只有在超额投资的情形下,固定成本才产生沉淀成本,一般情形下的银行业在固定资产方面的沉淀成本比较少。在中国,银行不存在退出机制,国家也严格限制其他银行的成立,所以沉淀成本较高。除了在固定资产方面会形成沉淀成本外,银行业的沉淀成本更多的来自于金融资产的时间性因素。比如金融市场上可交易的证券会产生沉淀成本,它的大小取决于其流通性和市场有效性的程度,同时与利率水平的变动、证券基本价值以及其他证券的价值有关。再比如,由于信息不对称,银行贷款也会产生沉淀成本。中国银行业在银行贷款方面的沉淀成本是很高的。

(2)解雇劳动者的费用。银行在退出该行业时需要解雇大量职员,但解雇职员需要承担一定成本,如支付退职金、解雇工资等,这些费用构成银行企业退出银行业的壁垒。中国银行解雇劳动者的费用相对较高,不仅直接的解雇费用高,而且间接的协调成本也大。解雇费用越高,银行越难退出;反之,银行越易退出。

(3)法律和行政政策壁垒。银行业因为关系国计民生,关系着社会的安定,为了防止对社会过大的冲击,政府往往充当了经营不善银行的保护伞,通过变通的方式,提供行政保护,避免银行倒闭,保护储户的利益。从短期看,这有利于社会政局的稳定;但从长远来看,这种行政庇护,助长了银行的冒险动机,反而不利于银行的稳健经营。中国银行业的退出壁垒,主要是法律和行政壁垒,致使银行缺乏退出机制,竞争和激励机制失灵,这也是中国银行业绩效低下的一大根源。进入与退出壁垒之间存在密切关系。一般情况下,进入壁垒较高的产业,其退出壁垒也相应较高;反之亦然。这是因为形成进入壁垒的因素和形成退出壁垒的因素往往具有一定的对称性。就中国银行业而言,二者都较高,并且主要是行政性壁垒。

综合市场份额、集中度、进出壁垒三方面的情况来看,中国银行业是一个国有银行占主体的、高度集中的寡头垄断市场。那么,这样一种市场结构,其规模经济状况又如何呢?

## 三、中国银行业的规模经济

规模经济是描述企业规模变动与成本变动之间关系的理论,银行业中规模经济同样存在且易于形成。但银行规模并不是越大越好,最佳规模区间是位于一定区域之内的。同时,银行业的规模经济要受到市场结构、银行制度、管理以及金融创新等因素的影响。

### (一)关于银行业规模经济的一般理论

根据产业组织理论,规模经济在银行业中同样存在且易于形成的原因在于:

1. 银行所提供产品的同质性和易模仿性决定了银行业中易形成规模经济。银行经营的对象——货币作为一般等价物具有价值尺度和流通手段等职能,这就决定了整个社会对其需求是巨大的,对于单个银行来说,这种需求可以是无限的。同时,以货币为主要载体的各种金融产品,更具有易模仿性的特点,如信用卡和各种名目的存款,任何一家银行都可以提供,它既没有严格的专利限制,也不需要较大的前期投入,且产品进入市场的时间较快。正是由于银行业产品所具有的这两个特点,由此决定了:一是银行产品较少受需求方面的限制,从而对于单个银行来说,可以无限扩大其规模;二是为了营造银行产品的差异性,银行必须支付大量的交易费用,来创造自己的"差异化产品"。在这种情况下,通过银行自身规模的扩大,就可以降低平均成本,实现规模经济效应。

2. 银行业扩大业务的边际成本较小决定了银行可通过规模扩张来降低平均成本。随着银行业的发展,传统业务逐渐减少,表外业务尤其是各种金融创新产品的经营将大量增加,这样,银行扩大业务量的边际成本很小,规模经济效应更加明显。

3. 银行规模越大、覆盖面越广,则所有债权人同时提取存款的可能性就越低,这样银行的准备率就可以越低,这一方面带来了闲置性货币的节约,提高有限资金的使用效率,另一方面,又使银行抵御风险的能力大为增强。

4. 信息技术尤其是互联网的发展,使银行业更具有规模经济效应。在互联网和自动柜员机时代,由于网上交易的快捷和低成本,银行更易通过规模扩张来降低经营成本。管理着1009亿美元的威尔士·法戈银行自己估算,每200万笔交易从银行柜面服务转向网络服务将节省1500万美元,即每笔交易节省7.5美元。

大银行的确是具有规模优势,这也是许多商业银行实行兼并、扩张以扩大规模的重要原因,但银行规模是越大越好吗?银行最佳规模是否具有一定的范围呢?

美国学者的研究表明,银行业的长期平均成本曲线是一个相对平缓的"U"型曲线,其中,中等规模的银行比大银行及小银行的规模有效性稍强(Berger, Hunter and Timme, 1993)。但在最佳规模的确定上,国外学者存在着一定的分歧。Berger和Hunter等人通过对所有规模银行的研究表明,资产介于7500万美元至3亿美元的银行平均成本最低,而Noulas和Miller的研究[①]则表明,最低成本点的银行资产介于20亿美元至100亿美元之间。尽管在

① 高波,于良春. 中国银行业规模经济效应分析[J]. 经济评论,2003(1).

最佳规模的确定上存在着差异,但几乎所有的研究都表明,把银行规模扩张到目前最佳范围之上,并不能取得显著全面的规模经济。事实上,这种扩张可能会导致轻微的规模不经济,这是因为管理一个更大规模、地理上分布更分散的企业会有更大的难度(Berger and Humphrey,1991)。同时,一项实证研究表明,美国1983—1992年期间,效率最高的银行并不是最大的银行,而是中型或大中型银行,中型及大中型银行的净资产收益率都在0.7%以上,而大型银行的净资产收益率只有0.31%①。

而从表1-5中我们也可以看出,在中国最大的国有商业银行中并没有表现出明显的规模经济特征。

**表1-5 中国商业银行2000年经营效率的初步比较**

| 经营效率 / 银行类型 | 资产规模(亿元) | 资产利润率(%) | 收入利润率(%) | 资产费用率(%) |
|---|---|---|---|---|
| 中国工商银行 | 39737.37 | 0.437 | 9.65 | 0.965 |
| 中国农业银行 | 21848.85 | 0.014 | 0.34 | 1.38 |
| 中国银行 | 28933.42 | 0.205 | 4.36 | 0.721 |
| 中国建设银行 | 25316.95 | 0.335 | 7.47 | 1.085 |
| 总计或均值 | 115836.95 | 0.248 | 5.46 | 1.038 |
| 初步评价 | 大 | 低 | 低 | 一般 |
| 新兴商业银行 | 18824.06 | 0.594 | 15.97 | 1.065 |
| 初步评价 | 小 | 较高 | 高 | 一般 |

资料来源:表中数据根据2001年《中国金融年鉴》相关数据计算取得。为了取得资料的方便,其中新兴商业银行是指交行、中信、光大、华夏、民生、广发、深发、招商、福兴、浦发10家银行,资产规模为其总值,其他指标为均值。

同时,我们从控制金融风险的角度来看,大银行往往要比小银行具有更大的道德风险。金融风险主要来自于两个方面:一是银行所面临的市场风险,二是银行经理人员的道德风险。在抵御市场风险方面,大银行可通过资产的分散配置而大大降低潜在风险。但在道德风险方面,很难说大银行会优于中小银行。这是因为大银行由于规模庞大,其经营成败对社会影响巨大,这就使得其经理人员相信国家不会听任其倒闭,即使这个金融机构不是国有的。其结果是增加了大银行在经营过程中发生道德风险的可能性。例

① 李文军.银行越大越好吗?——兼论银行规模问题[J].国际金融研究,1998(12).

如,Boyd 和 Certler(1993)的研究指出,美国的大型银行的确比小银行发放了更多的高风险贷款,并由此造成了大量损失。

由此,我们可以得到一个基本的结论,即银行规模并不是越大越好,银行规模的扩大有一定限度,超过这个限度后,会产生规模不经济。而这个规模限度会随着一个国家的经济发展水平、技术水平、市场环境的变化而变化。在这里,我们也可以引入施蒂格勒的理论来解释银行业规模经济,即银行的最佳规模通常是一个区间而非一个点,因而银行的长期平均成本曲线是"碟型"的,而非"U"型。因此,在最佳规模的区域之内,不同规模的银行都能取得规模经济。

**(二)影响银行业规模经济的因素**

银行业中的确存在规模经济,但规模经济作用的发挥是受许多因素影响的,概括起来,主要有以下几点:

1. 银行业的市场结构。市场结构与规模经济的关系表现在,一是竞争性的市场结构有利于银行业规模经济的形成。由于在竞争性的市场结构下,厂商面临着一条更为平缓的市场需求曲线,此时,若固定成本较大的话,平均成本的下降速度就会更快,这样,当厂商增大规模时,更容易降低平均成本,实现规模经济。二是规模经济越显著,市场集中度也越高。这是因为在其他条件不变时,随着固定成本的增大,长期均衡的企业数目就会变小,从而导致市场集中度的提高。同时,银行业的市场结构又是衡量一国银行业是否达到规模经济的指标,一般情况下,衡量一国银行业是否处于规模经济状态的标准是该国银行业的市场集中度。市场集中度是指金融市场中少数几个最大银行所占的市场份额。根据丹姆斯茨和尼德海姆的实证研究表明,当一个银行的市场集中度超过50%后,行业规模经济才得以形成,此时,银行的资产收益率和市场集中度呈正相关。而发达国家的实践也表明,集中程度高的银行系统一般存贷款利差较小,营运成本较低,同时利润较高。加拿大、荷兰和瑞典以高度集中的银行系统为特征,它们的银行业绩要胜过银行系统分散且集中程度低的美国、挪威和意大利(蒂米奇,2001)。

2. 银行制度的差异。银行制度对银行规模经济的影响主要表现在不同国家的银行进入管制的差异上。在存在较强进入管制的银行业中,管制一方面会损害公众利益,降低社会福利,另一方面会造成大量的进入成本,对新银行的进入形成巨大障碍。这就保护了原有银行,削弱了竞争,降低了银行效率。进入管制对效率的影响主要表现在两方面:一是导致银行不重视自身的服务质量,也就造成员工缺少提高自身业务素质的内在压力,从而导致银行的X-低效率[①]的产生。二是导致银行缺乏技术创新和开发金融新产品的动力,也就降低了银行参与市场竞争的能力(赵旭,2001)。正是由于银行进入管制的存在,造成了在位银行的低效率,从而不利于银行规模经济的形成。

3. 经营管理。管理对于银行业的规模经济来说,是一个重要的制约因素。当银行的规模扩张后,机构的设置增加,工作人员增多,管理层次必然相应扩充。随着管理层次的增加,必然带来计划与控制的复杂性,信息传递的扭曲、变形,同时也造成管理费用的增加和管理难度的加大。这样,随着银行规模的增大,银行系统内的决策效率是下降的,决策效率的降低会进一步降低银行的有效产出量,从而出现规模不经济。事实上,Herwig Langohr(1998)对欧洲银行业的研究也表明,欧洲银行业激烈的利润争夺的胜者是出色的管理、组织创新的银行,而不是规模大的银行。若给定银行规模,最有效率银行与最差银行之间,成本相差30%,管理混乱所导致的利润损失要比规模不当造成的损失更严重。

4. 金融创新。金融创新是金融机构和金融管理当局对机构设置、业务品种、金融工具及制度安排等各种金融要素进行重新组合的创造性变革和开发活动。企业从规模经济递增到规模经济递减的过程其实就是一个各种生产要素不断进行组合的过程,而由规模经济走向规模不经济,其中有一个重要的点,即企业的技术效率点,这个点的位置是可以改变的,改变的关键便是创新。熊比特曾指出,创新是“实现生产要素的新组合”,是“来自内部自身创造性的关于经济生活的一种变动”。具体到银行业来说,银行具有两种基本资源:货币资源、人力资源,以及派生出的组织和信息资源。在各种要素资源的组合下,银行业有三项基本业务:资产、负债和表外业务,三项业务的运行就是以上资源相互匹配的结果。一般来说,金融创新可以分为工具创新、制度创新、市场创新、业务创新、管理创新五种类型,它可以优化银

---

① X-低效率理论是莱本斯坦于1966年首次提出的,他认为追求成本极小化是竞争市场条件下企业的行为特征,而在那种没有竞争压力的市场条件下受“庇护”的垄断者很可能会脱离成本最小化目标,管理者和员工产生惰性,生产领域和非生产领域的浪费现象与日俱增,使成本高于“可能的最低成本”,实际产出小于潜在产出,在资源运用上导致低效率。

行中各项要素的配置,改变技术效率点,扩展规模经济的边界,促进银行业效率的提高。

## (三)中国银行业规模经济的实证分析

那么,在中国银行业中是否存在规模经济呢?银行规模与银行效率的相关性又有多大呢?下面就进行分析。在这里,我们先采用资产利润率、资产费用率、人均创利率和人均费用率四个指标来对中国银行业进行考察(见表1-6和表1-7)。

表1-6 中国商业银行资产指标比较

| 资产指标/规模 | 银行名称 | 资产利润率(%) | | | | 资产费用率(%) | | | |
|---|---|---|---|---|---|---|---|---|---|
| | | 1998年 | 1999年 | 2000年 | 均值 | 1998年 | 1999年 | 2000年 | 均值 |
| >2万亿 | 工行 | 0.11 | 0.48 | 0.44 | 0.34 | 0.98 | 0.97 | 0.97 | 0.97 |
| | 农行 | -0.05 | 0.02 | 0.01 | -0.02 | 1.11 | 1.07 | 1.38 | 1.19 |
| | 中行 | 0.14 | 0.17 | 0.21 | 0.17 | 1.11 | 0.97 | 0.72 | 0.93 |
| | 建行 | 0.09 | 0.34 | 0.34 | 0.26 | 1.41 | 1.24 | 1.09 | 1.25 |
| | 均值 | — | — | — | 0.19 | — | — | — | 1.09 |
| <7000亿<br>>1000亿 | 交行 | 0.55 | 0.50 | 0.43 | 0.49 | 1.03 | 0.95 | 0.92 | 0.97 |
| | 中信 | 1.50 | 0.72 | 0.62 | 0.95 | 0.84 | 0.98 | 0.93 | 0.92 |
| | 光大 | 1.74 | 0.40 | 0.34 | 0.83 | 0.76 | 0.69 | 0.78 | 0.74 |
| | 广发 | 0.25 | 0.26 | 0.24 | 0.25 | 1.58 | 0.69 | 1.44 | 1.57 |
| | 招商 | 1.45 | 0.77 | 0.77 | 0.99 | 1.29 | 1.14 | 1.53 | 1.32 |
| | 浦发 | 1.23 | 0.86 | 0.94 | 1.01 | 1.10 | 1.09 | 1.02 | 1.07 |
| | 均值 | — | — | — | 0.75 | — | — | — | 1.10 |
| <1000亿<br>>200亿 | 华夏 | 0.99 | 0.84 | 0.79 | 0.87 | 1.33 | 1.30 | 1.45 | 1.36 |
| | 民生 | 0.81 | 0.67 | 0.82 | 0.77 | 1.40 | 1.32 | 1.06 | 1.26 |
| | 深发 | 2.09 | 0.60 | 0.81 | 1.17 | 1.44 | 1.26 | 1.05 | 1.25 |
| | 福兴 | 1.55 | 0.89 | 0.18 | 0.87 | 2.22 | 1.68 | 0.47 | 1.46 |
| | 均值 | — | — | — | 0.92 | — | — | — | 1.33 |
| 200亿以下 | 烟住 | 0.18 | 0.19 | 1.03 | 0.47 | 0.76 | 0.81 | 0.85 | 0.81 |
| | 蚌住 | 0.35 | 0.12 | — | 0.24 | 2.13 | 1.54 | — | 1.84 |
| | 均值 | — | — | — | 0.36 | — | — | — | 1.33 |

资料来源:表中数据根据1999年、2000年、2001年《中国金融年鉴》相关数据计算取得。

从表1-6中我们可以看出,中国商业银行的资产利润率并不是随着银行资产规模的递增而增加,而是呈现出一种倒"U"形的状态,位于200亿到

1000亿元之间的银行资产利润率最高，为0.92%；其次是位于1000亿到7000亿元之间的银行，为0.75%；最低的为四大国有银行，其均值只有0.19%。再考察资产费用率，资产规模在1000亿元以下的银行，最高为1.33%，而四大国有商业银行的最低，为1.09%。可见，随着银行资产规模的递增，资产费用率有一种不显著的递减趋势，这可理解为由于银行规模的增大，导致了平均成本的降低，费用的减少，可见在中国银行业中，规模经济是的确存在的。但我们同时发现，资产费用率的最低点虽然出现在规模最大的四大国有商业银行中，但这个比率和资产规模在1000亿到7000亿元间银行的1.10%是比较接近的。

**表1-7　中国商业银行2000年人均指标比较**

| 人均指标 / 资产规模 | 银行名称 | 人均创利率（万元/人） | 人均费用率（万元/人） |
|---|---|---|---|
| >2万亿 | 工行 | 3.68 | 8.14 |
| | 农行 | 0.06 | 5.92 |
| | 中行 | 3.09 | 10.85 |
| | 建行 | 1.14 | 8.57 |
| <7000亿 >1000亿 | 交行 | 5.66 | 12.29 |
| | 中信 | 18.78 | 28.14 |
| <1000亿 >200亿 | 华夏 | 16.86 | 30.73 |
| | 民生 | 26.33 | 33.79 |

资料来源：表中数据根据2001年《中国金融年鉴》相关数据计算取得。

再结合表1-7考察，从人均创利率来看，随着银行规模的增大，人均创利率是显著递减的，从26.33万元迅速减少到0.06万元，而人均费用也是显著递减的，从33.79万元迅速减少到5.92万元。人均费用的递减显然是由于银行规模的扩大，导致了平均费用的下降，这也验证了在中国银行业中规模经济的确存在；而人均创利率的减少，则说明在中国银行业中，最大银行中的规模经济效应并不明显。综合考察以上几个指标，我们似乎可以得出这样的结论，即在中国银行业中，规模经济的确存在，但效益最好的银行并不是规模最大的银行，而是规模适中的银行。

在国外，很多学者都对规模经济进行了深入研究，但其中最有代表性的研究方法当属施蒂格勒提出的生存竞争法。这种方法的一个基本假设是：不同规模厂商的竞争会筛选出效率最高的企业。它测定最佳规模厂商的基本过程是：先把某一产业的厂商按某种规模分类，然后计算各时期各规模等级的厂商在该产业产出中所占的比重，如果某等级的厂商所占的生产份额下降了，说明该规模效率较低，一般地说，效率越低则份额下降得越快。反之，如果某等级的厂商所占的生产份额上升了，则说明该规模效率较高，该规模处于规模经济的范围之中。下面就运用生存竞争法对中国银行业进行分析(见表1-8)。

**表1-8　中国银行业不同资产规模银行所占金融机构存贷款份额**

| 所占份额 / 资产规模 | 银行名称 | 占金融机构存款份额(%) | | | | 占金融机构贷款份额(%) | | | |
|---|---|---|---|---|---|---|---|---|---|
| | | 1997年 | 1998年 | 1999年 | 2000年 | 1997年 | 1998年 | 1999年 | 2000年 |
| | 中国工商银行 | 24.24 | 27.43 | 26.05 | 26.21 | 26.57 | 25.97 | 24.89 | 24.08 |
| | 中国农业银行 | 13.74 | 13.92 | 14.24 | 14.14 | 13.09 | 15.79 | 16.59 | 14.59 |
| 2万亿以上 | 中国银行 | 7.22 | 7.65 | 7.95 | 7.99 | 7.53 | 7.52 | 7.81 | 7.34 |
| | 中国建设银行 | 15.24 | 15.35 | 15.49 | 15.33 | 13.74 | 13.56 | 12.03 | 13.18 |
| | 总计 | 63.44 | 64.35 | 63.73 | 63.67 | 60.93 | 62.84 | 61.32 | 59.19 |
| | 交行 | 3.30 | 3.15 | 3.11 | 3.27 | 2.44 | 2.48 | 2.6 | 2.93 |
| <7000亿 | 中信 | 0.84 | 0.83 | 0.86 | 1.04 | 1.48 | 0.53 | 0.65 | 0.98 |
| | 广发 | 0.57 | 0.63 | 0.61 | 0.79 | 0.40 | 0.46 | 0.51 | 0.64 |
| >1000亿 | 招商 | 0.77 | 0.87 | 0.96 | 1.14 | 0.66 | 0.75 | 0.78 | 0.98 |
| | 浦发 | 0.68 | 0.66 | 0.66 | 0.76 | 0.49 | 0.48 | 0.51 | 0.67 |
| | 总计 | 6.16 | 6.14 | 6.20 | 7.00 | 4.47 | 4.70 | 5.05 | 6.25 |
| <1000亿 | 深发 | 0.29 | 0.33 | 0.35 | 0.36 | 0.25 | 0.28 | 0.28 | 0.34 |
| | 福兴 | 0.21 | 0.24 | 0.27 | 0.38 | 0.16 | 0.22 | 0.22 | 0.33 |
| >200亿 | 总计 | 0.50 | 0.57 | 0.62 | 0.74 | 0.41 | 0.50 | 0.50 | 0.67 |
| | 烟住 | 0.01 | 0.01 | 0.01 | 0.01 | 0.04 | 0.04 | 0.04 | 0.05 |
| 200亿以下 | 蚌住 | — | — | — | — | 0.01 | 0.01 | 0.01 | — |
| | 总计 | 0.01 | 0.01 | 0.01 | 0.01 | 0.05 | 0.05 | 0.05 | 0.05 |

资料来源：表中数据根据1998年、1999年、2000年、2001年《中国金融年鉴》相关数据计算取得。

我们先来看存款份额的变动。我们可以发现，四大国有商业银行从1997年的63.44%到2000年的63.67%，基本上保持了一种稳中略升的态势，这是因为，在中国由于四大国有商业银行的长期垄断，无论是从公众习惯性心理出发，还是从降低金融风险考虑，公众都愿意把钱存在国有大银行中，因此，四大银行的存款份额没有多大的变动；资产份额在200亿到7000亿元的银行从1997年的6.66%到2000年的7.74%，出现了一种明显的上升趋势，说明这一规模属于有效规模，在这一规模上，存在着规模经济；资产份额在200 亿元以下的银行,由于统计样本太少,市场份额基本上没有改变,我们不好判断这一规模是否处于规模经济的范围。

我们再来看贷款份额。从表中我们可以看到,自1997年以来,资产规模在2万亿元以上的四大国有商业银行中,农行因政策性原因导致1998年、1999年贷款份额上升,但后来发生了亏损,到2000年由于不良贷款的剥离实现扭亏,可是贷款份额又出现下降,但工行、中行和建行总体上都呈现一定的下降趋势,这说明在中国的四大国有商业银行中存在着一定的规模不经济;资产规模在200亿到7000亿元之间的商业银行贷款份额都出现了不同程度的增长,也说明在中国银行业,这一规模是有效规模;而资产规模在200亿元以下的银行,同样也不好判断。

综合来看,资产规模在200亿到7000亿元之间的商业银行的存贷款份额都出现了增长,显然,这一规模区间应位于中国银行业的最佳规模区域。如果进行一定的深度分析的话,我们可以看到,中国中小银行的存贷款份额增长的取得其实是很不容易的。1997、1998、1999几年是中小商业银行外部经营环境比较艰难的几年,由于通货紧缩的压力,亚洲金融危机的滞后效应等多种因素影响,国内企业的经营效益未见好转,直接影响到银行的信贷资产安全和财务状况。同时,随着近年来中国人民银行处置高风险中小金融机构工作的深化,社会公众的金融风险意识增强,对中小商业银行信心基础由此也受到一定程度的冲击。因此,虽然从绝对份额上看,200亿到7000亿元规模的银行并没有出现很大的增长,但能保持一定的增长已足可以说明其效率了。

由此,我们也可以验证前面的结论,即在中国的四大国有商业银行中的确存在着一定的规模不经济,效益最好的银行并不是最大的银行,而是规模适中的银行。我们再看表1-9:

**表1-9　2000年四大国有银行占国内金融机构份额**

| | 资产额（亿元） | 占比（%） | 存款总额（亿元） | 占比（%） | 贷款总额（亿元） | 占比（%） |
|---|---|---|---|---|---|---|
| 工行 | 39737.37 | 21.15 | 32448 | 26.21 | 23936 | 24.09 |
| 农行 | 21848.85 | 11.63 | 17516 | 14.15 | 14497 | 14.59 |
| 中行 | 28933.42 | 15.40 | 9904 | 7.99 | 7291 | 7.34 |
| 建行 | 25316.95 | 13.47 | 18977 | 15.33 | 13106 | 13.19 |
| CR4 | — | 61.65 | — | 63.68 | — | 59.21 |

资料来源:表中数据根据2000年《中国金融年鉴》相关数据计算取得。

从表 1－9 中我们可以看到中国银行业的市场集中度是相当高的,2000 年资产、存款以及贷款的 CR4 指数都在 60% 左右。在这里,CRn 指数是指某行业中前几家最大企业所占有的市场份额,式中 $n$ 通常取 4 或 8。一般地讲,这一指标数值越高,表明行业垄断性也就越高。按照前面的分析,在集中度超过 50% 的市场结构下,银行的资产收益率是和集中度呈正相关的。然而,在中国银行业中,却不存在这种关系,那么原因是不是因为中国的四大国有商业银行的规模太大了,从而造成了规模不经济？我们来看表1－10。

**表 1－10　中外商业银行经营效率比较**

| 经营效率<br>银行名称 | 资产利润率(%) | | | 收入利润率(%) | | | 资本利润率(%) | | 人均利润(万元) | | |
|---|---|---|---|---|---|---|---|---|---|---|---|
| | 1996 年 | 1997 年 | 1998 年 | 1996 年 | 1997 年 | 1998 年 | 1996 年 | 1997 年 | 1998 年 | 1997 年 | 1998 年 |
| 工行 | 0.07 | 0.08 | 0.09 | 0.77 | 0.38 | 1.91 | 5.00 | 4.50 | 2.01 | 0.55 | 0.61 |
| 农行 | 0.14 | 0.03 | 0.05 | 3.58 | 0.64 | 2.54 | 5.67 | 2.00 | — | 0.16 | 0.17 |
| 中行 | 0.25 | 0.17 | 0.10 | 8.24 | 4.16 | 1.2 | 5.32 | 4.49 | 4.62 | 3.49 | 5.57 |
| 建行 | 0.23 | 0.28 | 0.06 | 4.04 | 1.54 | 1.29 | 10.23 | 11.2 | — | 0.56 | 0.29 |
| 花旗 | 1.84 | 1.92 | 1.76 | — | — | 21.3 | 20.3 | 21.1 | 20.5 | — | 73.9 |
| 汗华 | 1.80 | 1.73 | — | — | 19.7 | — | 17.5 | 17.7 | 17.8 | 81.2 | — |
| 大通 | 1.57 | 1.43 | — | — | 18.7 | — | 18.6 | 19.2 | — | — | — |
| 荷兰 | 0.55 | 0.46 | — | 17.3 | 16.2 | — | 16.4 | 15.75 | — | — | — |
| 意信 | 0.52 | 0.39 | 0.22 | — | — | — | 10.77 | 7.77 | 4.54 | — | — |
| 加帝 | 0.74 | 0.68 | 0.01 | — | — | — | 14.7 | 12.96 | 0.17 | — | — |
| 汇丰 | 2.01 | 2.00 | — | — | 19.7 | — | 24.5 | 24.7 | — | 69.7 | — |

资料来源自赵旭:《中外商业银行效率比较分析》,《世界经济文汇》2001 年第 1 期。此表中的资产利润率和其他表中的数据有一定的偏差,原因在于此表中计算时采用的是税后利润,而其他表中计算时则采用了税前利润。

从表 1－10 中我们可以看出,与国际大银行相比较,我们的四大国有商业银行在经营效率方面存在着较大的差距。显然,我们不能把这种低效归于规模过大所导致的规模不经济。那么,其中的原因何在呢？美国的银行业注重竞争,是一种竞争性的市场结构,但欧洲的银行业则比较倾向于一种垄断竞争,就欧洲银行业的市场结构来说,它更接近于我国目前的银行业结构。然而,通过以上的比较我们可以看到,无论是美国还是欧洲的大银行,与它们相比,我们的四大银行都存在着较大的差距。其原因便在于这些发达国家的银行产权配置合理,形成了有效率的公司治理结构,在长期的市场竞争中产生竞争性的市场结构,实现了规模经济。美国的银行业自始至终都特别注重竞争,而欧洲银行业的集中也是通过激烈的竞争、放松的管制而逐渐形成的。

国外学者的研究表明,在发展中国家中,大银行势必缺乏效率,因为它们的规模是对竞争和市场准入控制与限制的结果,而非是由于高效率(蒂米奇,2001)。而我国银行也正是这种状况,从一开始人民银行对所有金融业务的绝对垄断,到几大专业性银行的成立,再到部分新兴股份制商业银行的出现,我国银行业始终处于高度垄断和严格的进入管制之中。由于竞争的缺乏和较多的行政干预,一是使我国国有银行缺乏市场观念,不注重控制成本、提高效益,而是采取一种粗放式经营,提供低质量、种类单一的服务;二是造成国有银行缺乏技术和业务创新的动力,造成技术更新缓慢、效率低下;三是国有银行产权主体不明晰,产权约束主体缺位,从而缺乏一种有效的激励和约束机制。长此以往,必然会导致中国国有大银行的X-低效率以及规模不经济。

但是,我们也应当看到,随着我国对银行业的改革和管制的逐步放松,中国银行业的竞争强度是逐渐增强的(见表1-11、表1-12)。

**表1-11　我国银行业竞争强度比较**

| | 1990年 | 1991年 | 1992年 | 1993年 | 1994年 | 1995年 | 1996年 | 1997年 | 1998年 |
|---|---|---|---|---|---|---|---|---|---|
| 存款HHI指数 | 2255 | 2202 | 2025 | 1480 | 1426 | 1410 | 1390 | 1350 | 1275 |
| 四大银行存款市场份额(%) | 89 | 87 | 85 | 71 | 70 | 69 | 68 | 64 | 63 |

说明:HHI数的计算表达式为:$HHI = 10000\sum_{i=1}^{n}(X_i/T)^2$,$X_i/T$为同行业内$i$厂商或银行的市场份额。HHI指数的变化值域可以从0(完全竞争状态)到10000点(完全垄断状态),一般而言,较高的HHI指数说明行业内厂商规模分布不平衡,存在着垄断倾向。

资料来源自胡姜文:《论银行业的市场有效性和竞争强度》,《新金融》,2000年第2期。

从表1-11中我们可以看到,1990—1998年的近10年间,存款的HHI指数从2255迅速下降到1275,而四大国有商业银行的存款份额也从89%迅速下降到63%。从表1-12中我们发现,资产的HHI指数从1996年的2381下降到2000年的1983,而利润的HHI指数则在1999年和2000年出现了上升。这种背离的原因,一方面在于我国银行业逐渐从集中走向分散,导致资产的HHI指数出现了下降的趋势,另一方面在于从1998年以来,我国四大国有商业银行对不良资产进行了剥离,导致四大银行经营效益的提高。

综合表1－11、表1－12，我们可以看出，我国银行业的竞争强度是迅速增强的，它从一种高度垄断的市场体制逐渐转变为一种竞争性体制。正是这种竞争性的体制使我们的国有银行也开始树立市场观念，追求利润最大化，注重降低成本和进行金融创新。

**表1－12　中国商业银行1996—2000年的HHI指数比较**

| | 1996年 | 1997年 | 1998年 | 1999年 | 2000年 |
|---|---|---|---|---|---|
| 资产 | 2381 | 2374 | 2106 | 2043 | 1983 |
| 利润 | 1551 | 1229 | 1262 | 1688 | 1662 |

资料来源：表中数据根据相关年份《中国金融年鉴》有关数据计算取得。

但是，我们应当看到，我国银行业的竞争强度同其他市场经济国家相比，仍属于集中率较高或竞争强度偏弱的水平。只有继续放松管制，使我国的银行业进行有效的竞争，才能真正提高我国国有商业银行的经济效益，充分发挥规模经济的作用。

# |第二章|

# 加入 WTO 以来银行业的结构、竞争与效率

2002 年,国有企业改革这个迄今为止中国改革历程中阵痛最为剧烈的过程接近尾声时,第二次全国金融工作会议的召开,标志着国有银行改革的大幕被再一次拉开。新一轮的国有银行改革,不但再次动用了注资、剥离不良资产等改写资产负债表的老手段,还初步建立起国有商业银行法人治理结构,引进战略投资者并实现建行、中行、交行、工商银行和农行,以及许多中小商业银行分别于境内外的上市。新一轮银行改革的前后,国有商业银行的内部结构和所处的外部环境都有很大的不同,相对而言,股份制银行承担的政策性负担远远小于国有商业银行。2007 年末,中国商业银行机构的总资产规模达到 43 万亿元人民币,为 2007 年 GDP 的 172.3%,且近年来银行业的财务表现和产业态势都出现了一些前所未有的变化和特征①。而我国的银行业在现阶段处于何种市场结构,竞争程度和绩效如何,则是学术界和实务界高度关注的问题。

## 一、银行主导型的金融结构

在现代市场经济中,金融的核心功能应是在不确定性条件下,实现一国或地区经济资源在缺乏主体与盈余主体之间的跨时期或跨区域优化配置。从实践来看,鉴于各国经济、政治、文化习俗等背景差异,不同国家的金融体系,或者说金融机构与金融市场的存在形式及其对比(即金融结构)可谓千差万别。为了探讨金融体系设计对其功能实现的影响,学术界较为常见的做法是试图从不同的角度对金融体系进行分类——目前较为接受的是依据

① 李继民,胡坚. 中国银行业市场结构、绩效与规模经济——基于 2004—2007 年面板数据的实证研究[J]. 金融理论与实践,2010(6).

金融机构(银行)和金融市场发挥相对作用的不同而划分的以德日为代表的“银行主导型”和以美英为代表的“市场主导型”两大模式。

### (一)中国当前的金融结构特征

众所周知,伴随着改革开放以及中国经济的飞速发展,以“大一统”银行体系为起点的中国金融在经历了30余年的制度变迁和发展之后,已经发生了极为深刻的结构性变化,初步构建了一个市场化的金融体系。但从中国金融的整体架构着眼,我们发现尽管在过去的20余年间,以股票市场为核心的中国金融市场从无到有、由小到大,获得了极为迅猛的发展——仅从股票市值的变化来看,2007年末、2008年末的中国沪深两个市场的总市值分别达到32.71万亿元(其中流通市值9.3万亿元)和12.14万亿元(其中流通市值4.52万亿元),分别约占GDP的121%和42%,但银行业金融机构,尤其是国有控股银行在中国金融体系中仍然占据了主导性的地位——截至2008年底,银行业金融机构资产总额达到62.4万亿元,其中大型商业银行(五家机构总资产达到31.8万亿元)、股份制商业银行和农村合作金融机构三类机构资产占银行业金融机构资产的份额分别为51.0%、14.1%和11.5%①。因此,客观地说,目前的中国仍然是一个较为典型的银行主导型金融体系,无论从企业筹资规模(以境内股票市场筹资为例,1993—2005年境内股票市场筹资额平均只占银行贷款增量的5.4%)、居民资产选择还是从全社会资源动员和整体配置来看,股票市场还没有对银行体系的地位形成根本性的挑战。

美国是市场主导型金融模式最为典型的代表。相对于其高度分散的银行体系而言,美国金融市场在资源配置中起着重要的作用。银行资产/GDP与股票市值规模/GDP指标的对比是判断金融结构的简单指标。1993年,美国的银行资产/GDP与股票市值规模/GDP指标的占比分别为53%比82%,其银行资产仅占股票市值的64%(而同期德国和日本银行资产/GDP与股票市值规模/GDP指标的对比分别是152%比24%、150%比71%,银行资产占

① 2008年,我国银行业金融机构包括政策性银行3家、大型商业银行5家、股份制商业银行12家、城市商业银行136家、农村商业银行22家、农村合作银行163家、城市信用社22家、农村信用社4965家、邮政储蓄银行1家、金融资产管理公司4家、外资法人金融机构32家、信托公司54家、企业集团财务公司84家、金融租赁公司12家、货币经纪公司3家、汽车金融公司9家、村镇银行91家、贷款公司6家以及农村资金互助社10家。

股票市值的比例分别达到633%和211%,远高于美国)。从实践来看,以股票市场、债券市场以及金融衍生品市场等为核心的美国金融市场无论是从规模还是从产品多样性、创新速度来看都是世界上最为成熟的市场(事实上,近40年来,不仅美国股票市场和债券市场在全球金融市场中所占的份额达到30%和接近50%),而且更为重要的是,风险投资、资产证券化、金融工程化等理念创新,以透明度为核心的金融市场监管等制度创新以及金融衍生品、结构化金融产品等工具创新几乎都是在美国率先出现并趋向成熟。美国金融市场和其银行体系一起构成了目前世界上市场化程度最高也最为完善的融资体系。

仔细考察,我们可以清晰地发现两者之间不仅存在发展程度的明显差异,而且同时存在较为显著的结构性差异(参见表2-1)。

**表2-1　金融体系:2005年的跨国银行和市场比较**

| | 银行信贷/GDP | 股票市值/GDP | 结构活动指标 | 结构规模指标 | 结构效率指标 | 结构监管指标 |
|---|---|---|---|---|---|---|
| 中国 | 0.31 | 0.32 | -0.16 | 0.03 | -5.87 | 16 |
| 英美法系国家 | 0.66 | 1.31 | 0.87 | 0.76 | -3.05 | 2.26 |

注:中国银行信贷测度的是私人银行信贷占GDP的比重;结构指标用于判断不同国家银行主导和市场主导,一般来说,指标值越高,市场重要性越强。

资料来源:Allen et al. (2008)

### (二)银行主导与市场主导:孰优孰劣?

高负债、杠杆性的行业特点决定了脆弱是金融业的本性。但对很多人而言,次贷危机进而全面的金融危机竟然会在美国这样一个金融市场最为成熟、金融风险已经实现原子化、商品化进而可以自由交易的国家爆发,却还是有点意外——毕竟在1997年的东南亚金融危机之后,在过于侧重银行系统、忽略市场资源配置能力的“裙带资本主义”模式受到广泛诟病之后,以市场主导为核心的盎格鲁—撒克逊金融模式就被视为一种最具普世价值的金融体系模式,并成为很多发展中国家改造本国金融体系的模板或目标模式。

毫无疑问,次贷危机的爆发极大地打击了包括中国在内的发展中国家发展市场主导型金融模式的积极性——事实上,目前不仅已有学者认为,鉴于2008年年初贝尔斯登的被兼并以及美国几大投资银行的没落,从20世纪

30年代之后形成并在20世纪70年代之后具有和纽约大(商业)银行在经济和政治影响方面相竞争、相抗衡的美国投资银行业受到了前所未有的挑战,而且有些学者更是断言次贷危机的爆发和持续蔓延将成为在过去30年间一度被视为最具效率的以市场主导为核心的盎格鲁—撒克逊金融模式发展的一个历史拐点,而以银行主导为特征的模式将成为未来世界金融演变的主要趋势之一。但客观地看,考虑到历史上,特别是以信息技术革命等为核心的新经济时代来临之后美国金融模式所表现出来的巨大效率(特别是其管理风险的能力以及对技术和需求变化的调节能力),简单地对市场主导型金融模式的演变作这么一个判断可能显得有些过于武断——在过去30年中,我们已习以为常的大规模行业重组、风险有效定价基础上资本大规模有效重新配置以及基于敌意收购或杠杆收购等机制的公司治理强化,如果离开了发源于美国金融领域的创新性财务和风险管理制度、结构或工具,恐怕都不可能发生。在对中国金融发展目标模式存在诸多疑问的今天,我们对于这个问题还需做进一步的深入思考。

无论从理论还是从实践来看,一国(或地区)金融市场结构的形成和演变是一个极为复杂的过程。换句话说,金融体系的决定因素是非常复杂的——从现有学术界关于金融体系演变的研究来看,一般认为经济力量是推动金融体系演变的内因,而政治因素、社会文化、法律渊源、历史传统、地理环境、宗教信仰等也在很大程度上约束、影响着金融体系的具体制度安排和演进。此外,从世界范围内的金融发展来看,伴随着银行全能化的趋势,其与资本市场相互竞争同时交叉互补的全新格局日益凸显,金融中介与金融市场之间的边界日益模糊——银行业务可以向金融市场延伸,而市场产品通过银行这个平台获得新的实现方式。

从中美两种金融市场结构的比较来看,我们可以发现,无论从功能理论角度还是现实经济效应着眼,美国金融市场都应是目前世界上最为成熟和有效的金融模式之一,但美国这种模式的演变却带有极为浓重的美国色彩,很难为其他国家所复制。而中国金融市场结构,尽管从现实来看存在诸多问题,但却也是在中国政治经济环境中必然形成的,同时也在过去的30年间成为推动中国经济持续、稳定、健康发展的主要制度支撑。但同时我们也应该认识到,中国在过去30年间形成的经济发展模式并不具有可持续性,而经济发展模式转型成功的一个重要条件或前提应该对中国现有金融市场结构作出较大的调整,充分发挥现代金融与经济的适应性和先导性功能,通过技术和金融的完美结合实现中国产业结构的升级换代,进而为实现未来一个时期的中国经济增长奠定坚实的基础。从这个意义上说,美国的金融市场结构,或者说以市场为核心的金融模式至少为中国金融市场的未来转型提供了一种目标模式,尽管这种目标模式自身也存在诸多问题。同时我们也应该意识到,鉴于两者在政治、文化等方面的巨大差异,在可预见的未来不可能完全消弭,而历史也不可能被人为地割断,未来的中国金融市场结构不可能与美国完全一致,中国未来的金融市场结构必定表现出中国特色[①]。

## 二、当前我国银行业市场结构与绩效

在产业组织理论中,对市场结构测度的指标除了市场份额之外,常用的衡量市场垄断程度的统计指标就是市场集中度。依据市场集中度,可以将市场划分为独占型、寡占型、垄断竞争型及竞争型等基本类型。常用的市场集中度指标主要有市场集中率(Concentration Rate,CRn)和赫希曼—赫芬达尔指数(Hirschman - Herfindahl Index,HHI)。下面使用这两个指标对2004—2007 年中国银行业的市场结构进行经验性的判断。

### (一)我国银行业市场集中度(2004—2007 年)

如果按照 Bain(1956)的判断标准,我国银行业在 2004—2007 年间资产和利润的市场集中度属于垄断程度较高的寡占Ⅱ型,存款和贷款的市场集中程度则属于寡占Ⅲ型[②]。以 HHI 指数的判断标准来看,资产、存款和贷款属于低寡占Ⅱ型,而利润则属于垄断程度相对较高的低寡占Ⅰ型[③]。通过表2-2 和表 2-3,我们可以明显地观察到中国银行业市场的集中度缓慢而明显的下降趋势。不过现阶段与 1995—2002 年间最大的不同在于,现阶段利润的集中度是最高的,均大于 70%,最高达到 74.9%;而 1995—2002 年间利润的集中度则是最低的,最高的 2000 年仅为 66.7%,最低的 1998 年仅为

---

① 应展宇. 中美金融市场结构比较:基于功能和演进的多维考察[J]. 国际金融研究,2010(9).

② Bain 提出的判断标准为:大于等于 75% 为寡占Ⅰ型;大于等于 65% 而小于 75% 为寡占Ⅱ型;大于等于 50% 而小于 65% 为寡占Ⅲ型;大于等于 35% 而小于 50% 为寡占Ⅳ型;大于等于 30% 而小于 35% 为寡占Ⅴ型;小于 30% 为竞争型;市场垄断程度依次下降。

③ 具体的判别标准为:HHI≥3000 为高寡占Ⅰ型;1800≤HHI<3000 则为高寡占Ⅱ型;1400≤HHI<1800 为低寡占Ⅰ型;1000≤HHI<1000 为低寡占Ⅱ型;HHI<1000 则为竞争型。

38.05%，而另外三项的指标均在75%以上。两相对照，我国银行业的市场集中度已经有显著下降，而国有商业银行在新一轮改革前后的盈利能力发生了翻天覆地的巨变①。

表2-2　2004—2007年中国银行业CR4指数　(%)

| | 2004年 | 2005年 | 2006年 | 2007年 |
|---|---|---|---|---|
| 资产 | 67.7 | 67.4 | 65.7 | 63.5 |
| 利润 | 74.9 | 71.6 | 71.0 | 70.2 |
| 存款 | 62.3 | 64.4 | 64.8 | 64.9 |
| 贷款 | 64.7 | 65.8 | 66.3 | 64.1 |

数据来源与说明：商业银行体系总规模数据来自《银监会年报》2004—2007年；排名前4位的银行即为四大国有商业银行，其数据来自《中国金融年鉴》(2005—2007)以及相关银行2007年度的财务报表，利润的口径皆为税前利润。

表2-3　2004—2007年中国银行业HHI指数

| | 2004年 | 2005年 | 2006年 | 2007年 |
|---|---|---|---|---|
| 资产 | 1231 | 1203 | 1153 | 1085 |
| 利润 | 1769 | 1626 | 1582 | 1484 |
| 存款 | 1082 | 1108 | 1118 | 1127 |
| 贷款 | 1265 | 1304 | 1337 | 1279 |

数据来源：同表2-2。

说明：由于数据的可得性，在计算时，我们仅选取了四大国有商业银行以及另外8家已经上市的股份制银行，分别是交行、中信、华夏、民生、招商、深发、兴业、浦发以及尚未上市的广发银行。由于未考虑的银行规模都相对小得多，不会对该指数产生很大的影响。

以市场集中度指标定义的各种市场结构类型虽然有武断和机械之嫌，并且也未考虑行业的差别性，因此很难直接提供判断最优市场结构的终极标准。不过该指标的变化也大致能反映出市场集中程度的变化，而市场集中度的变化又可反映出市场竞争程度的变化。按照SCP理论框架，通常情况下，行业的集中程度与市场绩效之间呈正相关关系，而银行业作为经营信用和风险的高负债型行业，又只能采取适度竞争的格局。就我国目前的情况而言，如何在市场竞争(效率及全社会的福利)及银行的绩效(银行业稳健

① 李继民，胡坚. 中国银行业市场结构、绩效与规模经济——基于2004—2007年面板数据的实证研究[J]. 金融理论与实践，2010(6).

发展）之间取得平衡，即如何通过竞争来提高银行业的经营效率的同时又不会显著地降低银行业的利润从而导致金融风险是一个需要重点考虑的问题。

此外，近年来我国银行业的规模在迅速扩张，从产业组织理论的角度来考虑，这样的扩张是否存在一定的盲目性，即是否有规模不经济的情形出现？在 SCP 范式下，定量研究银行规模经济问题的主要方法有两种，分别是参数法和非参数法，两者都需要合理界定投入与产出以及投入要素的价格，所不同的是前者需要设定成本函数而后者无须设定。由于作为金融服务行业的银行的投入与产出较难界定，且各投入要素的价格也较难获得，因此分析结论有很大的不确定性。例如，由于对投入要素和产出的界定以及投入要素的估价不同，刘宗华（2003）、孙秀峰、迟国泰、杨德（2005）、阚超（2004）等同用参数法对我国 2003 年以前的 5 ~ 11 年银行业规模经济特征进行实证分析时，得到的结论差异很大，对是否存在规模经济现象的判断，甚至完全相反①。

**（二）我国银行业市场绩效（2004—2007 年）**

新一轮银行改革以来，伴随着我国年均两位数以上的经济增长，我国商业银行的市场绩效取得了很大的进步。从直观的数据来看，2004 年至 2007 年这三年我国四大国有商业银行的利润增幅都在 20% 以上，2007 年更是达到 56.3%；而股份制银行的利润增长则更显著。商业银行的主要绩效指标 ROE 和 ROA 也处在较为理想的水平，且呈稳定上升的态势（见图 2 - 1、图 2 - 2）。

我国商业银行的绩效（盈利能力）随着市场集中度的降低而上升。乍一看，这似乎违背了产业经济学的原理，但考虑到我国的现实背景，这又是个情理之中的结果。经过一系列根本性改革的国有商业银行，已经逐步开始走向真正的“商业化”，盈利和风险回避动机的显著提高以及竞争意识的逐渐形成，会对盈利水平产生正向的作用。而股份制银行在日趋激烈的竞争环境中则会更加注重成本控制和市场开拓，这同样也会提高盈利水平。而我国的利率还未实现市场化，这使得银行之间在存贷款方面的竞争主要不是依靠价格手段。综合以上原因，随着竞争程度的逐渐提高，我国商业银行

---

① 吴梦，李继民．我国银行业市场结构、绩效与规模经济之间的关系研究[J]．财会月刊，2010 - 08.

的市场绩效也在提高，竞争非但没有降低而且还促进了商业银行的盈利能力这一结论是可以成立的。这同时说明由于我国商业银行的竞争程度还未达到影响盈利能力的地步，进一步降低市场集中度，鼓励竞争对我国的银行业是有利而无害的。

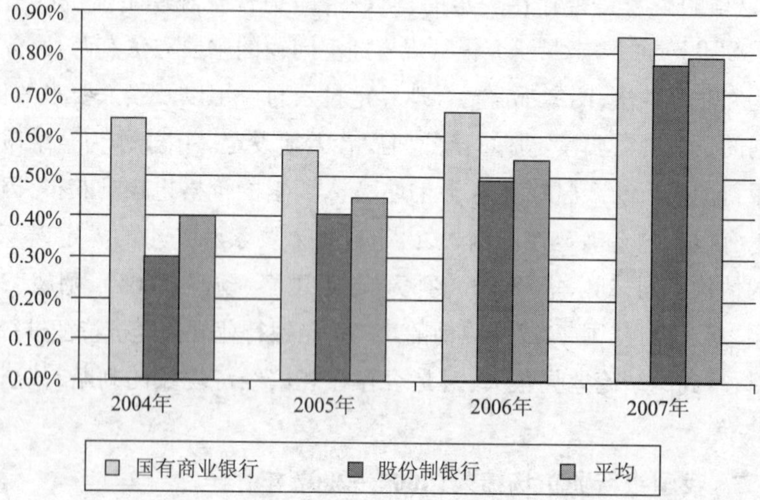


**图 2-1　我国商业银行资产收益率(ROA)**

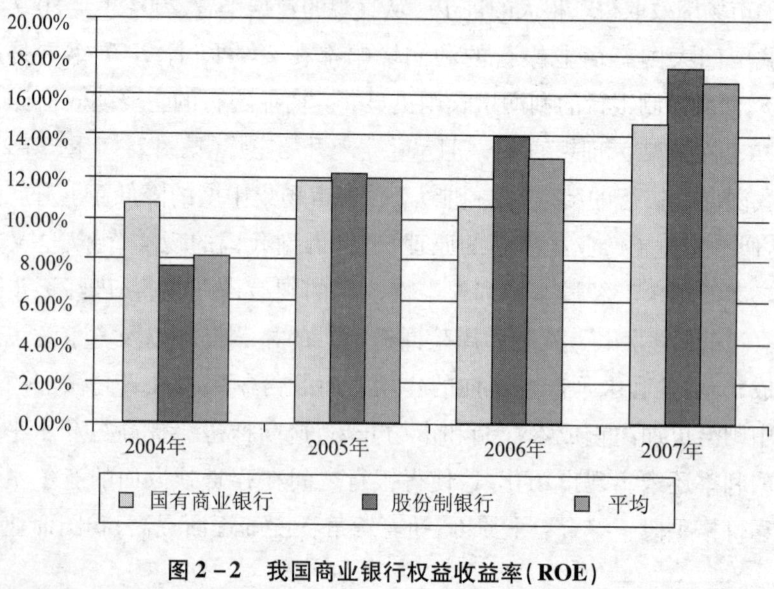


**图 2-2　我国商业银行权益收益率(ROE)**

## (三)中国银行业在金融危机期间表现抢眼

利润总额是代表"大而强"的重要指标,反映着一家银行的营销能力、风险管理、内部控制及经营管理的综合水平,是一家银行回报股东、员工发展和履行社会责任的根基。按照税前利润排名,2010年度英国《银行家》杂志税前利润前10强中有3家是中资银行,中国工商银行2009年的利润达到245亿美元,蝉联全球银行业盈利最强的银行(见表2-4)。

表2-4 2010年度《银行家》公布的按税前利润排名前十名银行

(百万美元)

| 排名 | 银行 | 国家 | 2009年税前利润(百万美元) |
|---|---|---|---|
| 1 | 中国工商银行 | 中国 | 24494 |
| 2 | 中国建设银行 | 中国 | 20316 |
| 3 | 高盛集团 | 美国 | 19826 |
| 4 | 巴克莱银行 | 英国 | 18869 |
| 5 | 富国银行 | 美国 | 17606 |
| 6 | 西班牙国际银行 | 西班牙 | 16951 |
| 7 | 中国银行 | 中国 | 16319 |
| 8 | 摩根大通集团 | 美国 | 16143 |
| 9 | 法国巴黎银行 | 法国 | 12222 |
| 10 | 伊塔乌银行 | 巴西 | 11521 |

资料来源:The Banker.

市值等于一家银行的股票市场价格乘以发行的总股数,一家银行的总市值不仅取决于其发行规模,更取决于投资者和市场对一家银行盈利能力、增长潜力、投资回报、公司治理,风险控制、经营管理能力的综合评价与判断,由投资者买入卖出的决定而决定。根据彭博的统计,截至2010年10月14日,全球银行业最新排名中,中资银行名列前茅:其中,中国工商银行、中国建设银行分别以2292.6亿美元、2169.6亿美元排在前两位(见表2-5)。

表2-5 全球银行业按市值排名前6强(截至2010年10月14日)

| 排名 | 银 行 | 市值(亿美元) |
|---|---|---|
| 1 | 工商银行 | 2292.6 |
| 2 | 建设银行 | 2169.6 |
| 3 | 汇丰控股 | 1887.8 |
| 4 | 摩根大通 | 1579.7 |
| 5 | 农业银行 | 1395.6 |
| 6 | 中国银行 | 1367.0 |

资料来源:Bloomberg.

金融危机之后，欧美开始分化，新兴市场金融力量在崛起。其中国际金融排名改变，中国金融实力空前增强。从2010年英国《银行家》杂志的最新排名看，按一级资本排名，全球前25大国际银行中有3家中资银行；按总资产排名，全球前25大国际银行中也有3家中资银行；按税前利润排名，全球前25大国际银行中有5家来自中国，从综合排名看，2009年全球前50大国际银行中，有5家来自中国。工商银行作为国内最大的商业银行，目前已成为全球盈利第一、市值第一、存款第一和品牌价值第一的金融机构。在盈利方面，工行在2008年和2009年分别以213亿美元和245亿美元的税前利润蝉联全球银行业利润之首，工行至今总市值继续列全球银行业市值榜首；在存款方面，截至2010年11月，工行各项存款余额已超过10.7万亿人民币，列全球金融业第一。

但金融机构的核心竞争力不仅仅看银行的资产、资本、市值甚至利润，更要看金融的产品和服务能力、金融创新和品牌影响力、金融标准和人才的国际化，因此不能高估中国金融的竞争力。而且不可低估欧美金融机构的强大复苏能力，国际金融监管新法规给了其喘息期。西方对现行国际金融体制的改革，是以不影响欧美尤其是美国对全球金融的领导权，不影响其现有的利益格局为前提的。美欧是不会放弃其金融经济的本质的，国际金融监管的改革最终还会符合美国和西方的根本利益，而且可能成为主导世界经济政治新秩序和成为发展中国家未来快速赶超发展的屏障制约。

## 三、外资银行进入中国银行市场：竞争与效率变迁

外资银行进入中国始于1979年日本输出入银行在北京首设代表处，但在2001年中国加入世界贸易组织之前发展较为迟缓。“入世”后，我国稳步推进金融业开放承诺的履行，尤其是2006年12月11日，我国开始实施《中华人民共和国外资银行管理条例》①，全面开放银行业，取消外资银行经营人民币业务的地域和客户限制，取消对外资银行在华经营的非审慎性限制。此后，在华外资银行取得了较快发展，尽管2008年受到全球金融危机的冲击

① 《中华人民共和国外资银行管理条例》（简称《条例》）于2006年11月11日由国务院修订颁布；11月24日，银监会发布配套《中华人民共和国外资银行管理条例实施细则》（简称《细则》）；《条例》和《细则》均于12月11日正式实施。

与影响，外资银行在华营业机构数和资产金额仍延续了 2004 年至 2007 年的平稳增长态势。至 2008 年底，来自 46 个国家和地区的 196 家银行已在华设立 237 家代表处，来自 12 个国家和地区的银行在华设立了 28 家外商独资银行、2 家合资银行；另有 25 个国家和地区的 75 家外国银行在华设立 116 家分行[①]。

### （一）外资银行进入中国市场的竞争效应研究

银行业的竞争分析，至少可分为三种理论范式：哈佛学派的结构—行为—绩效范式（简称 SCP 范式）、芝加哥学派的效率—结构范式（简称 ESH 范式）和新实证主义的产业组织理论范式（简称 NEIO 范式）。前两种范式使用的实证方法被称为结构方法，其主要分析指标包括市场份额（MS）、市场集中度（CRn）、赫希曼—赫芬达尔指数（HHI）以及基尼系数；后一种范式使用的实证方法被称为非结构方法，主要包括三种模型：Iwata 模型、Lau-Bresnahan 模型和 Panzar-Rosse 模型（以下简称 PR 模型）。结构方法作为传统产业组织理论的经典实证方法，20 世纪 50 年代以来曾得到广泛的运用，但如今遭到越来越多的批评；非结构实证方法则越来越受到学者们的青睐，成为目前分析银行业竞争程度的主要方法，尤其是 PR 模型。王国红等[②]运用 Panzar-Rosse 模型计算了 1995—2006 年间中国银行业的 H 值及每年的 Ht 值，并以 Ht 值为被解释变量，以市场集中度（CR4）、外资银行机构数、外资银行资产份额和市场不稳定程度（IIT）为解释变量，分析外资银行进入对中国银行业市场竞争程度的影响。得出这样一些判断：

第一，“SCP 假说”的成立说明市场结构对中国银行业的行为进而对绩效产生重大影响，因此市场结构改革仍是我们改革的重点。虽然从 1995—2006 年中国银行业的市场结构改革取得了很大进展，仍需继续深化市场结构的改革。

第二，外资银行进入对提高中国银行业市场的竞争程度起到了一定的促进作用，但影响不显著，可能的解释是外资银行目前的市场份额太小，还难以对中国银行特别是四大国有商业银行构成威胁，因此对提升竞争的作

---

① 参见《中国银行业监督管理委员会 2008 年年报》. http://zhuanti.cbrc.gov.cn/subject/subject/nianbao2008/2.pdf，2009-07-21.

② 王国红，何德旭．外资银行进入中国市场的竞争效应研究[J]．财经问题研究，2010(6).

用有限。

第三,外资银行机构数与 HT 值不相关,外资银行资产份额是 HT 值的格兰杰原因,这与 Claessens 等对 80 个国家 7900 家银行所得出的判断不一致,可能的解释是中国在原有的计划经济体制下形成了国有银行一家独大的局面,目前虽然正在进行市场结构改革,包括在国内设立新的股份制商业银行,从国外引入外资银行,但短期内还难以撼动国有银行的寡头垄断格局。特别是如果引进的是小规模的外资银行,其对国有银行的影响则更有限。

第四,人们通常认为,外资银行的进入,势必会带来一国国内市场的不稳定,进而导致该国市场竞争程度的变化,要么是垄断的加深,要么是竞争的强化。但实证结果表明,外资银行的进入虽然会使稳定性有所下降,但这种影响太小,几乎可以忽略不计。

相应的政策建议是:

1. 坚持市场结构改革取向,大力引进规模大、实力强的外资银行。市场结构改革和产权改革是目前中国银行业改革的两只“车轮”,其中,市场结构改革是一项宏观改革措施,旨在营造良好的竞争氛围;而产权改革是一项微观改革措施,旨在为国有商业银行转换经营机制创造条件。引入外资银行即是实行市场结构改革的重大举措。外资银行,特别是资产规模大的外资银行进入确实提高了中国银行业的竞争程度,但目前作用有限。因此从目前来看,引进外资银行的力度还应加强。包括:优化市场的信用环境和法制环境;减少对外资银行的审批手续;加强银行业外向型人才的培训;等等。在大力引进的同时,也要防止盲目引进,具体来说,一是避免将引进外资银行当作地方政府政绩考核指标看待,只顾数量不顾质量地引进,或者是用超国民优惠待遇来引进外资银行。二是注意引进外资银行的地区分布,改变目前外资银行大多集中于沿海地区的不平衡分布状态,注重外资银行在全国的均衡布局。

2. 加强银行业务创新,增强本土银行竞争力。创新是银行利润的源泉,是体现银行核心竞争力的关键因素。中国银行业的利润主要来自利差收入,创新动力与创新能力不强,当面临外资银行咄咄逼人的竞争态势时,心有余而力不足,最终会在这场竞争实力的较量中败下阵来。因此,中国银行业的当务之急是加强业务创新,拓展中间业务,切实有效地增强本土银行的竞争力。学界给银行业务创新开的处方是“观念创新、制度创新和业务转型等的综合创新”,这一处方从理论上讲没有什么问题,但实践上并不可行,因为中国的商业银行目前不需要创新就能获得丰厚的利润:一是存贷款利差大。二是中国企业的融资结构是以间接融资为主的结构,企业对贷款的需求刚性强。三是创新往往意味着风险,意味着成本增加,导致创新收益可能不足以弥补成本的增加。所以加强银行业务创新,主要有两点:一是利率市场化,由市场决定存贷款利差。二是加强金融市场结构调整,分流对商业银行刚性的资金需求,促使各类金融市场均衡协调发展。

3. 加强对外资银行的竞争性管制,优化本土市场竞争环境。银行业既需要审慎性监管,又需要竞争性管制。目前对外资银行审慎性监管讨论得较多,但对其竞争性管制探讨得甚少。外资银行进入后的管制比引入本身更为重要。大力引入外资银行并非是不要管制地引入,加强管制的目的是优化国内银行市场的竞争环境。如果缺乏对外资银行的竞争性管制措施,势必引发外资银行的反竞争行为,恶化中国银行业市场的竞争环境。迄今为止,中国仍缺乏对外资银行进行竞争性管制的机构、法律和经济分析方法的研究。因此,在放开对外资银行的地区限制和业务限制后,在外资银行已大量进入中国的今天,建立对外资银行反竞争行为的管制体系已是刻不容缓,具体的政策建议是:(1)确立对外资银行进行竞争性管制的机构,建议由商务部反垄断局行使这一职责,同时建立商务部与中央银行、银行监督管理委员会之间的信息交流与沟通机制。(2)制定《外资银行竞争性管制指南》或《外资银行管制法》作为对外资银行反竞争性行为的管制依据。(3)加强商务部反垄断局与境外反垄断部门的双边和多边合作。(4)吸收更多的专门从事外资银行反垄断研究的经济学家和法学家进入商务部反垄断局经济分析处,使得对外资银行的反垄断管制更科学。

### (二)外资进入与银行业效率的实证研究

我国银行业全面对外资开放已近四年,外资银行进入对我国银行业效率的影响问题正成为学术界关注的焦点。新兴市场国家银行业实现开放的普遍经验在中国是否适用?外资银行的引入能否促进中国银行业竞争格局的形成,并最终促进中国银行业效率的提升?以上问题的回答与中国银行业开放政策的完善密切相关,正因如此,研究外资银行进入对我国银行业效率的影响具有重要的理论和现实意义。

大量国内外学者的研究表明,外资银行进入能有效提升东道国银行业效率。Claessens 和 Glaessner(1998)对韩国、新加坡、泰国等8个亚洲国家(地区)的实证研究表明,银行业开放度与本国银行效率水平显著正相关。Denizer(2000)的实证研究表明,外资银行进入给土耳其的国内银行带来了竞争压力,促使后者的净利息率、资产收益率和管理费用下降,提升了土耳其银行业效率。庄起善(2005)通过实证检验发现,外资银行进入提高了中东欧国家银行效率,而提高幅度取决于中东欧国家各自经济发展水平和银行业发展程度。张荔、张蓉(2006)对17个新兴经济体的实证研究表明,外资银行进入对东道国银行效率产生了正溢出效应,但这种效应依赖于竞争环境、金融发展程度与金融监管水平等因素。陈奉先、涂万春(2008)基于中国24家银行1999年至2006年间的数据,实证检验发现,外资银行机构数量的增加和持股比重的上升都能刺激中国银行业效率的改进,后者的影响更具普遍性,且不同类型的银行对外资银行进入的反应存在差异。

一些学者解释了外资银行进入提升东道国银行业效率的原因。Levine(1996)认为,外资银行进入有助于东道国金融基础及国际资本渠道的构建,并能促进东道国金融服务水平的提高。Agenor(2000)认为,外资银行进入为东道国银行带来了竞争压力,培育了人力资源,提高了东道国政策可信度和金融监管能力,促进了东道国信息披露机制和金融法律框架的完善,因此能提升东道国银行体系的效率。Mathieson 和 Roldos(2001)认为,在外资银行的竞争压力下,东道国银行为保持市场份额,不得不提高金融服务的质量。同时,外资银行进入会带来新的技术、产品、服务以及管理经验和人力资本,从而促进东道国银行业的效率提升。郭妍、张立光(2005)基于我国13家国内商业银行1993年至2002年的面板数据,实证研究表明,外资银行进入对我国商业银行效率提升具有显著的"市场竞争效应"、"技术示范效应"和"金融稳定效应"。李伟、韩立岩(2008)采用 Panzar – Rosse 模型度量了1996年至2006年间我国银行业的市场竞争度,并对外资银行进入程度与市场竞争度的关系进行了经验检验,发现当外资银行进入程度超过一定水平时,会对我国银行业的市场竞争发挥促进作用。亦有部分学者认为外资银行进入对东道国银行业效率存在消极或不确定影响。Terrel(1986)认为,外资银行的竞争会降低当地银行的份额和利润。Stiglitz(1993)指出,外资银行进入增加了国内银行、国内企业和政府的潜在成本,外资银行的竞争令国内银行面临更大风险和利润损失。Hermes 和 Lensink(2002)发现,仅当外资银行规模达到最优水平时，外资银行进入才会对东道国银行效率产生积极影响，影响程度与东道国经济发展水平有关。总体而言，目前国内外针对外资银行对中国银行业效率的研究仍有待深入，尤其是现有研究大多未能联系中国银行业开放的政策和环境进行分析。

杜群阳、朱佳钰（2010）①试图弥补以上不足，系统分析外资进入对中国银行业效率的影响及深层次原因。他们选取我国具有代表性的 13 家国内银行 10 年间的统计数据，就外资进入对我国银行业效率影响进行实证分析，得出了区别于多数国内学者研究成果的结论，认为外生政策导致我国银行业市场结构仍呈现垄断特征并缺乏效率，外资进入未能改变我国银行业竞争格局，而由其产生的竞争效应造成我国银行成本费用率和经营风险有所上升。并在此基础上，提出了进一步加大开放力度，加快利率市场化进程等促进我国银行业效率提升的对策建议。

① 杜群阳，朱佳钰．外资进入与银行业效率的实证研究[J]．国际贸易问题，2010(2)．

# |第三章|

# 中国银行业的产业组织效率研究[①]

在对中国银行业的市场结构进行考察之后,自然会思考这样一个问题:在这种市场结构之下,中国银行业的产业组织效率如何?因为中国经济要保持高速、稳定增长,需要转变经济发展方式,进一步提高资源配置效率,特别是金融资源运用效率。银行储蓄资金是社会资本形成的主要渠道。中国资金运用效率的高低很大程度上取决于占社会资金78%以上的银行业的资金效率[②]。本章将试图对这个问题做一个回答。

在对这个问题展开分析之前,有必要对本成果所使用的产业组织效率概念做一个界定。作者将产业组织效率分为微观和宏观两个层面,即单个银行微观面上的经营效率和整个银行业宏观面上的信贷资金配置效率。本章的分析主要基于2004年以前的数据和相关成果,从那时到现在,中国的银行业经历了大规模的公开上市,财务状况变化巨大,使得数据可比性较差,使用最新数据的研究成果较少,因此本章内容的展开还是基于2006年的研究。但本章所揭示的结构缺陷问题依然存在,大部分政策建议笔者认为仍然有效。

## 一、中国银行业的经营绩效

要想全面了解中国银行业的经营绩效,首先需要对中国银行业的整体

① 本章的内容基于本国家社科基金项目的一个阶段性成果《中国银行业产业组织:结构缺陷与效率提升》,发表于《改革》2006年第8期。本章的分析主要基于2006年以前的数据和相关成果,从那时到现在,中国的银行业经历了大规模的公开上市,财务状况变化巨大,使得数据可比性较差,使用最新数据的研究成果较少,因此本章还是基于2006年的研究。但本章所揭示的结构缺陷问题依然存在,大部分政策建议笔者认为仍然有效。

② 高莉,樊卫东. 中国银行业创值能力分析[J]. 财贸经济,2003(11).

创值能力有所了解,并且将国有商业银行的经营状况与股份制商业银行和国际同行进行横向对比。

### (一)中国银行业的创值能力:一个基于 EVA 体系的分析①

1. EVA 体系简介及样本描述。通常,衡量企业经营绩效是使用传统的财务指标,例如税后净利润、净资产收益率等。但这些传统指标体系仅反映企业经营状况的某一方面,并不适于对企业经营绩效进行综合定位。因此,如何构建公司绩效指标是能否客观科学地衡量企业经营绩效的关键,也是最终研究结果是否真实可信的关键。

经济增加值(Economic Value Added,简称 EVA)由美国 Stern Stewart 公司创造并推出,是一种新型的公司业绩衡量指标,它能够克服传统指标在计算企业股权资本成本、弥补会计报表失真、为会计制度所影响、衡量企业为社会所作贡献等方面的缺陷,为企业提供较为客观、全面、系统的绩效衡量标准。经济增加值(EVA)等同于经济学中早已存在的"(经济)利润"概念,即收益减去成本,包括所有投入要素的机会成本。经济利润并不是会计利润,因为后者没有扣除股东资本投入的(机会)成本。EVA 则反映了这一理念:资本获得的收益至少要能补偿投资者承担的风险。换句话说,EVA 衡量的是一个企业真正的经济效率。按定义,EVA 等于企业税后净营业利润减去全部资本成本后的净值。即:

EVA = 税后净营业利润 - 资本成本

主要计算变量有以下四个:

(1)税后净营业利润(NOPAT)。税后净营业利润等于税后净利润加上利息支出部分,即公司销售收入减去除利息支出以外的全部经营成本和费用(包括所得税费用)后的净值。是在不涉及资本结构的情况下公司经营所获得的税后利润。它反映了公司资产的盈利能力。

(2)资本总额(CAP)。资本总额是指所有投资者投入公司经营的全部资金的账面价值,包括债务资本和股权资本。

(3)加权平均资本成本(WACC)。加权平均资本成本是指债务资本的单位成本和股本资本的单位成本根据债务和股本在资本结构中各自所占的权重计算的平均单位成本。

---

① 本部分的分析参考了高莉、樊卫东的实证研究成果。文献出处同第 62 页注释②。

(4)投入资本回报率(ROC)。这是EVA体系中一项关键指标,反映一家公司在经营活动中使用的有偿资本的净回报情况,很大程度上反映了企业的资金经营效率。计算这个经济变量的目的在于和有偿资本的成本,即(WACC)指标作比较。如果一个企业投入资本回报率高于其资本成本,表明投资者对该企业的投资是值得的,这在EVA评价体系中就认为该公司为其股东创造出了额外的价值。反之是在毁灭财富。

在分析中,对EVA分析体系进行了一些调整①,因为银行业与工业企业之间存在存款业务本身是一种负债的区别。

作者在应用EVA分析时,结合国内具体情况,主要采用了以下两项指标:

EVA回报率=EVA/总资本=投入资本回报率(ROC)-加权平均资本成本(WACC)

社会EVA回报率=社会EVA/总资本=EVA+(所得税、销售税及增值税)/总资本

由于国内银行业呈现较为典型的寡头垄断型市场组织结构,为去掉规模因素对企业经营绩效的影响,衡量单位资本的EVA价值,选用EVA回报率指标。同时,我国国有银行承担了较多的社会责任,为更客观地评价银行业的价值创造,在EVA指标基础上将各项税收加回,建立社会EVA回报率指标,以衡量对社会的贡献量。

根据目前我国对银行业的分类,主要包括:中央银行、国有商业银行、政策性银行、其他商业银行、农村信用社。根据数据的可得性,样本包括如下银行:中国银行、中国工商银行、中国建设银行、中国农业银行、福建兴业银行、华夏银行、交通银行、上海浦东发展银行、深圳发展银行、招商银行、中国光大银行、中国民生银行。

样本时间段为:1994—2000年,其中,1993—1995年之间,数据较为缺

① 为此,结合银行业自身的特殊性,采用以下计算公式:税后净营业利润=税后利润总额+贷款呆账准备的本年变化数+坏账准备的本年变化数+其他资产减值准备的本年变化数(长期投资减值准备/投资风险准备、在建工程减值准备等)+(-)营业外支出(收入)-(+)税率×营业外支出(收入)。

资本总额=股东权益+年末的贷款呆账准备+年末的坏账准备+年末的其他资产减值准备(长期投资减值准备/投资风险准备、在建工程减值准备等)+(-)累计的营业外支出(收入)。

资本成本率=股本资本成本率=无风险收益率+BETA系数×市场风险溢价

乏,不完整、不规范。因此,这里 EVA 分析的重点主要在 1996—2000 年之间。样本的数据主要来自《中国金融年鉴》1994—2001 年各期,及四大国有商业银行网站中所披露的 1998—2001 年度报告,但由于所获数据格式和口径具有不一致性,因此,各年计算的样本数也不尽相同(见表 3-1)。

**表 3-1 样本数** （个）

| 年份 | 1996 | 1997 | 1998 | 1999 | 2000 |
|---|---|---|---|---|---|
| 样本数 | 8 | 9 | 12 | 12 | 12 |

2. 银行业总体创值能力。由于我国银行业是一个较为典型的寡头垄断型市场组织,国有商业银行占有近 3/4 的权重,因此,为了更为全面地认识银行业经营绩效,作者所列示的各项 EVA 指标,除特别说明外,均是加权平均指标。加权平均是考虑了现有各个银行机构的资产规模,算术平均是假设所有银行机构在资产规模上是同质的,显然,加权平均指标能够更为准确而客观地反映目前我国银行业的经营现状,更贴近现实。以下,重点围绕 EVA 两个核心指标——EVA 回报率(EVA-SPREAD)和社会 EVA 回报率(SEVA-SPREAD)分析银行业的创值能力与经营绩效。

(1)银行业的 EVA 回报率。作为一个整体,中国银行业的经营绩效在 1996—2000 年间均处于负值,其中,1997 年的状况最为严重,为 -13.2%,1996 年状况最好,为 -1%。从趋势上看,自 1997 年以后,景况在逐步好转,但并没有呈现一条清晰的向上趋势(见表 3-2),说明中国银行业经营状况令人担忧。1997 年之所以为 EVA 考察期间的最低点,是因为 1997 年亚洲金融危机,我国经济呈现"硬着陆",通货紧缩开始显现。此时,银行业减少了信贷总量,出现"信贷萎缩"现象,加剧了银行业经营绩效的下滑,银行创值能力达到最低点。需要指出的一点是,依据算术平均而计算得到的 EVA 回报率要好得多(见表 3-2)。但这一指标对反映中国银行业整体创值能力和经营绩效却没有太多帮助,它仅说明:四大国有商业银行的经营绩效要远远低于其他银行,创值能力大大低于其他银行。

表3-2　中国银行业EVA回报率的一般描述　(%)

| 指标 | 1996年 | 1997年 | 1998年 | 1999年 | 2000年 |
|---|---|---|---|---|---|
| EVA回报率 | -1.0 | -13.2 | -7.0 | -3.0 | -5.0 |
| 算术EVA回报率 | 6.5 | -0.4 | 2.4 | 5.0 | -0.2 |
| ROC | 12.7 | 2.3 | 1.4 | 7.7 | 1.9 |
| 算术ROC | 20.2 | 15.1 | 10.7 | 15.6 | 6.7 |
| WACC | 13.7 | 15.5 | 8.4 | 10.6 | 6.9 |

由于EVA回报率=投入资本回报率(ROC)-加权平均资本成本(WACC),可以进一步分解银行业EVA回报率。将ROC和WACC一并列出,对照分析①。表3-2显示,投入资本回报率(ROC)整体呈现下降趋势,其中,1998年处于最低点,1996年和1999年稍好一些。比较ROC和WACC,显然我国银行业投入资本的回报率在各年中都远远低于资本成本,进一步说明银行业的资本运行效率实在堪忧。假设整个银行业是一家企业,则这家企业不具备投资价值。导致加权ROC平滑向下的是1996年以来连续利率下调。至于1999年,加权ROC和EVA回报率均出现相反变化的原因则是由于该年进行了四大国有商业银行的坏账资产剥离,共剥离出13939亿元②,分别交给四家资产管理公司处理。坏账的剥离,改善了银行业的资产状况,因此,在这里体现为EVA回报率的反弹和ROC的回升。由于四大国有商业银行在整个银行业中占绝对权重地位,因此,也直接影响到整个银行业在该年的经营状况。1999年后,ROC继续下降,主要由于经历了亚洲金融危机,银行业收缩信贷额度,出现"信贷萎缩",国民经济处于通货紧缩时期。

(2)银行业社会EVA回报率。银行业社会EVA回报率与EVA回报率之间的区别仅是税收一项。银行业整体加权社会EVA回报率在1996—2000年间同样呈现负值,1997年为最低点,与EVA回报率一致(见表3-3)。这意味着,即使不考虑其他因素,整个银行业的社会效益也是负的。考虑到四大商业银行的绝对主导地位,将加权社会EVA回报率与算术指标比较,算术平均社会EVA回报率均为正值,这意味着其他性质的银行对社会创造了正向社会效益。这再一次提醒我们关注四大国有商业银行与其

① 由于我们使用的是加权EVA回报率,因此,除特别说明外,ROC一般均指加权ROC。
② 中国人民银行编《货币政策报告》2001年第2期。

他商业银行经营绩效存在的巨大差异①。

表 3－3 中国银行业社会 EVA 回报率 （%）

| 指标 | 1996 年 | 1997 年 | 1998 年 | 1999 年 | 2000 年 |
|---|---|---|---|---|---|
| 社会 EVA 回报率 | －0.2 | －12.3 | －6.0 | －1.3 | －2.6 |
| 算术社会 EVA 回报率 | 12.1 | 4.9 | 6.7 | 7.3 | 2.4 |

综上，结合 EVA 回报率和社会 EVA 回报率来看，中国整个银行业在 1996—2000 年间，经营绩效没有创造正的价值，甚至也没有创造正的社会效益。但当我们结合加权指标和算术指标来看，各项指标的算术平均值却较好，不仅有正向的经济价值，还有较高的社会效益。这说明国有商业银行的低效率运作已经不能再忽视了，因为它对中国整体银行业绩效的影响比重太大了。

3. 国有商业银行创值能力分析。在中国的银行业中，很重要的一个部分是四大国有商业银行。这里将四大国有商业银行单独分析（见表 3－4）。四大国有商业银行的 EVA 回报率全部运行在负值区域，变化趋势呈现整体下滑性，其权重甚至影响到整体银行业。将 EVA 回报率因素分解发现，国有商业银行的加权平均资本成本 WACC 要高于投入资本回报率 ROC，导致没有创造正向价值，差异最大为 1997 年。说明国有商业银行资本运行效率过低。

表 3－4 中国四大国有商业银行 EVA 回报率

| 指标 | 1994 年 | 1995 年 | 1996 年 | 1997 年 | 1998 年 | 1999 年 | 2000 年 |
|---|---|---|---|---|---|---|---|
| 样本数 | 1 | 3 | 3 | 3 | 4 | 4 | 4 |
| ROC（%） | 10.7 | 8.7 | 11.1 | －1.8 | －0.3 | 7.2 | 0.9 |
| EVA 回报率（%） | －1.8 | －4.6 | －2.6 | －17.3 | －8.7 | －3.4 | －5.9 |
| WACC（%） | 12.5 | 13.3 | 13.7 | 15.5 | 8.4 | 10.6 | 6.9 |

考虑到国有商业银行对社会承担的责任，我们再看社会 EVA 回报率。表 3－5 显示，四大国有商业银行的社会 EVA 回报率也在负值区域内，说明四大国有商业银行创造的社会价值也是负值。而四大国有商业银行拥有

① 这里需要说明的一点是，由于银行业数据来源的局限性，能够满足银行业加权资本回报率计算的仅有一家银行，因此，这里用此一家的加权平均资本成本代替了全部银行业的 WACC。

80%左右的银行业资产规模,银行业又具有80%左右的金融资产总量,也就是说,全部金融资产中有64%为四大国有商业银行所拥有,如果其资金利用效率过低,则对全社会资金利用效率具有致命性影响。尤其是在当前金融体制改革滞后于经济体制改革时期,会进一步扩散至实体经济,影响到整个国民经济的持续、稳定发展。

表3-5 中国四大国有商业银行的社会EVA回报率描述

| 指标 \ 年份 | 1994 | 1995 | 1996 | 1997 | 1998 | 1999 | 2000 |
|---|---|---|---|---|---|---|---|
| 样本数 | 1 | 3 | 3 | 3 | 4 | 4 | 4 |
| ROC(%) | 12.8 | 8.5 | 10.4 | -2.9 | 0.2 | 8.8 | 3.4 |
| 社会EVA回报率(%) | 0.3 | -4.7 | -3.3 | -18.4 | -8.2 | -1.8 | -3.5 |
| WACC(%) | 12.5 | 13.3 | 13.7 | 15.5 | 8.4 | 10.6 | 6.9 |

对样本银行排序得到EVA回报率最好的前三位分别是:深圳发展银行、上海浦东发展银行、中国民生银行,排在最后的是四大国有商业银行。EVA回报率为正值的分别是:深圳发展银行、上海浦东发展银行、中国民生银行、招商银行、中国光大银行、华夏银行、交通银行。EVA回报率为负值的是:中国工商银行、中国银行、中国建设银行、中国农业银行和福建兴业银行。由此可见,除四大国有商业银行,其他银行的经营状况和创值能力还是不错的,只是因为它们资产规模相对较小,对整体银行业的影响不够大。

国有商业银行资金使用效率的过低将直接导致全社会资金运用效率的低下,将影响中国经济的持续发展能力,这是当务之急必须要解决的重大问题。因此,提高国有商业银行资金运用效率应成为当下改善社会资金运用效率状况,提高资金利用质量的关键切入口。

### (二)银行业经营绩效的国际比较

银行业绩通常用骆驼(CAMEL)体系表示,包括银行的资本充足率、资产质量、管理水平、盈利能力和资产流动性五项指标。下面对中外银行的经营绩效依次用这五项指标进行对比。

1. 资本充足率(Capital Adequacy)。银行同其他企业一样,需要一定的资本金支持其经营活动,不能搞无本买卖。按现行巴塞尔协议规定,银行的资本充足率不能低于8%。资本充足率低,将加大银行的风险和成本,降低银行的盈利能力和流动性。一些发达国家对自己提出了更高的要求。如美联储就要求美国银行的资本充足率不能低于10%。实际上美国银行资本充足率平均为12.04%,好银行一般都在15%左右。西欧银行的情况和美国大致相似,日本的情况则介于美欧之间。中国香港银行的资本充足率一般在15%,好的可达20%,总体的平均水平约为19%。新加坡也大致如此,平均水平为20%。中国内地银行的资本充足率是最低的,四大银行和国家开发银行、交通银行都低于8%。表3-6是主要国家银行业资本充足率的简要比较。

**表3-6 各国(地区)银行业平均资本充足率** (%)

| | | | |
|---|---|---|---|
| 中国内地 | N/A | 印度尼西亚 | 4.8 |
| 英国 | 12.04 | 泰国 | 12.15 |
| 美国 | N/A | 印度 | 11.6 |
| 法国 | N/A | 埃及 | 10.2 |
| 加拿大 | 11.1 | 墨西哥 | 13 |
| 德国 | 11.3 | 巴西 | 15.8 |
| 意大利 | 13.4 | 阿根廷 | 16.4 |
| 日本 | 11.8 | 智利 | 12.3 |
| 韩国 | 9.28 | 俄罗斯 | >12 |
| 澳大利亚 | 1.3 | 匈牙利 | 16.7 |
| 新加坡 | 20 | 波兰 | 14.2 |
| 中国香港 | 19 | 捷克 | 10.6 |
| 中国台湾 | 10.4 | 土耳其 | 12.03 |
| 马来西亚 | 12.8 | | |

N/A:not available.

资料来源:整理Barth J. R., G. Caprio, and R. Levine, 2001a, The Regulation and Supervision of Banks Around the World, World Bank, Memo.

随着业务的不断发展,银行资产增加了,资本金必须相应地增加。增加资本金的途径主要有两个:一是从赢利中提取,二是从资本市场募集。外国大银行盈利能力强,又基本上是上市的公众公司,资本金补充机制比较健全。而中国的银行盈利能力差,没有上市,国家财政又无力支持,资本金充足机制相当匮乏。

2. 资产质量(Asset Quality)。资产质量(不良资产率)是判断银行经营状况的核心指标,是银行经营管理整体水平的综合反映。在国际上,好银行的不良贷款率一般在2%以下。在美国,2000年银行平均不良贷款率为1.12%,一流银行的不良贷款率一般在1%左右。如花旗银行、摩根大通银行等。英国银行的平均不良贷款率为2%。二流银行的不良贷款率大致在3%~5%的水平。如日本富士银行为4.77%,香港道亨银行为3.91%,新加坡DBS银行为4.8%。三流银行的不良贷款率在6%以上。发展中国家的银行多属三流银行。中国的银行也在此列。按中国一逾两呆标准,四大国有商业银行的不良贷款率都是两位数(按照人民银行口径是30%),股份制商业银行不良贷款率在10%左右。最好的是国家开发银行,经国际会计师事务所独立审计,2000年不良贷款率,按一逾两呆分类是1%多一点,按国际标准制度五级分类是8.7%。2001年,国家开发银行的不良贷款率降为6%以下,从三流银行进入二流银行。表3-7、表3-8分别是2000年主要国家银行业的平均不良贷款率和主要银行的不良贷款率。

**表3-7 各国银行业呆账占信贷总资产比率** (%)

| 国别 | 不良贷款 | 国别 | 不良贷款 |
|---|---|---|---|
| 第一类 | | 第二类 | |
| 美国 | 1.12 | 韩国 | 8.6 |
| 英国 | 2.2 | 马来西亚 | 7.9 |
| 加拿大 | 0.68 | 埃及 | 7.2 |
| 澳大利亚 | 0.9 | 第三类 | |
| 智利 | 1.42 | 中国内地 | N/A |
| 第二类 | | 意大利 | 11.9 |
| 日本 | 3.9 | 印度尼西亚 | 28.1 |
| 法国 | 6.55 | 泰国 | 35.45 |
| 巴西 | 3.4 | 印度 | 15 |
| 阿根廷 | 9.4 | 墨西哥 | 17.5 |
| 波兰 | 4.7 | 俄罗斯 | 20 |
| 匈牙利 | 8.2 | 捷克 | 27 |

资料来源:Barth J. R., G. Caprio, and R. Levine, 2001a, The Regulation and Supervision of Banks Around the World, World Bank, Memo.

表 3-8　主要银行不良贷款率的比较　（%）

| 银行 | 国别/地区 | 不良贷款率 | 银行 | 国别/地区 | 不良贷款率 |
|---|---|---|---|---|---|
| 第一类 | | | 第二类 | | |
| Citibank | 美国 | 0.99 | Dao Heng Bank | 中国香港 | 3.91 |
| J. P. Morgan Chase &Co | 美国 | 1.1 | National Savings & Commercial Bank | 匈牙利 | 4.62 |
| Bank of America Corporation | 美国 | 1.5 | Frist Commercail Bank | 中国台湾 | 6.37 |
| Wachovia Corporation | 美国 | 1.3 | 开放银行 | 中国 | 6 |
| Wells Fargo &Company | 美国 | 1 | 第三类 | | |
| Bank One Corporation | 美国 | 1.5 | Maybank | 马来西亚 | 14.5 |
| FleetBostonFinancial Corporation | 美国 | 1.2 | Bank BNI | 印度尼西亚 | 21.1 |
| U. S. Bancorp | 美国 | 0.9 | Saim Commercial Bank | 泰国 | 19.3 |
| Sun Trust Banks , Inc. | 美国 | 0.8 | State Bank of India | 印度 | 14.25 |
| ANZ | 澳大利亚 | 1.02 | Banco de Ia Nacion Argetina | 阿根廷 | 24.8 |
| 第二类 | | | Bank Pekao | 波兰 | 12.3 |
| HSBC | 英国 | 3.2 | 工行 | 中国 | |
| Fujibank | 日本 | 4.77 | 农行 | 中国 | |
| Bank of Tokyo Mitsubishi | 日本 | 4.69 | 中行 | 中国 | |
| Shin Han Bank | 韩国 | 3.98 | 建行 | 中国 | |
| DBS Bank | 新加坡 | 4.8 | 交行 | 中国 | |

资料来源：Barth J. R. , G. Caprio and R. Levine, 2001a, The Regulation and Supervision of Banks Around the World, World Bank, Memo.

3. 管理水平。主要指银行识别、测量、监督和控制风险的能力。1929 年以来，西方国家的银行在经历了若干次金融危机后，痛定思痛，逐步发展出一套完善有效的内部风险管理体系和与之相适应的若干管理工具。例如，现金流制度、内部评级制度、资产负债管理（包括 RAROC）、新型银团贷款、住房抵押贷款证券化、信用卡贷款证券化、汽车贷款证券化、项目融资、客户信用系统、内部稽查系统、利率管理。中国银行风险管理系统和工具的开发，有的刚刚开始，有的还是空白，与国际水平有很大差距。表 3-9 是中国与国际先进银行风险管理工具的比较。

**表3－9　中外银行业四类风险管理工具比较**

| 风险管理工具 | 发达国家银行运用状况 | 中国银行运用状况 |
|---|---|---|
| **市场风险** | | |
| 外币掉期 | 广泛运用 | 很少使用 |
| 浮动利率票据 | 广泛运用 | 没有使用 |
| 外汇期货 | 广泛运用 | 很少使用 |
| 外汇远期 | 广泛运用 | 很少使用 |
| 浮动利率债券 | 广泛运用 | 很少使用 |
| 利率期货 | 广泛运用 | 很少使用 |
| 货币互换 | 广泛运用 | 很少使用 |
| 零息债券 | 广泛运用 | 很少使用 |
| 双重货币债券 | 广泛运用 | 没有使用 |
| 利率互换 | 广泛运用 | 很少使用 |
| 票据发行便利 | 广泛运用 | 没有使用 |
| 期权交易 | 广泛运用 | 很少使用 |
| 股指期货 | 广泛运用 | 没有使用 |
| **信用风险** | | |
| 银团贷款 | 广泛运用 | 很少使用 |
| 出口信用保险 | 广泛运用 | 很少使用 |
| 可转换债券 | 广泛运用 | 很少使用 |
| 出售应收账款 | 广泛运用 | 很少使用 |
| 福费廷 | 广泛运用 | 没有使用 |
| 信用衍生品 | 广泛运用 | 没有使用 |
| **流动性风险** | | |
| 可赎回债券 | 广泛运用 | 很少使用 |
| 可转让存款证 | 广泛运用 | 没有使用 |
| **经营风险** | | |
| 全球性资产负债管理 | 广泛运用 | 没有使用 |

资料来源自王益:《中国银行业竞争力分析(上)》,《管理现代化》2002年第5期。

4. 盈利能力。银行的经营水平最终要由盈利来反映。股东价值和银行的市值也是由盈利能力来决定的。盈利能力主要有两个指标:一是资产回报率,一是股本回报率。一流银行的资产回报率一般在1% ~2%之间,股本回报率在10% ~20%之间。美国银行的资产回报率为1.22%,股本回报率为14.41%;英国银行的资产回报率为0.9%,股本回报率为11.7%;新加坡银行资产回报率为1.41%,股本回报率为21%;中国香港银行资产回报率为1.58%,股本回报率为20.65%。二流银行的资产回报率一般在0.5% ~1%之间,股本回报率在5% ~10%之间。法国银行的资产回报率为0.3%,股本回报率为8%;中国台湾银行的资产回报率为0.74%,股本回报率为9.66%;东欧国家银行的资产回报率和股本回报率也可基本归入此类。日本、拉美和东南亚的银行资产回报率、股本回报率一般分别在0.5%、5%以下,属三流水平。近年来日本银行的平均盈利能力最差,资产回报率为-0.7%,股本回报率为-17%;相比之下,拉丁美洲银行的状况反而要好一些。中国内地银行的盈利能力,四大国有独资商业银行的资产回报率在0.1% ~0.2%之间,股本回报率在2%左右,股份制商业银行的情况要好于国有独资商业银行,但中国银行的整体盈利能力在世界上处于最低水平。表3-10、表3-11分别是一些有代表性的国家和银行盈利能力的比较。

**表3-10 各国(地区)银行业盈利能力的比较** (%)

| 国别/地区 | 资产回报率 | 股本回报率 | 国别/地区 | 资产回报率 | 股本回报率 |
|---|---|---|---|---|---|
| 第一类 | | | 第二类 | | |
| 美国 | 1.22 | 14.41 | 捷克 | 0.42 | 7.76 |
| 英国 | 0.9 | 11.7 | 匈牙利 | 0.55 | 10.95 |
| 德国 | N/A | 13.1 | 墨西哥 | 0.86 | 8.75 |
| 新加坡 | 1.41 | 21 | 第三类 | | |
| 中国香港 | 1.58 | 10.65 | 阿根廷 | 0.53 | 4.87 |
| 第二类 | | | 韩国 | 0.2 | 4.2 |
| 法国 | 0.3 | 8 | 日本 | -0.7 | -17 |
| 意大利 | 0.5 | 7.6 | 泰国 | -0.46 | -9.9 |
| 中国台湾 | 0.74 | 9.66 | 中国内地 | 0.2 | 3.49 |
| 波兰 | 1.15 | 9.48 | | | |

数据来源:外国银行来自 Barth J. R., G. Caprio, and R. Levine, 2001a, The Regulation and Supervision of Banks Around the World, World Bank, Memo;中国的统计数据来自2001年《中国金融年鉴》。

**表3-11　主要银行盈利能力的比较**　（%）

| 银行 | 国别地区 | 资产回报率 | 股本回报率 | 银行 | 国别/地区 | 资产回报率 | 股本回报率 |
|---|---|---|---|---|---|---|---|
| 第一类 | | | | 第二类 | | | |
| Citibank | 美国 | 1.66 | 24.87 | J. P. Morgan Chase & Co | 美国 | 0.5 | 8.75 |
| Bank of America Corporation | 美国 | 1.1 | 14.99 | Wells Fargo & Company | 美国 | 0.96 | 9.95 |
| Wachovia Corporation | 美国 | 1.01 | 23.06 | BNP Paribas | 法国 | 0.31 | 9.1 |
| Bank One Corporation | 美国 | 0.84 | 13.455 | Frist Commercail Bank | 中国台湾 | 0.54 | 7.72 |
| Fleet Boston Financial Corporation | 美国 | 1.595 | 17.89 | Bana mex | 墨西哥 | 1.07 | 7.64 |
| U. S. Bancrop | 美国 | 1.125 | 12.285 | 第三类 | | | |
| Sun Trust Banks, Inc. | 美国 | 1.29 | 16.775 | Bank of Tokyo Mitsubishi | 日本 | 0.185 | 4.33 |
| HSBC | 英国 | 2.84 | 19 | Fujibank | 日本 | 0.123 | 2.76 |
| Deutsche Bank | 德国 | 1.62 | 19 | Banco de Ia Nacio-Argetina | 阿根廷 | 0.02 | 0.24 |
| ANZ Banking Group | 澳大利亚 | 1.1 | 18.8 | 工行 | 中国 | 0.13 | 2.72 |
| Shin Han Bank | 韩国 | 0.85 | 12.24 | 农行 | 中国 | 0.01 | 0.22 |
| DBS Bank | 新加坡 | 1.58 | 14.2 | 中行 | 中国 | 0.22 | 2.44 |
| Dao Heng Bank | 中国香港 | 1.4 | 15.2 | 建行 | 中国 | 0.34 | 6.57 |
| SiamCommercial Bank | 泰国 | 1.22 | 14.2 | 交行 | 中国 | 0.32 | 6.59 |
| State Bank of India | 印度 | 0.76 | 16.5 | 开行 | 中国 | 0.1 | 1.56 |
| Maybank | 马来西亚 | 1.08 | 13.9 | | | | |

数据来源于王益：《中国银行业竞争力分析（上）》，《管理现代化》2002年第6期。

5. 资产流动性。资产的流动性对银行至关重要。银行资产的流动性主要包括三个方面。一是银行资产和负债的期限结构是否匹配，相当于一般企业资产的流动比率和速动比率。二是呆坏账准备金是否充足。一般要求呆坏账准备金率要大于不良资产率。因此银行要根据不良资产变化情况，及时足额地提取呆坏账准备金。三是资产结构是否合理，要求资产的结构要多元化,其中部分资产应具高度的变现能力,例如国债。表3-12是一些银行流动性的比较。总体上讲,美国的银行对于流动性控制水平最高,欧洲和新加坡等地次之,日本以及亚洲和拉美国家处于第三类水平。

**表3-12　主要银行呆账准备金率的比较**　(%)

| 银行 | 国别/地区 | 呆账准备金率 | 银行 | 国别/地区 | 呆账准备金率 |
|---|---|---|---|---|---|
| 第一类 | | | 第三类 | | |
| Citibank | 美国 | 98.4 | HSBC | 英国 | 58.5 |
| J. P. Morgan Chase & Co | 美国 | 100 | Fuji Bank | 日本 | 53.69 |
| Bank of America Corportion | 美国 | 97.74 | Bank ofTokyo Mitsubishi | 日本 | 59.27 |
| Wachovia Corporation | 美国 | 145.65 | Dao Heng Bank | 中国香港 | 52 |
| Wells Fargo &Company | 美国 | 104.69 | Shin Han Bank | 韩国 | 58.97 |
| Bank One Corporation | 美国 | 111.08 | ICICI bank | 印度 | 53.33 |
| FleetBostonFinancial Corporation | 美国 | 106.43 | Banco de la Nacion Argetina | 阿根廷 | 55.42 |
| U. S. Bancorp | 英国 | 99.98 | Siam Commercial Bank | 泰国 | 12.9 |
| Sun Trust Banks , Inc. | 德国 | 104.09 | 工行 | 中国 | N/A |
| ANZ Banking Group | 澳大利亚 | 156 | 农行 | 中国 | N/A |
| Bana mex | 墨西哥 | 121.71 | 中行 | 中国 | N/A |
| 第二类 | | | 建行 | 中国 | N/A |
| DBS Bank | 新加坡 | 74.13 | 交行 | 中国 | N/A |
| Maybank | 马来西亚 | 81.65 | 开行 | 中国 | N/A |
| BNP Paribas | 法国 | 63.89 | | | |

数据来源自王益:《中国银行业竞争力分析(上)》,《管理现代化》2002年第5期。

## 二、银行信贷资金的配置效率

在中国渐进式经济改革的进程中,银行信贷有力地支持了中国经济的增长,金融系统在国民经济中作用不断上升,但是国家垄断性的金融制度安排为此付出了巨大控制成本,在这种制度安排下,占银行业主体的国有银行信贷资金配置效率低下,信贷结构以及由此反映的信贷资金配置结构是扭曲的。

## （一）问题的引出

在中国经济改革过程中，国有企业的经济发展速度大大低于乡镇集体企业、国内私人企业与外资独资私人企业的经济发展速度，国有工业企业的产值在工业总产值中的比重逐年下降。樊纲（2000年）指出：无论非国有经济在开始时多么弱小，只要其效率及增长率比国有部门高，则国有经济在整个过程中的比重理论上将趋于缩小。另一方面，尽管国有经济占产出的比重不断下降，但银行信贷一直向国有经济倾斜，特别是在1995年以前，国有银行对国有企业的信贷支持是被当作任务来完成的。在资金信贷分配过程中，国有企业的需求必须得到优先满足，剩余信贷指标分配给集体企业，只有极少部分配置到私营和个体企业。因此，面对中国经济所有制结构的投入和产出悖论，如何评价中国银行业信贷资金配置的绩效？针对当前经济结构变化和我国已经加入WTO的现实，我国银行产业和组织结构如何进行改革才能适应经济发展的客观要求？为此，本节试图从我国银行信贷资源配置绩效分析入手，为中国银行产业组织效率和银行业竞争力的提升提供一些证据和建议。

由于四大国有银行在存款、贷款和资产份额方面都占据了我国信贷市场的主体（都在80%左右），因而对国有银行信贷资金配置效率的研究，可以代表整个信贷市场的资金配置效率状态。

## （二）国有银行信贷资金配置的低效率

一般言之，经济增长决定了贷款增长的规模和速度。当企业收入增长时，企业要求生产和投资进一步扩大，于是对银行贷款的需求增大，信贷部门相应扩大贷款投放，以适应经济增长的需要。反过来看，信贷部门通过向企业部门发放贷款的过程对经济中的产出规模和产业结构也产生影响。如果金融体系在政府控制下，以“配给”方式提供信贷，且能获得贷款的多数是享有特权的国有企业或与官方金融机构有特殊关系的其他企业，结果会造成信贷资金使用效率低下，阻碍社会储蓄应有程度和向社会投资的正常转化，最终制约国民经济的发展。自1978年中国渐进式经济改革及1983年国家实行“拨改贷”以后，金融的信贷支持在国民经济中的作用不断上升，金融体系在经济运行中的重要性不断提高，1979年经济增长对金融的依存度（银行各项贷款余额除以国内生产总值）为52.1%，1999年该指标已达到

114.43%,金融机构已由过去国家财政的一个记账单位变为左右国民经济运行的最关键的部门之一。

邹新月(2002年)①考察了银行信贷与经济增长之间的关系,以国内生产总值(GDP)$Y$为因变量,以银行新增贷款$X$为自变量,同时考虑银行信贷对经济循环具有一定的滞后期②,对中国(1984—1999年)银行新增贷款与国内生产总值之间的相关性进行了线性回归检验,其回归结果如下:

$$\ln Y_1 = 4.107 + 0.749\ln X_{T-1} \qquad (3-1)$$
$$(11.150) \quad (16.438)$$

Adjusted R-squared = 0.944  Durbin-Watson = 0.681  F-statistic = 270.22

回归检验结果表明,银行新增贷款与国内生产总值之间存在显著的正向相关性,银行信贷有力地支持了中国经济的增长,为国内生产总值持续增长起了巨大的推动作用。

(3-1)式两边对时间$T$求导数:

$$\frac{1}{Y_1}\frac{dy_T}{dt} = 0.749 \times \frac{1}{X_{t-1}}\frac{dx_{t-1}}{dt}$$

$$\text{即得:}\frac{\frac{dy_t}{Y_t}}{\frac{dx_{t-1}}{X_{t-1}}} = 0.749$$

这样求得国内生产总值(GDP)对银行新增贷款的弹性仅为0.749,说明我国银行信贷资金投入产出的效率不高。1984—1999年,全国金融系统各项贷款增幅有13年高于国内生产总值增幅,仅有4年低于国内生产总值增幅,且各项贷款增幅小于国内生产总值增幅的4年(1988年、1993年、1994年、1995年)是中国改革开放以后最严重的两次通货膨胀时期,即1988年消费物价指数(CPI)和零售物价指数(RPI)分别为18.8%和18.5%,1993—1995年内消费物价指数(CPI)分别比上年增长14.7%、24.1%和17%。可见,我国金融体制是以低效率的信贷资金支持经济增长,从1984—1999年每百元新增贷款创造的新增产值小于100元的年份有8年,其中从1996年开

① 邹新月.国有商业银行信贷绩效的理性思考[J].中国软科学,2002(9).

② 钱小安认为:中国改革开放以来贷款对经济循环的滞后期为1~2年,此处取滞后期为1年进行回归。

始,每百元新增贷款创造的新增产值显著下降,新增产值仅分别为89元、48元、33元、49元(见表3-13),导致银行利润绩效指标———资产利润率总体上呈下降趋势,1991年四大国有银行资产利润率平均为0.6124,到1999年仅为0.068,减幅达0.5444,表明国有商业银行盈利能力不断下降。这是因为中国渐进式经济改革以来,效率低下的国有企业可以从国有银行廉价地得到资金支持,由于国有经济体制的僵化和经营管理不善,大量投资变为沉没成本而无法收回,致使国有商业银行不良贷款比例持续上升,银行坏账堆积不断增加,截至1997年底我国银行不良贷款在全部贷款中所占比例已累计达到25%,对我国经济的长期稳定发展造成巨大危害,并成为深化经济体制改革的严重障碍。由此可见,麦金农所描述的"金融抑制"现象确实在中国经济改革开放的进程中制约国民经济高效率地健康发展。

**表3-13 金融机构贷款增长速度与经济增长速度比较表**

| 年份 | 金融机构各项贷款(亿元) | 贷款比上年增长(%) | 国内生产总值(亿元) | GDP比上年增长(%) | 增量百元贷款产值(元) |
|---|---|---|---|---|---|
| 1984 | 5012.40 | 24.57 | 7171.00 | 20.84 | 125.09 |
| 1985 | 6498.30 | 29.64 | 8964.40 | 25.01 | 120.69 |
| 1986 | 8343.10 | 28.39 | 10202.20 | 13.81 | 67.10 |
| 1987 | 10095.60 | 21.01 | 11962.50 | 17.25 | 100.45 |
| 1988 | 11904.90 | 17.92 | 14928.30 | 24.79 | 163.92 |
| 1989 | 14203.90 | 19.31 | 16909.20 | 13.27 | 86.16 |
| 1990 | 17467.80 | 22.98 | 18547.90 | 9.69 | 50.21 |
| 1991 | 21338.00 | 22.16 | 21617.80 | 16.55 | 79.32 |
| 1992 | 26323.00 | 23.36 | 26638.10 | 23.22 | 100.71 |
| 1993 | 32943.00 | 25.15 | 34634.40 | 30.02 | 120.79 |
| 1994 | 40810.00 | 23.88 | 46759.40 | 35.01 | 154.12 |
| 1995 | 50544.10 | 23.85 | 58478.10 | 25.06 | 120.39 |
| 1996 | 61156.60 | 21.00 | 67884.60 | 16.09 | 88.64 |
| 1997 | 74914.10 | 22.50 | 74462.60 | 9.69 | 47.81 |
| 1998 | 86524.10 | 15.50 | 78345.20 | 5.21 | 33.44 |
| 1999 | 93734.30 | 8.33 | 82067.50 | 4.55 | 51.63 |

续表

| 年份 | 金融机构各项贷款(亿元) | 贷款比上年增长(%) | 国内生产总值(亿元) | GDP 比上年增长(%) | 增量百元贷款产值(元) |
|---|---|---|---|---|---|
| 2000 | 99371.10 | 6.01 | 89468.10 | 9.02 | 131.29 |
| 2001 | 112314.70 | 13.03 | 97314.80 | 8.77 | 60.62 |
| 2002 | 131293.90 | 16.90 | 105172.30 | 8.07 | 41.40 |
| 2003 | 158996.20 | 21.10 | 117390.20 | 11.62 | 44.10 |
| 2004 | 178197.80 | 12.08 | 136875.90 | 16.60 | 101.48 |

资料来源:由1984—2005年的《中国统计年鉴》整理计算得来。

### (三)国有银行信贷结构:资金配置的扭曲

计划经济体制下,国家对企业的流动资金和固定资产投资实行的是财政拨款制。1983年和1985年我国先后把上述两种财政拨款制改为企业还本付息的贷款制。从目前我国实际情况看,企业的投资资金除自有资金之外,多数企业仍采用间接方式进行融资,即企业的固定资产投资、更新改造资金以及流动资金,在很大程度上都依赖银行信贷部门供给,而间接融资渠道又主要控制在国有银行手中。以1998年为例,中国四大国有商业银行集中了银行业80%左右的信贷资金,且这四大国有商业银行90%的贷款对占经济总量约40%的国有企业发放,导致非国有经济在扩大生产规模时很难顺利获得所需资金,相比之下,产出效率低下的国有企业却可以从国有银行不断获得资金支持,因而严重地扭曲了信贷结构,降低了银行信贷资金利润率和经济增长效率。国有单位扩大生产规模运用信贷资金占全社会固定资产投资使用国内贷款资金的比重一直维持在2/3左右,即使在1999年国有企业所占比例仍然高达65.28%,集体企业、城乡个体及其他经济类型仅分别占10.16%、2.94%、21.63%。而此时全国工业总产值结构[①]中,国有工业企业的比重仅为28.21%,集体工业企业的比重为35.37%,城乡个体工业及其他经济工业的比重分别为18.18%、26.14%。

改革开放以来,国有工业的比重持续下降,非国有工业的比重大幅度上升,与不同经济类型运用信贷资金占全社会固定资产使用国内贷款资金的

① 按工业总产值新统计口径构成国有控股工业与其他类型工业存在着重复计算,使各所有制工业之和大于100%。

比重相对照，显然我国经济结构投入产出比例严重被扭曲，国有经济和非国有经济在信贷融资活动中所处的不平等地位，长期压抑着非国有部门的投资意愿和较高的投资效率。

邹新月[①]以工业总产值或不同经济类型的产值为因变量 $Y_i$，以信贷资金用于固定资产投资的金额做自变量 $Y_{it}$，通过线性回归求出 1984—1999 年因变量对自变量的弹性，我们发现国有工业产值对信贷资金投入的弹性最小，仅为 0.757（见表 3-14），小于集体企业、城乡个体及其他经济类型对信贷资金投入的弹性，进一步说明国有银行强力扶植国有经济是以降低金融系统的信贷资金效率为代价；我国经济体制改革过程中的金融机制安排，存在着明显的"所有制歧视"和"信贷偏向"，金融抑制现象长期伴随在中国经济生活的现实之中。

**表 3-14　工业总产值或不同经济类型的产值对信贷资金投入产出弹性表**

| 回归方程 | 投入产出弹性 | $R^2_{adj}$ | 标准误差 | DW 值 | F 值 | Sig-F |
|---|---|---|---|---|---|---|
| $INY_{0T} = 3.264 + 0.988 InX_{0t-1}$<br>(10.409)　(23.888) | 0.988 | 0.978 | 0.12825 | 0.946 | 570.61 | 0.000 |
| $INY_{1T} = 4.323 + 0.757 InX_{1t-1}$<br>(6.409)　(8.726) | 0.757 | 0.940 | 1.10197 | 1.357 | 76.199 | 0.000 |
| $INY_{2T} = 3.109 + 1.105 InY_{2t-1}$<br>(1.199)　(2.726) | 1.105 | 0.546 | 0.46155 | 0.743 | 7.432 | 0.03 |
| $INY_{3T} = 1.471 + 1.652 InX_{3t-1}$<br>(0.963)　(4.95) | 1.652 | 0.746 | 0.54148 | 0.99 | 24.5 | 0.02 |
| $INY_{4T} = 4.957 + 0.768 InX_{4t-1}$<br>(9.334)　(8.230) | 0.768 | 0.893 | 0.34587 | 0.817 | 67.737 | 0.00 |

资料来源：1984—2000 年的《中国统计年鉴》和《中国金融年鉴》。

注：$Y_{it}$（$i=0,1,2,3,4$）分别代表全国工业总产值、国有工业、集体工业、城乡个体及其他经济类型的工业产值。

$X_{it-1}$（$i=0,1,2,3,4$）分别代表信贷资金用于全社会固定资产投资额度及不同经济类型运用信贷资金进行固定资产投资的贷款额，$t$ 代表年度时间变量，负下标是滞后期数，系数下括号中是 t-统计值。

① 邹新月．国有商业银行信贷绩效的理性思考[J]．中国软科学，2002(9).

## 三、信贷资金配置扭曲和低效的代价

我国国家垄断性的金融制度安排付出了巨大的控制成本(如信贷资金漏损、不良贷款等)。根据统计资料计算可知,1983 年工业总产值中国有经济占的比例为 77.02%,国有经济对国家财政收入的贡献为 83.7%,1983 年国家实行“拨改贷”后,信贷管理体制转轨初期,信贷投资向国有经济倾斜,金融强力支持国有经济,无疑是一种理性经济行为。然而在后来的经济发展中,高速的经济增长和银行信贷资金配置效率低下同时并存(见表 3-13),因此,从某种意义上说,改革以来持续的经济高速增长是以银行信贷扩张和不良资产的积累为代价的。

我国银行信贷扩张的速度是非常快的。1984—1999 年贷款增长的平均速度为 21.56%,高于经济增长的平均速度 17.63%。然而,我国银行业的市场化改革却严重滞后于实体经济结构的变迁。1992 年非国有经济工业总产值中所占的比重已达到 51.9%,开始形成和国有经济平分天下的格局;但实际经济领域的这种重大结构变化,未能得到金融领域的相应变化与之适应,此时集体企业通过银行系统获得的信贷资金仅占社会信贷总额的 12.59%,私营个体企业占总贷款比重为 0.10%,其他经济类型占总贷款比重为 4.37%,与此同时,工业总产值比重仅占 48.1% 的国有经济获得的信贷资金比重却高达 82.94%(见表 3-15)。

**表 3-15 国有银行对不同经济成分的贷款比重**

| 项目 \ 年份 | 1989 | 1990 | 1991 | 1992 | 1993 | 1994 | 1995 | 1996 | 1997 |
|---|---|---|---|---|---|---|---|---|---|
| 集体企业贷款占总贷款(%) | 12.54 | 12.35 | 12.34 | 12.59 | 12.86 | 9.38 | 8.62 | 8.30 | 6.88 |
| 私营个体贷款占总贷款(%) | 0.11 | 0.09 | 0.08 | 0.10 | 0.11 | 0.15 | 0.08 | 0.11 | 0.54 |
| 其他经济类型贷款占总贷款(%) | 4.37 | 4.38 | 4.38 | 4.37 | 4.35 | 4.52 | 4.56 | 4.57 | 4.63 |
| 国有企业贷款占总贷款(%) | 82.98 | 83.18 | 83.20 | 82.94 | 82.68 | 85.95 | 86.74 | 87.02 | 87.95 |

资料来源:《中国金融年鉴 1997》,《98 中国金融展望》,《中国统计年鉴 1998》。

根据金融深化论的观点:一个国家的金融体制与该国的经济发展之间存在着一种互相刺激和互相制约的关系。因此,在 1993 年,应当及时扭转信贷资金需求结构与信贷资金供给结构的严重不对称,让国有经济和非国有经济以同等身份从国有银行获得信贷支持,才能使改革开放以来中国经济最具活力的非国有经济得以更快增长，从而达到提高信贷资金的配置效率的目的。然而，实际经济工作中我国金融制度安排严重滞后于经济结构变化的要求，非国有部门的投资需求受到“信贷偏向”和“金融抑制”的双重制约，制约着中国国民经济长期增长动力的培育。据有关资料统计表明[①]，我国银行现有不良债权有2/3是1993年以后形成，进而影响到20世纪90年代末期出现投资萎缩、“惜贷”现象，造成银行存差大量增加，银行经营效益趋于下降，成为中国下一步深化经济改革的严重障碍。

值得注意的是，与我国信贷资金配置扭曲和低效率并存的是，我国银行业的产业组织结构也存在缺陷（中小银行极不发达）。二者之间存在怎样的联系？银行业的产业组织结构缺陷是否就是我国信贷资金配置扭曲和低效率的主要原因？

## 四、银行产业组织效率提升及其结构缺陷的弥补

### （一）我国的银行产业组织结构缺陷

如第一章的分析：我国的信贷市场份额高度集中于四大国有银行，股份制商业银行市场份额很低，中小银行（特别是民营中小银行）极不发达。根据第一章和第二章的分析，我国商业银行信贷市场上：四大商业银行占有很大比例的资产份额、存款份额和贷款份额，其他商业银行和外资银行占的比例较小。这里我们可以将其他商业银行（包括四大国有银行以外的所有股份制商业银行、城市和农村信用社等金融机构）理解为中小银行，其力量相当薄弱。

由于银行服务受到信息成本的限制，其区域和相应的规模结构分布就显得至关重要。这里我们可以将我国银行的规模层次和美国做一个简单比较，就可以对我国中小银行极不发达的现状看得更为清楚。

在银行体系方面，美国银行有8000多个，大概分为四个层次。第一层次是全国性的银行，例如花旗银行、摩根大通银行，这些银行也是大的跨国银行，影响遍及全球。第二层次是超级地区银行，例如美洲银行、富利特银行。这类银行的业务一般集中在某几个州，同时也在某些国家开展业务，像富利

① 邹新月．国有商业银行信贷绩效的理性思考[J]．中国软科学，2002(9)．

特在拉美就有一定影响力。第三层次是地区银行。这类银行数量很多，一般都在某一州开展业务。为当地大的企业和大城市的居民服务。第四层次是社区银行。这类银行有几千家。主要为某一小城镇或大城市的某一社区的小业主和居民服务。这四类银行形成自然的分工。都有自己特定的服务对象和服务工具，使社会不同层次的企业和居民都能得到相应的金融支持，从而使经济活动在不同层面上都能有效地开展。

中国银行业的区域结构很不合理。作为第一层次的全国性银行，如工商银行、农业银行、中国银行、建设银行、交通银行和开发银行，与美国相比有两大区别。一是中国全国性银行的资产集中度太高，集中了全国银行资产额的80%多（美国全国性银行只占全国银行资产额的40%），但服务的范围却不对称，广大农村、小城镇以及大城市的小企业都得不到应有的金融服务。二是中国没有跨国银行。中国银行虽然在国外有一些分支结构，但基本上是为中国进出口企业和当地华人服务的小机构，不能叫做跨国银行。

作为第二层次的地区超级银行，如招商银行、中信实业银行、光大银行、民生银行，同美国同类银行相比，也有两个主要区别。一是美国地区超级银行一般都在某些地区占有相当的市场份额，而中国的这几家跨地区中等银行在任何地区的市场份额都很小，对任何地区都无大的影响力。二是美国的地区超级银行，一般都有相当的跨国业务，而中国的上述银行都是纯国内银行。

作为第三层次的地区银行，在中国非常薄弱。美国基本每州都有在当地颇有影响的地区银行，中国只有少数省有省级地区银行，如广东发展银行、浦东发展银行、深圳发展银行、福建兴业银行和北京、上海、天津等直辖市由城市信用社改组的城市商业银行。与美国相比，中国地区银行数量很少，规模很小，没有形成气候。

作为最后一个层次的社区银行，从严格意义上讲，在中国还没有。姑且把城市信用社和由城市信用社改组的某些大中城市的城市商业银行类比为美国的社区银行。在这个层次上中美两国银行的主要区别有三个。一是在美国，大城市也有若干社区银行，为当地的小企业和特定的人群服务。在中国，大城市里信用社变成了一家，不存在社区银行。二是美国的社区银行资产质量、经营状况并不比大中银行差，只是规模较小而已。而在中国，城市商业银行和城市信用社的经营状况非常差。三是在美国，由于城镇化程度非常高,农村人口只占2.5%,地区银行和社区银行的服务几乎覆盖了整个国家。而在中国,占人口3/4的农村和小城镇得到的金融服务十分有限,几大银行和农村信用社的服务远远不能满足市场的需求。

### (二)"中型银行促进竞争"假说与银行产业组织结构缺陷的矫正

要特别指出的是,中国银行业的市场结构中中型银行的市场份额非常小,这使得中型银行没有力量对大型银行形成真正的挑战,使大银行得以长期维持低效运行的状况而没有改革的压力。基于此,笔者大胆提出"中型银行增进竞争"假说(当然还有待进一步论证)。

1."中型银行促进竞争"假说与银行业经营效率的改善。

中型银行是信贷市场中最具活力的元素。一项实证研究表明,美国1983—1992年期间,效率最高的银行并不是最大的银行,而是中型或大中型银行。如表3-16所示,中型及大中型银行的净资产收益率都在0.7%以上,而大型银行的净资产收益率只有0.31%。根据《亚洲货币》杂志1999年底对亚洲最重要的88家银行的综合评比,最佳的5家银行中,有4家的资产规模都远小于所谓的"十大银行"。最佳的15家银行中,我国台湾华信银行、新加坡KEPPEL银行及菲律宾PCI银行等都是中小银行。资产最多的是我国的四大国有商业银行,其排名却都在75名之后。可见,银行的好坏并不在于规模大小,根本上取决于其发展的质量及其核心竞争力。

**表3-16 1983—1992年美国不同规模银行的绩效比较**

| 绩效<br>银行规模 | 净资产收益率(%) |
|---|---|
| 小型银行 | 0.63 |
| 中型银行 | 0.78 |
| 大中型银行 | 0.71 |
| 大型银行 | 0.31 |
| 总平均 | 0.51 |

资料来源:李文军《银行越大越好吗?——兼论银行规模问题》,《国际金融研究》1998年第12期。

笔者认为,银行业的市场竞争应该是梯度传递的有序竞争,才能衍生出一个富有竞争和产业组织效率的信贷市场。小银行在市场上除了和同等规模的银行全面直接竞争外,还会部分地和中型银行直接竞争,但由于实力有限也就无法给大银行造成实质性竞争压力;中型银行在业务上除了和同等规模的银行全面地直接竞争以外，还会部分地与大银行和小银行两边都发生直接竞争；大银行在业务上除了和同等规模的银行全面展开直接竞争外，还部分地会和中型银行直接竞争，而不屑于争夺小银行的客户。因此，对于一个竞争有序且有效的信贷市场而言，中型银行对于市场竞争强度的提高和竞争的传递能够起到承上启下的作用，产生"鲇鱼效应"。

因此，鼓励中型银行的迅速发展，让他们成长为市场中的"鲇鱼"，增加对大型银行和小型银行的竞争压力，激发他们的活力，对于增进我国银行业的竞争强度，提高整个银行业的经营效率和信贷资金配置效率可能具有特别重要的意义。

2. 市场结构缺陷的弥补与信贷资金配置效率的增进。

无论从经济结构变化导致的投资增长的内在要求，还是从提高信贷资金配置效率出发，二者客观上均要求我国完善金融体系。大量非国有中小企业的发展难以获得充足的金融支持正在成为一个影响全局和长远经济发展战略的问题。随着中国经济结构的进一步变化，中国银行业产业组织结构必须进一步调整、优化和完善，以适应中国非国有经济持续高效增长的客观要求。

中小银行（特别是民营中小银行）极不发达的现状是造成我国信贷资金配置扭曲的主要原因。国有银行在信贷中的所有制歧视是导致非国有中小企业融资难问题的原因之一，但不是主要原因，这可以从一些大型民营企业成为国有银行争相放贷的对象得到印证（例如，深圳的华为公司，作为一个盈利性很好的大型私营公司，根本就不缺来自银行的信贷资金）。同样是非国有企业，所有制歧视应该不是中小企业得不到贷款的主要原因。在竞争中形成的信贷市场是一个专业化分工的市场，大银行和小银行有各自的比较优势，在中小企业融资问题上存在着明显的"小银行优势"（在解决信息不对称和降低交易成本方面），因而要解决中小企业（特别是非国有中小企业）融资难问题，最佳的战略可能是鼓励中小银行特别是民营中小银行的发展。关于银行产业组织结构与中小企业融资问题的深入分析将在第四章继续展开。

从机构数量上说，我国目前已经拥有一批中小金融机构，但中小企业的融资仍然很困难。这说明我国的中小金融机构并没有很好地为中小企业服务。究其原因可能有如下几个方面：

(1)由于国家长期不重视中小金融机构的发展,并且多数时候不允许其存在,这就很难形成一个健全的中小金融机构监督机制。金融业由于在资金的所有者与使用者之间信息不对称程度特别高,监督不严造成问题丛生。当政府放手让中小金融机构发展时,我国中小金融机构的贷款质量经常比大型金融机构还要差。这与国家对中小金融机构缺乏完善的法规制度和监督不力有很大关系。在这种情况下,中小金融机构就不能很好地为中小企业服务。

(2)中小金融机构还没有实现经营机制的转换。由于国家对市场进入的严格限制及传统上经营范围条块划分的残余,即使是中小金融机构也在当地市场上拥有一定的垄断力量。这就使中小金融机构失去了改进经营的压力和动力,再加上各级政府对中小金融机构经营上的不恰当干预使得中小金融机构经营混乱,不能很好地为中小企业服务。

(3)贷款市场的高度垄断。银行业的高度垄断减少了中小金融机构能够获得的金融资源,限制了它们为中小企业服务的能力,而大银行又不愿为中小企业提供更多的贷款,这就必然造成中小企业贷款难现象。

因此,只有改善中小金融机构的监管制度,加强监督力度,逐步解决贷款市场的垄断问题,允许非国有中小金融机构进入市场参与竞争,同时采取措施对现有中小金融机构进行彻底改造促其转换经营机制,才有可能真正缓解中小企业的融资困难。

### (三)对中国银行业改革的启示

综上所述,发展中小银行,弥补我国银行产业组织结构缺陷,对于提升我国银行产业组织两个层面的效率意义重大。然而,由于我国经济转轨中国有银行占主体地位的现实,使得中国银行业的改革变得相当复杂。我们既要解决国有银行作为国有企业的通病(缺乏自生能力、政策性负担、预算软约束以及没有形成有效的公司治理机制),又要解决由于长期信贷市场管制和金融压抑下形成的垄断市场结构问题。如果将改革的重点仅仅放在产权结构多元化的改革上,可能仅仅是将行政垄断变成了市场垄断,银行经营效率和信贷资金配置效率"双重"低下的局面仍将存在;如果将改革的重点仅仅放在打破行业垄断的市场结构改革上,措施不当(如大量外资银行的迅速进入),却可能导致潜在金融风险的总爆发,危及国家金融安全。

中国银行业改革正面临一个两难的选择。路究竟在何方呢?下一章将开始对这些问题展开分析。

# |第四章|

# 2003 年以来的国有银行改革：路径选择与改革绩效

进入 21 世纪，伴随着中国加入 WTO 和逐渐融入全球化，以及整个国民经济信息化速度的加快，长期滞后的国有银行体制转轨所积累的问题日益显性化，改革迫在眉睫。在 20 世纪 90 年代，金融全球化进程加快，国际范围内银行间的并购风潮使得银行业的行业结构发生着显著的变化，主要市场经济国家银行业的集中度上升；规模进一步扩张①。不仅如此，信息技术革命的迅速推进引发了世界范围内银行业的传统业务和产业组织结构的深刻变化，使银行业出现分散化和集中化并存的趋势，但主要是集中化趋势②。针对现实经济活动过程中出现的这种新变化和趋势，2003 年启动的新一轮国有银行改革需要系统地思考一些深层次的问题，例如体制转轨应该选择怎样的路径？改革的侧重点是产权结构还是市场结构？制定政策的原则应该是什么？对这些问题的理论思考，将有助于当时的政府基于国家金融安全，制定正确的银行改革策略，提高我国整个银行业的竞争力。

## 一、2003 年以来国有银行改革的起点：困境与出路

主要市场经济国家银行产业集中和规模扩张的演变趋势对处于困境中的我国银行业（特别是占很大市场份额的国有银行）改革战略的部署具有非常重要的启发：下一步改革的侧重点是多元化的产权结构改革还是市场结构改革？市场结构改革的重点是以存量的拆分（将国有四大银行分解为规模相对小的银行）来降低市场集中度为主，还是以增量的扩张（放开银行业的进入管制）为主？银行业市场的开放是以引入外资银行为主，还是首先全

① 刘伟，黄桂田．银行业的集中、竞争和绩效[J]．经济研究，2003(11)．

② 陈国进，沈炳熙．信息技术革命与银行业的变革[J]．改革，2002(1)．

力支持国内投资者进入市场？其金融安全性如何？在展开分析这些问题之前，我们需要首先对国有银行面临的困境做一个简单的考察。

### (一)国有银行改革的难题

2003年之前，国有银行主要存在三个问题：

1. 国有银行缺乏有效的治理机制，没有形成良好的激励机制和硬的预算约束。不解决这个国有企业的通病，国有银行就无法形成硬的预算约束和良好的自生能力。面对市场的竞争，国有银行作为党政企一体的官办银行，其维系以隐含的国家信用为担保，利率管制和分业管理导致了国有银行系统既有盈利模式，中国国有银行的主要收入高度依赖于存贷款的利率差，中间业务和金融创新收益远远低于国际水平①。国有银行经营效率低下，盈利水平不仅低于国有股份制商业银行和民营银行，也远远低于发达市场经济国家的大银行。例如，根据前中国银行行长刘明康的披露，在2000年，中国工商银行资产利润率仅为0.13%，中国农业银行为0.01%，中国银行和中国建设银行为0.14%。而同年花旗银行和汇丰银行分别达到1.50%和1.77%。

2. 资本严重不足是我国银行业存在的突出问题。即使按照较为宽松的原资本监管口径计算，我国商业银行的资本充足率水平与国际银行业比较明显偏低。根据有关资料估算，2003年底，我国主要银行的加权平均资本充足率为5.75%左右，其中，3家政策性银行、4家国有商业银行和11家股份制商业银行(不包括浙商银行)的平均资本充足率分别为6.0%、5.3%和7.4%，低于8%的最低监管要求，与国际活跃银行通常12%左右的资本充足率相比，更显不足。根据《银行家》杂志2004年度世界1000家大银行排行榜的统计，在资本排名前30家银行中，只有四家银行的资本充足率指标低于两位数，其余26家银行的资本充足率平均为11.56%。这四家资本充足率低于两位数的银行分别是中国建设银行6.51%、日本联合金融9.24%、中国工商银行5.52%和中国银行6.98%。按照原资本监管口径计算，要使我国

① 根据1999—2001年度四大银行的损益平衡表，我们概括出，国有银行体系的收入来源依次是：利息收入(69%)，金融机构往来收入(17%)，国债收益(10%)，手续费收入(2%)，汇兑和其他营业收入(2%)。而支出则依次是：利息支出(57%)，营业费用(22%)，各项准备计提(10%)，金融机构往来支出(6%)，固定资产折旧(3%)，其他营业支出(2%)。可见，中国国有银行体系高度依赖于存贷款的利率差。

主要商业银行整体的资本充足率符合8%的最低要求，资本缺口达3400亿元左右。而如果要达到10%的稳健水平，资本缺口就要高达6300亿元左右。如果按照新的资本监管口径计算，从资本中剔除专项准备、其他准备及当年利润等传统项目，并且对尚未提足的贷款损失准备也从资本中扣减，同时不考虑国内外风险资产发生变动的情况，要使整体资本充足率达到8%的最低要求，则我国主要银行业金融机构的资本缺口约为2.4万亿元。要达到10%的稳健水平，则资本缺口就要高达2.7万亿元①。

由于长期以来国有银行盈利水平低，资本充足率无法依赖自身的利润积累得到及时的补充。不仅如此，由于单一的国有产权结构，国家作为唯一的股东，受制于政府财政状况的约束，补充国有银行资本金的能力有限。再考虑到国有银行严重的软预算约束问题，即使财政能够源源不断地注资，也无法制止国有银行由于缺乏有效的公司治理机制和激励约束而不断侵蚀资本金的行为，可以说只要国有银行不建立起有效的激励约束，摆脱X低效率的陷阱，就会永远是一个不断吞没资本金的"无底洞"。

3. 国有银行的不良资产数目深不可测，并且还在不断增加。关于中国国有银行的不良资产比例，不同的机构研究的结果各不相同，从1994—2004年的多项研究来看，在24%~50%之间，远高于国际水准。其中，穆迪公司在1999年和摩根大通在2002年的研究均显示，中国国有银行系统的重组成本可能高达GDP的18%，国有银行的"四大"不仅与2000年世界前20家大银行（不包括中国的银行和未提供数据的银行）3.27%的平均不良贷款率相去甚远，而且也远远高于亚洲危机前东南亚各银行的水平（东南亚各国银行在金融危机前不超过6%）。据戴相龙2002年披露，当时国有银行系统的不良资产比率为23%左右。然而这远远不是中国银行业不良资产状况的全部②。

根据法国里昂证券2002年的资料，中国银行业的不良资产状况如表

---

① 马蔚华．战略调整：中国商业银行发展的路径选择．新华文摘，2005(8).

② 我们不得不进一步考虑如下因素：第一，国有银行的不良贷款是否应该包括已经分离到四大资产管理公司的不良贷款？第二，国有银行的不良贷款比例如果采取国际通行的五级贷款分类，则不良贷款率可能上升1/4；第三，国有银行的不良贷款并不等同于不良资产，不良贷款仅仅是国有银行不良资产的一部分；第四，国有银行体系的不良资产并不同等于中国银行业的不良资产，中国还存在着数目庞大的股份制银行、城市商业银行等中小金融机构，其分享着20%~30%的市场份额，并且近年来连续出现倒闭、破产和被兼并的危险案例。

4-1所示：

表4-1　中国四大国有银行的不良资产比率　(%)

| 不良资产比率 | 中国银行 | 中国工商银行 | 中国建设银行 | 中国农业银行 |
|---|---|---|---|---|
| 按四级分类法 | 24.12 | 25.70 | 14.92 | 35.06 |
| 按五级分类法 | 27.51 | 29.80 | 19.35 | 42.12 |
| 差异水平 | 3.39 | 4.10 | 4.43 | 7.06 |

数据来源于法国里昂证券：Banking in China，2002 September。转引自钟伟等：《中国银行业：在不堪重负中前行》，《中国改革》2003年第3期。

应该注意到两个因素：因素之一是在中国银行业2003年下半年采取国际上通行的贷款五级分类后，不良资产比率可能反弹。因素之二是上述数据没有考虑转移到四大资产管理公司的不良资产，如果考虑到此因素，中国银行业的不良资产比率可能需要向上修正1/4。

国有银行的巨额不良资产存量，大部分是由于过去大量的政策性贷款所致，但在大部分政策性贷款由三家政策性银行承担，1999年将一部分不良资产剥离到四大资产管理公司以后，新的不良资产增量的不断产生，主要原因仍然是国有银行由于无效的公司治理和激励约束导致的经营绩效和风险管理水平的低下。据统计，1999年债转股前，国有商业银行不良资产高达17000亿元左右，约占其总资产的39%。1999年，向四家资产管理公司剥离14000亿元不良贷款之后，由于未能及时完善国有商业银行产权结构与公司治理机制，阻断社会各方面向国有商业银行转嫁各种改革成本的机制与渠道，到2003年末，四家国有商业银行不良贷款余额又高达19000多亿元，不良贷款率20.36%，相当于世界前20大银行不良资产率的6~8倍。沉重的不良资产包袱直接影响着国有商业银行的稳健经营与持续发展。以至于外国研究机构预言，国有商业银行的巨额不良贷款将可能引发中国的金融危机。

### (二)国有银行竞争力的整体评估

2003年钟伟等简略地用美国传统的CAMEL标准对中国四大国有银行的竞争力进行整体的评估，即从资本状况(Capital)、资产质量(Asset Quality)、管理水平(Management Level)、盈利状况(Earning)和资产流动性(Liquidity)五个方面，来分析中国银行业的财务状况和经营管理水平与全球主要银行的差距。CAMEL的评估办法如表4-2：

表4-2 CAMEL的评估方法

| 核心资本 | 总资本比 | 资产质量 | CAMEL的评估得分 | 核心资本比 | 总资本比 | 资产质量 | CAMEL的评估得分 |
|---|---|---|---|---|---|---|---|
| ≥5.5% | >7% | 1或2 | 1 | <5.5% | ≥6% | 1或2 | 3 |
| ≥5.5% | >7% | 3 | 2 | <5.5% | ≥6% | 3、4或5 | 4 |
| ≥5.5% | >7% | 4或5 | 3 | ≥5.5% | <6% | 1或2 | 3 |
| ≥5.5% | 6%~7% | 1或2 | 2 | <5.5% | <6% | 3 | 4 |
| ≥5.5% | 6%~7% | 3 | 3 | <5.5% | <6% | 4或5 | 5 |
| ≥5.5% | 6%~7% | 4或5 | 4 | — | — | — | — |

资料来源自钟伟等:《中国银行业:在不堪重负中前行》,《中国改革》2003年第3期。

1. 中国四大国有银行的资本状况(Capital):如前文所述,严重匮乏。商业银行作为高财务杠杆率金融企业,充足的资本和合理的资本结构是维护公众对银行信心的基本需要,也是银行自身承受各种损失和风险的“缓冲器”。国际商业银行的资本充足率普遍达到了巴塞尔2001年新资本协议的最低要求,平均水平在10%以上,其中北美地区商业银行最高,平均为11.7%。就目前的数据而言,除中国银行可勉强满足资本充足率要求之外,其余皆在8%以下(见表4-3)。

表4-3 中国四大国有银行的资本充足率 (%)

| 银行名称 \ 年份 | 1998 | 1999 | 2000 | 2001 |
|---|---|---|---|---|
| 中国银行 | 18.76 | 8.50 | 8.30 | — |
| 中国工商银行 | 5.68 | 4.57 | 5.38 | 5.76 |
| 中国建设银行 | 5.22 | 3.79 | 6.51 | 6.88 |
| 中国农业银行 | 6.67 | 1.44 | — | — |
| 平均 | 7.94 | 5.7 | — | — |

数据来源于法国里昂证券:Banking in China, 2002, September,其中1998年数据未充分考虑不良资产的准备提取不足问题。转引自钟伟等:《中国银行业:在不堪重负中前行》,《中国改革》2003年第3期。

2. 资产质量:如前文所述,不良贷款比率非常高。银行资产质量好坏直接反映银行经营的安全程度,并影响到银行盈利的多少、资本损失的大小、各种资产的流动性强弱以及银行信誉的高低。就国际银行业的水平而言,北美银行的不良贷款比率最低,平均只有0.96%,欧洲银行其次,日本银行是其中最高的,为5.99%。

3. 盈利性:非常差。对于一家银行来说,盈利性水平是其能否继续生存和发展的关键,是其能否在激烈的竞争中处于不败之地的决定性因素,盈利水平也是最终决定银行资本充足程度的关键。中国四大国有商业银行的盈利水平低于北美银行业和欧洲银行业,其中平均资产收益率不到北美银行平均水平的1/6和欧洲银行的1/3,平均股本收益率则不到北美银行和欧洲银行的1/4。

4. 就综合管理水平而言,一家银行的利润并不完全由其业务情况决定,其管理水平的高低也是重要因素。但管理水平很难用定量指标全面评价,常用指标包括净利差、费用收入比等,我国四大商业银行上述两项指标都不错,这既可理解为中国国有银行的管理成本较低,也可以理解为内部管理粗放而耗费有限。

5. 关于中国银行业的流动性问题。流动性需求是银行满足存款解付、约定贷款安排、支付到期债务等的即期付款要求。表征银行流动性的指标,例如流动资产/短期负债、流动资产/存款和借款总额、贷款/总资产、贷款/短期负债、贷款/存款和借款总额等,我国国有银行的流动性状况基本正常,显示其流动资产比例较适宜。

使用CAMEL法简略估算的结果是:中国国有银行严峻的总资本比和资产质量使得其评级等级明显不佳。根据2004年第7期英国《银行家》杂志对世界1000家大银行的最新排名,建设银行、工商银行、中国银行、农业银行按一级资本分别排列第21、25、29、36位(见表4-4),按资产总额分别排列第33、20、28、41位,均居前45位以内。然而若按绩效排名则分别为第85位、83位、69位和81位。从税前利润、平均资本回报率或者资产回报率来看,四大国有商业银行均排在700名以后,属于经营最差的20%之列。就资产回报率来说,世界1000家大银行的平均资产回报率为0.8%,而国有商业银行中资产回报率最高的中国银行也只有0.26%,远远低于平均水平,国有商业银行总体经营状况与盈利能力仍然与大型外资银行存在较大差距。

2005年排名情况虽然有了较大变化，但主要来自政府对一些银行的注资，并不能反映真实的经营状况，2004年的数据更有说服力。

表4－4 2004年国有商业银行世界排名

| 银行名称 | 2004年 | 2003年 | 一级资本（百万美元） | 资产总额（百万美元） | 资本资产比率（%） | 税前利润（百万美元） | 平均资本利润率（%） | 资产回报率（%） | 资本充足率（%） | 不良资产比（%） |
|---|---|---|---|---|---|---|---|---|---|---|
| 建设银行 | 21 | 37 | 22507 | 429432 | 5.24 | 54 | 0.3 | 0.01 | 6.51 | 9.12 |
| 工商银行 | 25 | 16 | 20600 | 637829 | 3.23 | 321 | 1.5 | 0.05 | 5.52 | 21.24 |
| 中国银行 | 29 | 15 | 18579 | 464213 | 4.00 | 1215 | 6.0 | 0.26 | 6.98 | 16.29 |
| 农业银行 | 36 | 25 | 16435 | 359606 | 4.57 | 352 | 2.2 | 0.10 | — | 30.07 |

资料来源：英国《银行家》杂志2004年第7期。

无独有偶，中国人民银行营业管理部在一份中外资商业银行竞争力比较调研报告中，根据银行的外部环境、经营状况、业务拓展能力、创新能力和组织管理等五个方面，对北京地区37家中外商业银行的竞争力情况的调研结果显示：综合竞争力排名前12位都是外资银行，而该排行榜的后13位则全部是中资银行。工商银行、中国银行、建设银行和农业银行排名垫底，依次位列第34到37位。排在最后的农业银行只得了0.378分，与第1位的渣打银行0.807分相差1.13倍。

面对当下金融环境剧变之格局，面对外资金融机构越来越强的扩张和攻势，中国商业银行显然缺乏足够的紧迫感。与西方发达国家的商业银行相比，不仅表现在不良资产长期居高不下，资本严重不足，金融案件频繁发生，经济效益极其低下等，更为严重的是，在传统管理体制的束缚下，中国商业银行无论是在业务产品创新、信息化等技术因素方面，还是在经营理念、组织架构、业务流程、治理结构、人力资源等管理因素方面，都明显丧失了竞争力。

从银行治理上看，“官本位”现象仍然严重。银行仍沿袭着典型的“行政化”治理结构，各级管理人员的“官员”色彩十分浓厚。有的银行即使在紧锣密鼓的股份制改造过程中，也仍在突击明确员工的“行政级别”。

从银行经营理念看，在授信方面仍奉行“唯所有制论”、“唯规模论”等，粗放经营模式严重制约了金融产品的创新和新的竞争形势下银行业务战略转型。

从银行组织流程看，基层行政缺乏活力。中资银行职员大多在基层行，但由于基层行职工收入低，考核机制不尽合理，且各总行纷纷上收权限，经营战略上采取“四集中”（向大客户集中、向优质客户集中、向大城市集中、向总行集中）的策略，业务、利率等定价权皆在总部，审批层次多、时间长、效率低，使基层行逐渐失去活力。

从银行业监管环境看，银行业引资存在事实上的准入不平等。目前相关监管法规允许单个股东入股中资银行的比例，外资最高不超过20%；而对国内民营资本，法规虽无明确规定，但实际审批皆以10%为限。这种不平等实际上限制了民营资本向中资银行注入活力。此外，中外资银行税负不平等问题始终得不到解决，客观上削弱了中资银行的竞争力。

此外，国有商业银行面临金融业对外开放的严峻挑战，如何在经济全球化时代提升国际竞争力，仍然是当时我国银行业需要考虑的问题。按照加入世贸组织的承诺，到2006年底我国金融业将全面对外开放。届时外资银行将与中资银行在公平、对等的基础上展开全面竞争。而外资银行大多是依照国际惯例运作的股份制商业银行，具有完善的公司治理机制、科学的风险管理机制、高效的市场营销机制以及雄厚的资本实力等优势，具有较强的竞争力。留给中国银行业改革的时日已经不多了。如果不采取有力措施，完善国有商业银行的法人治理结构，切实转换经营管理机制，提升国有商业银行的国际竞争力，就难以应对日趋激烈的市场竞争。如何加快中国商业银行的改革进程，在保护期内建立符合国际惯例、适合中国国情、能够有效运作的现代商业银行制度，增强中国商业银行的战略规划能力、业务创新能力、管理创新能力和防范风险能力，从而全面提升中国商业银行的核心竞争能力，是中国整个银行业面临的十分重要而紧迫的课题。

故此，立足现实，着眼未来，客观评价和分析当时中国银行业的竞争力态势，分析具体竞争力之强弱，引导中国银行业抓住机遇，保证平稳过渡，并争取在国际金融竞争中居于有利地位，对于我们制定竞争策略、维护金融业健康发展至关重要，也对深化金融体制改革具有全局性意义。

值得关注的是，尽管国有银行体系的困境很大程度上是充当渐进改革成本支付者的角色造成的，银行体系的高度垄断性保证了中国政府对金融资源的行政占有和支配权，而任何市场取向的改革都是对这种占有和支配权的弱化。

### （三）关于国有银行改革出路的思考

由于当时我国银行业问题和风险的大量积累，考虑到中国银行业最终必然要对外资全面开放的紧迫形势，对银行业进行大刀阔斧的改革势在必行。那么，对处于困境中的国有银行，突围的方向在哪里呢？

为了找到正确的改革方向，首先需要弄清楚国有银行存在的最大问题究竟是什么。

通过前面的分析，我们不难发现，2003 年以前的金融体制转轨中国有银行自身面临的主要难题有三个，但归结起来，最大的问题还是第一个，即国有银行缺乏有效的公司治理和激励约束机制。因为资本金不足可以筹集各方资金逐渐补充，不良资产存量可以逐渐剥离处理（2003 年以来国有商业银行的改革已经在这两方面取得了很大成就），但是如果国有银行无法形成有效的激励约束和良好的自生能力，面对加入 WTO 后的国内外竞争对手的挑战，将再次陷入资本金匮乏和不良资产攀升的恶性循环。

由此我们发现，国有银行体制转轨实际上最终要解决的问题是如何使国有银行具有自生能力。与非金融大型国有企业的改革一样，不考虑政策性负担问题（这些问题会随着配套改革的进行逐步化解），有两条路径建立国有银行的自生能力：一是产权结构改革，即通过股份化改革，引入战略投资者，形成有效的公司治理，内在地形成激励约束机制，提升经营绩效；二是从市场结构入手，通过放松市场进入管制，引入民营银行、外资银行等竞争对手，对国有银行形成外在的竞争压力，推动其内部改革。围绕着这两条思路，国内经济学界在研究中形成了一个争论：中国银行业改革的侧重点是产权结构还是市场结构？

“不论是在资产规模、信贷规模、经营网点的分布，还是在贷款对象方面，中国银行业的确呈现出鲜明的集中型的行业结构特征。不仅中国银行业的金融资产高度集中于效率不足的国有银行，而且信贷资金的投向也高度集中于缺乏效率的国有企业，导致信贷资金配置低效率，这几乎是人所共知的现实”①。运用传统的产业组织理论，似乎很容易得出中国银行业改革的重点是解决市场结构过于集中的问题，但如果将中国的经济转轨、金融全球化下的银行产业集中趋势纳入视野，这个结论似乎过于简单。作者对这

① 刘伟，黄桂田．银行业的集中、竞争和绩效．经济研究，2003（11）．

个争论展开了深入的分析,并提出了自己的见解。

中国银行业的主体——国有银行的竞争力是非常弱的,如果一直是一个封闭的经济体系,这种低效率运行的状态暂时还可以维持,但是对于一个已经加入了 WTO 和正在融入全球化的发展中大国,这样一种状态是非常危险的。竞争力的提高只有在较充分的市场竞争中才能实现。充分的市场竞争需要一个宽松而自由的投资环境,但是中国银行业处于一种较严厉的市场进入管制中,窒息了竞争将会带来的效率和活力,因而,如果仅仅将改革的重点放在产权结构改革上,竞争的不充分同样会导致中国银行业运行的低效率。那么改革究竟选择怎样的路径呢?

## 二、新一轮国有银行体制转轨路径选择的观点及其不足

当时关于国有银行改革的路径选择大致可以分为产权结构调整和市场结构改革两派,即产权结构派和市场结构派。

### (一)关于改革路径选择的现有观点及其理论基础

产权结构派基于企业理论和新制度经济学,考虑到中国的信贷资产大部分集中在还没有形成有效的公司治理的四大国有银行,认为由于这些银行资本金严重匮乏,存在巨额不良资产,对国家金融安全构成了潜在的危险,如果贸然进行大刀阔斧的市场结构改革,将会使隐性的金融风险显性化,引起银行危机,进而引发大范围的金融危机①。因此,中国银行业改革的侧重点是剥离国有银行的政策性负担,引入战略投资者改善产权结构,通过产权多元化的股份制改革,建立起有效的公司治理和激励约束机制,将国有银行打造成真正具有自生能力的现代商业银行,具备坚实的国内和国际竞争力,迎接金融全球化带来的全方位的挑战。

而市场结构派②的理论基础是哈佛学派的传统产业组织理论,即 SCP 分析范式。该范式认为市场结构决定企业行为,并将最终决定企业绩效。该

---

① 刘伟,黄桂田. 中国银行业改革的侧重点:产权结构还是市场结构. 经济研究,2002(8).

② 该派的观点主要集中在这样一些代表性作品:于良春、鞠源:《垄断与竞争:中国银行业的改革和发展》,《经济研究》1999 年第 8 期;焦谨璞:《中国银行的市场竞争格局及其制度分析》,《宏观经济研究》2001 年第 6 期;易纲、赵先信:《中国银行竞争:机构扩张、工具创新与产权改革》,《经济研究》2001 年第 8 期;林毅夫、李永军:《中小金融机构发展与中小企业融资》,《经济研究》2001 年第 1 期。

理论认为，行业的过于集中将导致拥有势力的企业为追求自身利益最大化实施策略性行为，在实现垄断利润的同时降低了全行业的整体绩效和社会福利。该派运用SCP范式对中国银行业产业组织进行分析之后，认为中国银行业存在的主要问题是国有银行对信贷市场的高度垄断，市场结构的过于集中妨碍了市场的充分竞争，使得整个银行业经营绩效远低于国际同行，信贷资金的配置效率低下，损害了国家长期的经济增长能力。因而中国银行业改革的首要问题是放松市场进入管制，鼓励外资银行和民营银行的快速发展，改变过度集中的产业组织结构，从而促进银行之间的竞争，最终提高国有银行的经营效率和信贷资金的配置效率。

### （二）两派观点的不足之处

市场结构派和产权结构派虽然都提出了国有银行改革的完整思路和政策建议，然而仔细审视中国银行业存在的主要问题，作者发现两派的观点都有其不足之处。

1. 产权结构派的不足。

（1）产权结构派虽然立足于国有银行自生能力的培育，但却忽视了这样一个事实，即即使是在发达的主要市场经济国家，包括银行在内的大企业也会因为市场竞争不充分而变得懈怠，从而使其内部存在的X低效率更加严重，降低其经营效率，因此，即便是进行了彻底的产权改革，形成了有效的公司治理和激励约束机制，在缺乏竞争的市场结构中，国有银行业仍然可能低效率经营而不努力提高产品和服务质量。

（2）产权结构派只注意到了银行经营效率的提高，但没有将银行业的改革放到改善信贷资金扭曲配置，提升整个金融资源配置效率，解决中小企业特别是中小型民营企业融资难的问题这样一个宽广的视野，因而政策重点有所偏失。银行作为间接融资机构，在解决信贷资金供给方和需求方之间的信息不对称问题方面具有比较优势，但不同规模贷款的交易成本差距不大，单位贷款的成本会随着贷款规模的递增而降低。不仅如此，大银行由于行政层级多而导致代理成本和信贷信息传递成本较中小银行高，因而在对中小企业贷款进行信息筛选时处于劣势。综合起来，从节约成本和信息不对称问题的解决这两个方面来说，大银行都会更加愿意给大企业贷款，形成对中小企业的信贷歧视。这样，中小企业融资难的问题归根到底靠大量中小型银行（特别是民营银行）的进入，改善过于集中的市场结构来解决。

(3)产权结构派虽然考虑到了市场结构改革可能引发国有银行巨量潜在风险的爆发,但事实上1996年国有银行实行资产负债比例管理和风险控制以来,除农行以外,国有银行在乡、县一级的机构发生了大规模的缩减,国有银行的贷款客户也主要集中在大中城市和经营业绩良好的大中型国有企业。因此放松市场准入的产业组织结构改革如果主要是鼓励中小型民营银行的发展,而不是对准备与国有银行争夺优质客户的外资银行全面开放的话,结果将可能在不危及中国金融安全的情况下,提升中国银行业的竞争程度,改善国有银行的经营效率,解决信贷资金配置扭曲和中小企业融资难的问题。

(4)产权结构派考虑到主要市场经济国家银行业的集中趋势,认为中国银行业改革的重点不在分散化的市场结构改革,应该保持一定的集中度,行业开放应当谨慎。然而从银行业的集中趋势并不能必然地推出中国银行业改革的重点是产权结构改革这样一个结论。因为发达国家银行业发展中的集中化趋势是在更加激烈的竞争中实现的,是一种更富有效率的竞争性垄断市场结构,而不是政府管制的结果。反观我国银行业的行业结构,同样是集中型,但却主要是长期政府管制和金融压抑的结果,不是一种有效率的集中型结构,如果将改革的重点仅仅放在产权结构上,结果可能仅仅是把行政垄断变成了市场垄断,效率会有所提高,但却无法面对国内外竞争(特别是来自国际同行的挑战)。

2. 市场结构派的缺陷。产权结构派的不足恰恰是市场结构派的长处,而市场结构派的缺陷主要在于:

(1)没有考虑到国有银行与其他非金融大型国有企业一样,存在大量政策性负担和预算软约束问题严重,没有形成自生能力,隐藏了大量的金融风险,市场结构派主张的对外资银行的全面放开,将可能引起国有银行危机的爆发,导致中国经济的振荡,危及国家金融安全。

(2)在现代技术不断改变着银行运作机制、主要发达国家的银行业的行业结构进一步向集中化发展、各个银行在努力追求规模经济和范围经济效应的背景下,中国银行业保持一定程度的集中率是符合国际银行业发展趋势的。因此,主张对国有银行进行拆分来降低行业集中度的做法,与金融全球化、信息化所带来的银行产业组织演进的方向不符合。这不仅会使我国银行无法抵御外资银行在国内市场的竞争,而且会降低我国银行参与国际竞争的实力。

(3)市场结构派的理论分析基础——贝恩等建立的SCP分析框架至少存在两个方面的重大缺陷：第一，SCP框架主要运用经验统计和回归分析方法，所用的资料可能不具有一般性，并且缺乏理论基础和理论逻辑的一致性。第二，政策涵义不准确。反垄断的人为政策以是否影响竞争为目标是不对的，而应以是否影响效率为标准，竞争程度与效率之间并不一定具有正相关关系。因而，自20世纪60年代后期起，施蒂格勒(J. Stigler)、威廉姆森(Williamson O. E)、德姆塞茨(H. Demsetz)、波斯纳(R. Posner)、麦吉(Y. Mcgee)等学者对当时被奉为正统的结构主义分析框架进行了激烈抨击。在他们看来，问题的关键是市场的集中及其定价的结果是否提高了效率，而不是像哈佛学派那样只看是否损害了竞争。一定程度的市场集中未必反竞争，高利润率并不一定是反竞争定价的结果，而完全可能是高效率的结果。是绩效或行为决定了结构，而不是相反。

不仅如此，SCP分析框架不适合银行业，因为银行业是一个特殊的行业。无论是在非市场化利率条件下还是在利率市场化条件下，利率作为中央银行货币政策的一个重要工具，在一定程度上都不是由各个商业银行自由决定的，即使是在非常集中的行业结构中。有关专家认为，按SCP范式的推论，银行业的集中将导致社会福利的净损失，即属于拥有市场势力的银行以抬高利率水平为出发点，减少信贷规模，从而使信贷资金发放量低于竞争性市场信贷量，导致信贷资金的部分闲置，这样一种结果是很难在银行业出现的①。

(4)SCP分析框架是否适用于转轨国家值得商榷。由于SCP分析范式是建立在对成熟市场经济体的实证分析基础上的理论，直接应用于中国这样一个经济转轨国家得出相关的政策建议，有教条主义之嫌。转轨国家的集中型行业结构往往是在长期的计划经济和政府管制下逐渐形成的，行政性垄断而非市场垄断对于这样一个结构的形成所起的作用要大得多，因而企业规模与利润率往往不具有正相关性。鉴于此，运用SCP范式分析行政垄断和政府管制都比较严重的银行业，需要小心求证，不能简单下结论。

① 刘伟，黄桂田．中国银行业改革的侧重点：产权结构还是市场结构[J]．经济研究，2002(8).

## 三、产权结构和市场结构并重的综合改革

既然将中国银行业改革的侧重点单纯地确定为产权结构或市场结构改革都存在缺陷，那么国有银行体制转轨的路径应该如何选择呢？作者认为，产权结构和市场结构并重的综合改革才是最优的路径。

### （一）改革路径的选择

如果我们以C代表中国银行业市场竞争程度（C越大表示市场竞争越充分），C=0,1,2,3分别表示完全垄断、寡头垄断、垄断竞争和完全竞争；以O代表中国银行业所有权非国有化程度（O越大表示非公有化程度越高），O=0,1,2,3分别表示所有权完全国有、国有主导、非国有主导和所有权完全非国有，我们则可以在这个二元空间下描绘我国银行业的演进路径。

如图4-1，通过第一部分对新中国成立以来银行业演进轨迹的分析，我们看到，新中国成立以来，我国银行业经历了一个从0到A再到B的演进过程。如果以P(3,3)代表银行业完全竞争和所有权的完全非国有，我们可以发现，我国银行业有向着P点的方向演进的趋势。

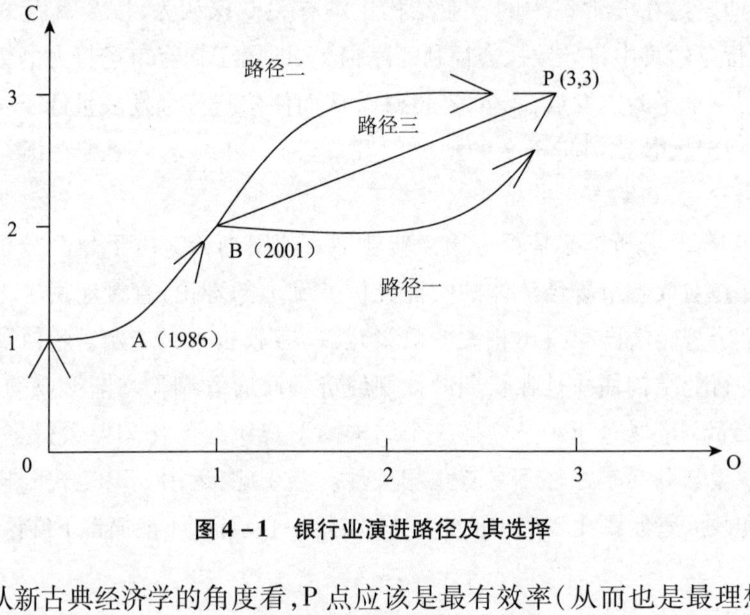


**图4-1 银行业演进路径及其选择**

从新古典经济学的角度看，P点应该是最有效率（从而也是最理想）的点，尽管这一点在现实经济世界中不可能完全达到。问题在于，由B点向P

点演进是否意味着效率的提高和有其必然性？以及演进的最佳路径是怎么样的？

产权经济学已有的研究成果表明，产权结构对于资源配置效率极其重要。产权的不同界定决定了不同的交易成本和激励结构，企业所有权安排是决定企业内部资源配置效率的根本性因素。企业理论已有的成果表明，一个富有效率的企业所有权安排应该解决基于信息不对称所产生的逆向选择和道德风险，应该使企业的控制权和剩余索取权达到尽可能的对应。

然而，新古典经济学关于市场结构的已有成果表明，一个优化的产权结构只是提高金融资源配置效率的必要条件，如果信贷市场是由追求自身利润最大化的少数金融垄断者构成，则同样会降低信贷市场的配置效率①。

从图4－1可以看出，从B点向P点演进大致面临三种路径选择：路径一是优先进行产权改革（尤其指对国有商业银行本身）再引入和培育其他竞争主体；路径二则是先引入充分竞争再改革产权结构；路径三则是双管齐下。历史表明，我国银行业的改革首先选择了一种“体制外”改革思路，却暂时维持国有银行的产权结构基本不变，仍然实行利率管制以维持“体制内”经济产出稳定，同时引入“体制外”信贷提供者，并在政策上支持其发展壮大，优先改变市场竞争结构。但是，这样也积累了大量的问题和巨额金融风险。

在进一步的改革中，如果银行体系按路径一演进，以产权改革为重点，忽视市场结构问题，则可能导致改革因缺乏外部竞争压力而步履放缓，贻误了改革的最佳时机，银行业由行政垄断转化为市场垄断，X效率无法改善，进而影响信贷资金配置效率，不仅如此，银行业的产业组织缺陷（没有大量的中小金融机构为中小企业服务）导致的中小企业融资难问题无法解决，最终阻碍经济长期增长能力的形成。

如果银行体系按路径二演进，先解决市场问题再解决产权问题，虽然不失为理论上的短期较优途径，但若考虑到可能由于金融风险的大量累积而发生危机以及中国加入WTO后外资银行的大举进入，则产权改革势在必行。

基于上面的分析，作者认为国有银行体制转轨中产权结构和市场结构

① 张秋雷，廖绪发，周萱．从银行上市看我国银行业重组[J]．经济科学，2001(4)．

改革都非常重要，二者并没有本质的冲突，而是相互补充、相互促进的关系。二者的目标是一致的，都是为了提升银行产业组织效率，只是改善的效率层面不同。产权结构改革主要解决国有银行有效治理机制和自生能力的形成，即银行微观经营效率的提高；市场结构改革则主要致力于银行外部市场竞争环境的培育，打破垄断，促进竞争，发展中小民营银行，完善中国银行产业组织结构缺陷，彻底解决中小型企业融资难的问题，即宏观面上信贷资金配置效率的提升。

因此，路径三才是一种长期最优的路径选择，即产权结构和市场结构改革应该并重，并在政策上相互协调、扬长补短，才能稳妥、有效、快速地化解国有银行的巨量潜在风险，顺利实现改革的目标和任务。

**（二）简短的结论和政策建议**

中国银行业改革的核心问题是银行产业组织效率的提升，包括微观面上银行经营效率的提高，也包括宏观面上信贷资金配置效率的改进。国有银行体制转轨的路径选择应该是产权结构和市场结构改革并重的综合改革，二者本质上都是为了促进中国银行产业组织效率的提升，因而是相互协调、相互补充、相互促进的关系，关键是政策上要扬长补短，进行合理的配合①。考虑到后金融危机时代的中国金融安全，当前银行业应该全面对内资（特别是民间投资者）开放，对外资的开放须循序渐进。

基于上面的分析，作者对国有银行体制转轨的政策建议主要是：

1. 要充分利用进入WTO后的有限的过渡期，在国有银行的市场份额发生显著萎缩之前，坚决地进行国有商业银行的产权改革，努力避免潜在金融风险的总爆发。在国有银行产权多元化的股份制改革中，要避免将四大国有银行全面拆分以降低中国银行业集中度的倾向，因为这不符合金融全球化、信息化进程中银行产业组织演变的趋势，会削弱国有银行因为规模大、分支机构的地域分布广带来的竞争优势，不利于迎接即将到来的来自国内外，特别是外资银行的强有力挑战，损害国家金融安全。

2. 放松四大国有银行业务发展上的政府管制，强化对大银行的垄断行为的规制和监管，使大银行之间首先能够充分地展开竞争，在产业组织结构调整还没有到位的情况下可以弥补产业过于集中、竞争弱化导致的效率损

① 于永臻．银行产业组织演进趋势与国有银行体制转轨［J］．财经理论与实践，2004（5）．

失，创造一个相当充分的竞争环境，推动国有银行产权改革，提升银行产业组织效率。

3. 大刀阔斧地推进银行业对国内投资者的全方位、多层次开放，鼓励银行间的重组和兼并，支持帮助中小型民营银行的建立和发展，彻底解决作为中国经济增长的主要推动者之一的中小型企业融资难的问题，促进中小型企业发展，培育经济长期增长的动力。

4. 吸收外资参股国有银行，但要保证中资的整体控股地位，改善国有银行的公司治理，学习国外先进的管理和技术，提升国有银行的竞争力。

5. 选择有利时机，逐步取消对外资银行的超国民待遇，利用WTO过渡期的保护条款，控制外资银行的业务发展，为国有银行的产权结构改革赢得时间。

6. 循序渐进，有步骤、有控制地推进混业经营。混业经营是金融全球化下的银行业发展的重要趋势之一，加入WTO和我国银行经营方式从1999年开始的向混业经营的制度变迁虽然加大了我国目前的金融风险，但从长远来看，混业经营是提升银行经营绩效和金融资源配置效率，特别是提高金融全球化下中国金融产业竞争力的重要举措之一。

## 四、国有商业银行股改上市：产权结构改革的迅速推进

作为中国金融体制改革的重中之重，国有商业银行改革直接关系到我国的经济发展、金融安全与社会稳定。随着中国银行和建设银行股份制改革试点的正式启动，国有商业银行改革正处于攻坚阶段。正如温家宝总理所指出的，“这是一场输不起的实践”。目前，这次改革启动已近七年，这里专门就中国银行、中国建设银行、中国工商银行、中国农业银行及交通银行股份制改革的进展情况及其所面临的问题进行了深入分析，并从战略层面对进一步深化国有商业银行改革做了初步的探索和思考。

### （一）国有商业银行股份制改造过程中的主要难点

1. 产权改革中如何实现国有控股与产权多元化的统一。国有商业银行股份制改革的核心是股权多元化。产权结构的多元化有利于形成相互制衡、有效约束的内部治理机制，将国有商业银行还原为真正的金融企业，使其逐步建立灵活有效的经营机制，真正以利润最大化或公司价值最大化为经营目标；同时，多元化的产权结构也有利于强化外部监督，促使各项制度

真正落到实处。但考虑到我国目前正处于经济体制的转轨期，市场机制尚未完全建立起来，国有经济所占比重仍然较大，为保证国有商业银行改革与整个经济体制的其他制度安排有效相容，目前国有商业银行必须坚持国家控股。国家控股既有利于国家对金融这一重要资源的控制，打造具有国际竞争力的"金融航母"，也可以使改造后的国有银行更好地发挥规模经济优势，并继续赢得政府信誉担保及危机援助承诺，增强公众信心。

然而，问题是如何实现二者的有效结合，特别是如何对政府持股的份额与方式进行合理设计？如果一味追求股权结构的多元化，可能会超越目前我国经济发展和整体制度安排的现实条件；但如果过分强调国家的控股权，则又很可能由于政府"一股独大"导致原有体制的复归，重蹈我国证券市场上许多国家绝对控股的上市公司的覆辙。从实际操作层面来看，也存在着一系列的困难。例如，面对资本充足率不足的问题，如果为了确保国有股的大股东地位，要么是财政再次注资，要么压缩商业银行资产规模。前者受制于国家财政的收支状况，后者不利于商业银行的快速发展。对于上市工作来说，这方面的问题更为紧迫。如交行如果为了保证财政的大股东地位，再考虑到汇丰银行的"反稀释条款"权利，则发行工作很难同时满足香港证监会与联交所上市准则中15%的最低要求以及内地证监会对保持一定比例在内地上市的要求。

2. 引进战略投资者如何实现在竞争中合作、在合作中"双赢"的问题。在国家控股的条件下，积极引入战略投资者，特别是境外战略投资者，对国有商业银行股份制改革具有至关重要的意义。战略投资者的引入，可使国有商业银行在增强资本实力、改善股权结构的基础上，汲取国际银行业的管理经验和技术，优化公司治理结构，提高经营管理水平；可以形成战略伙伴关系，有助于国际市场的拓展与营销；可以提升银行价值，增加对投资者的吸引力。但引入战略投资者也面临着中资银行与境外战略投资者如何在竞争中合作的问题。特别是一些国际性的大金融集团，往往要求其参股的国有商业银行服从其自身的全球利益，在一定程度上可能与我们存在着利益冲突。因此，向境外战略投资者出让股权应当适度。但具体定为多少，目前尚无科学的测算依据。

此外，战略投资者的引入工作也面临很多实际操作问题。尽管境外战略投资者非常看好中国银行业的发展前景，但由于战略投资者的持股数量与银行规模密切相关，根据四家国有商业银行的资产规模测算，其所需资本规模基本都在1500亿元以上。对于某个战略投资者而言，即使不考虑股票溢价的问题，要取得近20%的表决权，需出资300多亿元。如此巨额的出资规模，使得许多潜在投资者望而却步。再加上在国家控股的情况下，即使进行这样巨额的出资，也不能取得控股股东的地位与足够的表决权，更是影响了投资者的投资热情。因此，虽然两家试点银行自改革启动伊始便开始积极与国内外各类潜在的战略投资者接触洽谈，但最初的改革进展相对缓慢。

3. 公司治理中的"形似"与"神似"问题。商业银行公司治理的改善绝非"三会"等组织机构体系的简单设置，关键是隐藏于其组织架构之内的现实运行机制的构造。"三会分设"只能做到"形似"，根本的问题是内在的"神似"，即如何实现"三权分立"，构造真正意义上的现代企业制度所要求的公司治理机制，形成科学的决策机制与相互制衡、有效约束的运营机制。

基于我国现行体制，国有商业银行的治理制度实际上被纳入国家的行政管理体系，出资者与经营者之间是领导与被领导的行政关系，党委实际上履行着公司制商业银行中董事会的职能，行长由政府通过行政手段任免，银行内部实行集权决策制度和自上而下的指令性管理方式。国有企业股份制改革的实践表明，要协调好"新三会"与"老三会"的关系绝非易事。特别是如何合理确定党委在公司治理中的地位与职能，如何处理党委会与董事会、监事会的关系，如何坚持党管干部与现代企业制度法人治理运作机制的有效结合。从目前中、建、交三行的改革模式来看，都由董事长兼任党委书记，行长、监事长兼任党委副书记，但这种兼任会不会影响董事长的非执行董事身份与监事会的独立性？是否会导致董事会过度干预行长的日常管理？是否会导致党委会替代董事会？这些问题仍需关注。

4. 财务重组完成后如何建立风险管理长效机制的问题。尽管中、建、交三行的财务重组已经基本完成，但从其财务状况看，三家银行由于在财务重组过程中加大了核销呆坏账和提取拨备的力度，导致均存在一定的财务缺口。其中，中国银行317亿元，建设银行655亿元，交通银行332亿元。考虑到各方面的原因，不宜再由政府注资弥补，而应以当年的利润弥补。但这样又会降低三家试点银行本年度的盈利水平与市场价值。

此外，受公司治理机制的影响，风险控制机制的建立与完善不可能一蹴而就。在化解存量风险之后，国有商业银行都将面临如何及时有效控制新增不良资产的问题。2004年受宏观调控影响，各行不良贷款又出现反弹迹象。因此，构建一种长效的风险管理机制无疑更显紧迫。

5. 员工队伍的观念与素质如何适应银行新体制、新机制变化的问题。国有商业银行股份制改革的根本目标是要脱胎换骨地催生一个全新的现代商业银行体系，由此意味着其管理体制、经营机制、业务模式、企业文化等都将发生根本性的变化。为避免改革"穿新鞋走老路"、"新瓶装旧酒"，必须实现国有商业银行各级员工思想观念的同步更新。然而，对于长期工作于传统国有商业银行体制之中并早已适应了传统体制的广大员工而言，现代商业银行理念的树立可能需要一个较为艰难的长期过程。从而使得在国有商业银行股份制改革的过程中，将时刻面临着如何更新全体员工的思想观念与经营理念、确保各项新的制度在执行中不变形走样的问题。

国际银行业正面临着竞争全球化、需求多样化、服务个性化、业务综合化、技术电子化、经营信息化等一系列挑战，对于商业银行各级员工也在思想观念、知识结构、业务能力、综合素质等方面提出了更高的要求。然而，从国有商业银行现有的人员素质情况来看，不仅与外资银行差距很大，与国内其他商业银行相比也有一定的差距。据统计，国有商业银行员工中，中专以上学历人数仅占38.1%，硕士以上学历不足0.5%，有高级职称的人员不足1%。如何依靠这样一支员工队伍去打造具有一定国际竞争力的现代商业银行，显然也是国有商业银行改革与发展中无法回避的一个现实问题。

6. 国有商业银行改革外部环境的配套与综合治理问题。国有商业银行的股份制改造是一项系统工程，需要一个稳定的宏观经济环境，需要良好的司法环境与社会信用环境等。要达到改革目标，既需要商业银行自身深化改革，也需要深化国有企业改革，尽快转变政府职能，加快财政税收体制改革，完善中央银行以间接调控为主的宏观调控体制、建立和完善社会保障体系。但从目前看，国有商业银行股份制改造的金融生态环境不容乐观。据人民银行的调查，形成国有商业银行不良资产的原因，由于计划与行政干预造成的约占30%，政策上要求国有银行支持国有企业而国企违约的约占30%，国家安排的关、停、并、转等结构性调整约占10%，地方政府干预，包括司法、执法方面对债权人保护不力造成的约占10%，而由于国有商业银行内部管理原因形成的不良贷款仅占20%。可以想象，在这种金融生态环境中，股份制改造后的国有商业银行要真正按照现代商业银行的经营原则稳健经营和持续发展难度仍然很大。

**(二)国有商业银行股份制改革实施过程及其取得的成就**

这次改革共分三步:一是对国有商业银行进行财务重组,补充资本金,化解不良资产,建立健康的财务状况,达到 BASEL I 对资本充足率的要求;二是进行公司治理改革,引入多元化投资主体,最终变为国家控股的股份制商业银行,建立健全良好的法人治理结构;三是改造后的股份制商业银行择机在境内外上市。改革自 2003 年下半年开始进入实施阶段,经过 6 年多艰苦工作,取得了一系列阶段性成果。考虑到交通银行经营的实际情况,中央决定将其改革一并纳入国有商业银行改革之中。2005 年 6 月 23 日,作为中国五大商业银行之一的交通银行终于在经历了漫漫征程之后,成功登陆中国香港股市,内地银行由此历史性首度在海外成功上市。随后,中国建设银行于 2005 年 10 月 27 日、中国银行于 2006 年 6 月 1 日分别在香港交易所挂牌上市,其中中行将采纳"H + A"模式,即发行 H 股之后还将在内地发行 A 股。2006 年和 2009 年工行和农行也相继上市。下面以中、建、交三行为例说明改革的过程。

1. 完成财务重组。2004 年 9 月,中、建、交三行财务重组就基本完成。在此期间,中、建两家试点银行通过国家注资、发行次级债等方式补充资本金合计达 4297.7 亿元。其中,国家分别向两行注资 225 亿美元,中、建两行先后分别发行两期次级债券 260.7 亿元和 233 亿元,建行向中海油、长江电力、国家电网等 3 家发起人筹集资本金 80 亿元。交行通过增资扩股,注册资本由 171 亿元增加到 390.7 亿元,为补充附属资本又发行了 120 亿元次级债。与此同时,三行运用所有者权益、以前年度利润、风险准备金等资金来源核销损失类贷款、非信贷资产损失、出售可疑类贷款损失共计 4516.5 亿元,运用央行专项票据出售可疑类贷款 1367.84 亿元,置换中行敏感类贷款 181 亿元与建行中农信不良资产 210 亿元,共计处理不良资产 6275.34 亿元。

2. 稳步推进股份制改造。两家试点银行根据国有商业银行股份制改革试点工作领导小组的要求完成了机构重组。中国银行于 2004 年 8 月 26 日整体改组为中国银行股份有限公司,建设银行于 2004 年 9 月 17 日分立重组为中国建银投资有限公司和中国建设银行股份有限公司。两行都采取规范的整体改制模式,未设控股母公司或集团公司等存续公司,这是国有金融机构第一次采取这样新颖的模式。按照中行模式,中银股份旗下的控股公司分别从事传统的商业银行业务、新兴的投资银行业务和保险业务等，即一家金融机构可有条件实现综合经营；而建行股份只能经营商业银行业务，与之并列的建银投资才可从事投资银行业务，仍属于分业经营。

3. 初步建立法人治理架构。两家试点行与交行的股东大会、董事会、监事会以及行长等“三会”与高管层的组织架构均已基本搭建成形，并完成了包括公司章程、“三会”议事规则、董事会所属专业委员会议事规则等重要法律文件的起草、表决和报批工作。交行引入了汇丰银行这一战略投资者，修订了公司章程，对原有的组织机构进行了重新调整和完善。

4. 改革内部管理体制。两试点行与交行积极推进以内部体制改革和机制创新为核心内容的整体再造工程，先后制定了中长期发展战略，对其未来的发展方向、经营目标、客户定位等进行了系统调整。同时，还进一步完善了决策、内控和风险管理体系；重新整合了相关业务流程，初步实现了机构扁平化管理和业务垂直化管理；完善了劳动用工制度、薪酬制度，初步建立了科学的激励机制；加快推进财务会计制度改革，着手准备实施新的《金融企业会计制度》；积极进行管理信息系统及相关电子银行业务的基础建设，信息科技建设工作取得了明显进展。

5. 改善经营业绩指标。经过财务重组与内部改革后，中、建、交三行财务状况得到了明显好转，经营绩效稳步提高，资产质量大为改善，资本实力进一步增强，基本达到了银监会的监管要求。

**表 4－5　中建两行的部分监管指标**

时间:2004 年 9 月 30 日　　　　单位:%

| 项目 | 经营绩效 | | | 资产质量 | 审慎经营 | | |
|---|---|---|---|---|---|---|---|
| | 资产回报率 ROA | 股本回报率 ROE | 成本收入比 | 不良资产率 | 资本充足率 | 大额风险集中度 | 不良贷款拨备覆盖率 |
| 监管标准 | ≥0.6 | ≥1L | 35～45 | 3～5 | >8 | ≤10 | 60～80 |
| 中　行 | -0.23 | -5.00 | 32.45 | 5.47 | 8.18 | 7.43 | 68.35 |
| 建　行 | 0.8L | 15.90 | 32.99 | 3.88 | 9.39 | 13.66 | 87.70 |

说明:(1)表中的“监管标准”为 2005 年度应达到的标准。(2)由于中行已完全根据五级分类要求提足了拨备，从而出现 ROA、ROE 为负的情况。(3)建行单一客户贷款仍在 10% 以上的主要原因是历史形成的铁道部贷款，现正在抓紧研究相关处理方案。

这一轮的国有银行改革，成就非凡。通过政府对国有商业银行注资，使国有商业银行的资本充足率迅速提高，为以产权制度改革为核心的商业银行商业化改革提供了基础，同时提高国有商业银行经营管理能力，改善服务理念，不断改进产品、业务、流程和管理制度，金融服务水平不断提升。经营管理能力、市场竞争力明显增强。

2007 年由美国次贷危机引发的全球性的金融危机，各国商业银行(尤其是欧美国家的商业银行)遭受前所未有的打击。但国有商业银行在这次全球金融危机中经受了严重考验，国有商业银行整体表现良好，盈利能力持续提升，控制风险能力得到提高。在金融危机中，国有商业银行保持了良好的盈利能力。2008 年度中国银行业的利润总额、利润增长和资本回报率指标均为全球第一；在这场国际金融危机中，国有商业银行保持了良好的风险管控水平。2008 年底中国工商银行、中国银行、建设银行和交通银行的不良贷款率分别为 2.0%、2.2%、1.9% 和 1.6%。同时资本充足率全部达标，中国工商银行、中国银行、建设银行和交通银行的资本充足率分别为 12.1%、12.3%、12.4% 和 12%。表明中国银行业的盈利基础是扎实的，还说明国有商业银行具有足够的抵御未来不确定性风险的能力。与此同时国际金融危机愈演愈烈，中国经济增速回落。2008 年下半年以来，为应对国际金融危机影响，在我国中央银行实施适度宽松的货币政策之后，国有商业银行及时扩大信贷投放规模，加快投放进度，优化投向结构，有力地支持了中国经济的企稳回升。加大有效信贷投放，全力支持扩大内需，积极调整信贷结构，提高金融服务水平，在危机中寻找发展机遇，在发展中化解各类风险，进一步增强了自身发展实力和抵御风险的能力，同时为经济实现又好又快发展提供支持。表 4－6 列出了 2003 年至 2009 年之间中、工、建三行不良贷款率、资本充足率和资产收益率，可以清晰地看出这些年国有银行改革所取得的成就。

现在回顾这一段历史，我们会发现新一轮国有银行改革是果断而及时的。1997 年东南亚金融危机使中国政府看到了金融动荡可能带来的伤害，因此决定进行金融改革，加大政府救助，加强风险防范并逐步解决信贷问题。从 1998 年开始，中国对大型国有银行进行增量改革，注入资金，解决不良资产，并让这些银行上市。中国当初的金融改革抓住了最有利的时机，以较小的成本获得了巨大的成果。“如果不是前几年，我国不失时机地对几大主要银行实施财务重组和股改上市；如果不是不断地对这些银行的法人治理机制进行改进和完善；如果不是既努力推动银行业务的创新发展，又注意加强风险防范和监控，今天中国的银行业就不会有这个局面，今天中国的经济运行要平稳较快发展就会面临更大的困难和压力”（杨凯生，2009）①。

表4－6　2003—2009年三家国有银行安全性及盈利性指标变动表②

| 银行 | 指标 | 2003年 | 2004年 | 2005年 | 2006年 | 2007年 | 2008年 | 2009年 |
|---|---|---|---|---|---|---|---|---|
| 中行 | 不良贷款率 | 16.28 | 5.12 | 4.62 | 4.04 | 3.12 | 2.65 | 1.85 |
| | 资本充足率 | 7.7 | 10.04 | 10.4 | 13.6 | 13.34 | 13.43 | 11.14 |
| | 资产收益率 | 0.68 | 0.61 | 0.71 | 0.95 | 1.09 | 1 | 1.03 |
| 工行 | 不良贷款率 | 24.24 | 21.16 | 4.69 | 3.79 | 2.74 | 2.29 | 1.54 |
| | 资本充足率 | 5.5 | 6.8 | 9.9 | 14.1 | 13.09 | 10.75 | 12.36 |
| | 资产收益率 | 0.48 | 0.65 | 0.66 | 0.71 | 1.01 | 1.21 | 1.21 |
| 建行 | 不良贷款率 | 9.12 | 3.92 | 3.84 | 3.29 | 2.6 | 2.21 | 1.5 |
| | 资本充足率 | 6.5 | 11.3 | 13.6 | 12.11 | 12.58 | 12.16 | 11.7 |
| | 资产收益率 | 0.68 | 1.32 | 1.11 | 0.92 | 1.15 | 1.31 | 1.2 |

数据来源：各行年报资料整理。

### （三）进一步深化国有商业银行股份制改革的战略思考

1. 四大国有商业银行的改革必须是产权结构和市场结构并重的综合改革，才能实现既定的完善法人治理结构、提高效率和竞争力的目标。由于我国经济转轨中国有银行占主体地位的现实，使得中国银行业的改革变得相当复杂。我们既要解决国有银行作为国有企业的通病（缺乏自生能力、政策性负担、预算软约束以及没有形成有效的公司治理机制），又要解决由于长期信贷市场管制和金融压抑下形成的垄断市场结构问题。如果将改革的重点仅仅放在产权结构多元化的改革上，可能仅仅是将行政垄断变成了市场垄断，银行经营效率和信贷资金配置效率“双重”低下的局面仍将存在；如果将改革的重点仅仅放在打破行业垄断的市场结构改革上，措施不当（如大量外资银行的迅速进入），却可能导致潜在金融风险的总爆发，危及国家金融安全。

最近几年四大国有商业银行已经“整体上市”，产权（股份制）改革的步

① 杨凯生．金融危机是对中国银行业一次压力测试[N]．中国青年报，2009－04－27．

② 张士平．对中国国有银行引入境外战略投资者路径选择的思考[J]．经济研究导刊，2010(31)．

伐很快，但产权改革并不能解决所有的问题。一方面，要警惕国有产权代表者（或经营者）和外国机构投资者“合谋”，强化银行业的行政垄断，削弱银行业的竞争，使我国银行产业组织效率（微观层面单个银行的经营效率和宏观层面信贷资金的配置效率）低下的局面长期化，损害经济的长期增长基础。因此，对国有商业银行推进产权结构改革的同时，也要对民间资金开放银行业，推动市场结构的改革。

另一方面，也要警惕国有商业银行引入战略投资者后由“内部人控制”变成“外部人控制”，损害国家金融安全。国有商业银行改制上市后，虽然国家绝对控股，但是由于国有产权存在的“所有者缺位”，难免会像其他国有股“一股独大”的上市公司一样，出现“内部人控制”现象（即公司经理层利用信息不对称，在经营中做出转移资产等对已有利却于股东利益有损的行为）。现在由于国有商业银行引入了拥有相当股份的外国战略投资者，在国有产权“所有者缺位”和我国银行正在迅速迈向国际化的情况下，公司法人治理中的“内部人控制”可能会演变为战略投资者主导的“外部人控制”，即战略投资者主导公司的重大经营活动（特别是国际间经营活动），利用我国对国际金融事务了解不够，做出损害国有商业银行和国家金融安全的行为。

2. 明确国有金融机构改革的总体架构与战略目标，统筹规划并有序推进国有金融机构的整体改革。

考虑到目前我国社会主义市场经济体制已初步建立，新的经济体制框架基本形成，并积累了丰富的改革经验，勾画国有金融体制改革蓝图、对国有金融体制整体改革进行统一规划的时机基本成熟。因此，应在总结经验的基础上研究金融全球化背景下中国金融业的产业发展政策，制定《国有金融机构改革与发展“十二五”规划》，站在整个社会和谐健康发展、经济金融持续平稳运行的高度，对包括国有独资商业银行、政策性银行、国有股份制商业银行、资产管理公司等在内的整个国有金融机构改革进行统一布局，确定各类金融机构的改革模式及“改革路线图”，明确改革的战略目标、指导思想、总体架构、基本步骤、实施措施等。

3. 完善国有商业银行产权结构，深化国有金融资产管理体制改革。完善国有商业银行产权结构是股份制改革最为基础的任务，特别应把握好以下几个关键环节：

（1）合理界定国有商业银行产权结构。从目前的主导思想看，就是要在国家控股的前提下，实现投资主体的多元化，将国有商业银行改造成为国家控股的股份制商业银行。为确保法人治理结构的有效性及股东权力制衡机制的建立，防止股份制改造流于形式，国家绝对控股的比例应以51%为宜。应提前研究国有股的减持方案，选择适当的时机，以合理的价格，在确保国有股收益最大化的前提下，实现国有股的稳步退出，达到公众持股目标。

(2)进一步完善国有金融资产管理体制。从近期看，可考虑实行"财政部国有金融资产管理中心—汇金公司—国有股份制商业银行"与"财政部国有金融资产管理中心—国有金融企业"两种模式相结合的国有金融资产管理体制。由财政部成立国有金融资产管理中心，整合目前分散在各个不同部门的国有金融资产管理权力，统一对各国有金融机构行使所有者职能。在此基础上，对于股份制改造后的国有控股商业银行，可进一步做实并合理定位汇金公司，实行"财政部国有金融资产管理中心—汇金公司—国有控股商业银行"三级分工的金融资产管理模式，三家机构分别行使国有金融资产委托授权、资本运营、日常经营三项职能，由汇金公司作为一准政府机构性质的法定公司，以市场化的方式对国有股份制商业银行行使出资人职能，实现政企分开、政资分开、资企分开；对于国有独资商业银行与政策性银行，则实行"财政部国有金融资产管理中心—国有金融企业"的两级管理模式，由财政部国有金融资产管理中心统一行使出资人权责。从远期看，可考虑按照"精简高效、权责统一、积极稳妥、有序推进"的原则，在《国有资产管理法》出台之后，依法将国有金融资产的管理纳入整个国有资产管理体系之内统一行使所有者职能，并在一般国有资产管理与国有金融资产管理之间进行有效隔离，设立必要的防火墙。

(3)充分发挥战略投资者的作用。为保持商业银行法人治理结构的稳定，使股东在商业银行的经营及重大决策方面具有独立的话语权，并使战略投资者的引入能切实改善国有商业银行的公司治理状况。

4. 强化法人治理机制建设，探索适合国情的国有控股银行公司治理模式。要充分考虑中国的政治、经济、法律、文化传统以及国有商业银行的实际经营状况，以股份公司成立为起点，以公司治理的内在机制建设为重点，按照"三会分设、三权分立、有效制约、协调发展"的原则，构建合理分工、权责分明、有效制衡的现代商业银行公司治理运行机制。

(1)切实加强董事会的独立性建设。我国商业银行公司治理结构要调整的矛盾具有一定的特殊性，其所要化解的主要矛盾是银行与外部干预者的矛盾以及股东与管理层的矛盾。解决这两大矛盾都需要切实加强商业银行董事会的独立性。为此，一是要严格董事的选任标准，董事必须具备应有的知识和素质，并严格按照独立性、客观性、专业化的标准选任。二是优化董事会结构，合理安排董事会中执行董事、非执行董事和独立董事的构成比例，强化对大股东、高级管理层的制衡能力，维护中小股东及相关利益者的权益。三是根据各行具体情况，健全董事会下设的专业委员会，合理确定各委员会的目标、职责、权限与成员结构，提高决策的效率和科学性。

(2)有效协调各方利益。必须注意要全面理解商业银行公司治理，树立多方参与、和谐发展的共同治理理念，协调好各方利益。要通过适当的制度安排，使员工、债权人和客户等利益相关者都能参与到商业银行的公司治理中来，充分保证独立董事、外资董事、小股东董事的话语权，构建协调、均衡的现代商业银行公司治理结构。要从维护广大职工的最根本利益出发，坚持以人为本、统筹兼顾，在可承受的范围内妥善进行人事制度改革，采取切实可行的措施，改善职工队伍结构，保持职工队伍的基本稳定，防止简单化，避免造成不必要的社会震荡。

(3)妥善处理党委会与董事会的关系。考虑到国有商业银行股份制改造完成并实现公开上市后，特别是海外上市后，既有的制度环境已经发生了很大的变化，要进一步研究并慎重处理党委会在国有商业银行法人治理结构中的特殊地位与作用问题。既要提高党对市场经济的驾驭能力，也要提高对现代企业制度的适应能力。积极探索坚持党管干部原则与市场化选聘人才有效结合的新路子，党对银行的领导应严格遵循所有权、经营权和监督权分离的原则，明确分配决策权及相关责任，规范决策规则和程序。

(4)探索政府市场化管理新机制。政府通过市场化方式管理其拥有的股权是大势所趋。实行市场化管理，首先要淡化国有银行的行政级别，强化所有者职能。逐步完善授权经营与问责制度，通过对董事会、管理层经营业绩的考核与建立科学合理的薪酬制度、激励约束机制来管理商业银行，构造商业银行以利润最大化和资产安全为核心的长效运营机制。同时，也要逐步健全汇金公司的公司治理结构，加强对汇金公司管理层的考核，督促其切实履行出资人的职责，高效运营，实现国有金融资产的保值增值。

5. 构建资本约束下的国有商业银行可持续稳健发展模式。银行的好坏并不在于规模大小,根本上取决于其发展的质量及其核心竞争力。应以股份制改革为契机,以实现银行价值最大化为经营目标,加强风险约束与资本约束,强化内部控制,在"科学分类、提足拨备、做实利润、充足资本、稳健发展"的基础上,构建资本约束下的可持续发展模式。适应利率市场化的要求,培养商业银行自主风险定价能力,提高风险管理水平。建立与发展银行风险交易市场,为商业银行主动调整资产结构提供交易平台。不断加强新产品及相关销售渠道的开发,提高服务的专业化、个性化、多样化水平,细分市场,合理定位,以质取胜。切实提升国有商业银行核心竞争力,全面应对外资金融机构的挑战。市场竞争归根到底是人才的竞争,经营银行是科学技术,现代商业银行需要培育大批的银行家,更需要大量的具有国际水平的诸如 COO、CFO、CTO、CRO 等在内的金融工程师。因此,加大国有商业银行人力资源的管理与开发,引进一流的经营管理人才,建设高素质的银行经营、管理与技术团队已成为提升银行竞争力的决定因素。

# 第五章

# 银行产业组织结构缺陷与中小企业融资

发展中小企业符合我国的资源禀赋特征，中小企业已经成为我国经济增长的重要动力[①]，然而，中小企业融资难的问题长期难以解决，成为制约其发展的严重瓶颈。2007 年以来，受全球金融危机影响，我国外需大幅下降，原本处于边际利润上的中小企业面临巨大生存考验。在外部因素不为我所控的情况下，如何扫除可控的内部障碍，寻找有效的支持因素成为中小企业发展的第一要义。国务院高度关注小企业发展问题，尤其是中小企业发展中的融资难问题。

中小企业融资难的根源是信息不对称，我国长期金融抑制下形成的银行产业组织缺陷（中小金融机构极不发达）是造成我国中小企业融资特别困难（与国际相比较而言）的重要原因。信贷配给理论对中小企业融资难的形成机制进行较有说服力的解释，银行产业组织结构由集中走向分散会使中小企业贷款增加。从长期来看，大力发展中小银行[②]（特别是民营中小银行）符合“小银行优势”假说和信贷市场的专业化分工，是从根本上解决中小企业融资问题的最佳战略。

雷震等（2010）[③]运用中国 30 个省市（区）1995—2006 年的面板数据首次对银行业市场结构与中小企业生成之间的关系进行了研究，在控制了影响中小企业生成的其他主要因素后，运用固定效应模型，发现中小银行的

---

① 改革开放 30 多年来，我国取得的经济成就与中小企业的发展密不可分，中小企业在国民经济中已占有十分重要的地位。中小企业在促进区域经济增长、增加财政收入、创造就业机会、维持区域经济安全、保持自由竞争制度、推动技术创新、培养企业家队伍等方面扮演了非常重要的角色。

② 本章所指的中小金融机构和中小银行含义是基本相同的。因为中小金融机构既包括商业银行、合作银行，也包括信用合作社，但是这些金融机构都是以传统的存放款业务为主，因而可以统称为“中小银行”。

③ 雷震，彭欢. 银行业市场结构与中小企业的生成：来自中国 1995—2006 年的证据［J］. 世界经济，2010（3）.

市场份额上升有利于中小企业的生成。为了进一步考察二者之间是否存在因果关系，他们基于中国银行业特有的渐进式改革背景，构造了银行业市场结构的工具变量，对固定效应模型进行了重新估计，结果表明中小银行市场份额的上升与中小企业生成之间确实存在正向的因果关系。同时，为了克服其他解释变量可能存在的内生性，他们运用动态广义矩方法对模型进行了稳健性检验，结果再次得到验证。

## 一、中小企业融资问题与信贷配给

本书认为，中小企业融资难的根源是信息不对称，当前对中小企业的融资难问题的解释中最有说服力的是信贷配给理论。

### （一）中小企业融资概述

在我国转型经济中，中小企业已经成为经济增长的主要动力，在降低改革的财政和社会成本方面，发挥着重要作用。大力发展中小企业是促进我国经济快速稳定增长、提高就业水平和实现人民生活水平提高的最佳途径。但目前高度集中的金融体制和商业银行具有紧缩效应的运行机制，使得我国中小企业发展受到“融资难”的困扰。

一般来说，现代经济社会中的企业仅仅靠内部积累是难以满足全部资金需求的。当内部资金不能满足需要时，企业就必须选择外部融资。外部融资与内部融资的根本区别在于资金的所有者（或提供者）并不亲自参加企业的日常管理活动。这样，资金的使用者与提供者之间信息的不对称就带来一个激励（委托—代理）问题。通常，在企业经营状况方面资金的使用者（或企业的经营者）比资金的提供者拥有更多的信息。他（们）就有激励利用这种信息优势在事先的谈判、合同签订的过程或事后资金使用过程中损害资金提供者的利益，使资金提供者承担过多的风险。这就是一般所说的逆向选择和道德风险问题。在存在信息不对称，进而有可能产生逆向选择和道德风险问题的情况下，企业选择何种融资方式，按照这种融资方式能否取得资金，都取决于能否成功地解决信息不对称问题，降低道德风险和逆向选择发生的概率。

外部融资又分为直接融资和间接融资。直接融资包括股权融资和企业债券融资两种方式。它是资金使用者与资金提供者直接交易的融资方式。

由于交易是直接的,资金提供者必须亲自对资金使用者的状况进行了解和判断。由于这种了解和判断过程的成本高昂,一般情况下,作为个人的资金提供者是无法完成这一任务的。这就要求资金使用者通过信息披露及公正的会计、审计等第三者监督的方式来提高经营状况的透明度。所以直接融资方式除了要求存在一个比较完善的社会公证机制来实现上述透明度外,还要求资金使用者是规模较大的企业。这是因为,不管企业的规模是大是小,企业为达到较高的透明度所需支付的信息披露、社会公证等费用差别不大,大企业需要的外部融资规模比小企业大,单位外部资金所需要支付的信息披露费用相对较小。

当然,这并不是说中小企业完全不可能进行直接融资。信息不透明的程度越高,资金提供者在让渡资金时所要求的风险补偿就越高。这样,在直接融资中,中小企业必须支付远远高于大企业的资金成本。这种高成本只有那些高收益(同时往往也是高风险)的中小企业才能支付。一般来说,这种高风险、高收益企业是高科技企业。我国的要素禀赋特点已经决定了我国的中小企业主要集中在一些技术和市场都比较成熟的劳动密集型行业。这样,融资的高成本必然将我国多数中小企业排除在直接融资市场之外。

间接融资是通过金融媒介进行的融资。在融资过程中,金融媒介在事先对资金的使用者进行甄别并通过合同的签订对资金使用者的行为进行约束,在事后则对资金使用者进行监督。由于金融媒介成为完成上述任务的专业化组织,它就能够以较低的成本完成任务,所以这种融资方式对资金使用者信息透明度的要求相对较低。由于中小企业经营活动透明度比较差,间接融资就成为他们主要的外部融资选择。即便如此,由于中小企业与大企业在经营透明度和抵押条件上的差别,以及单位贷款处理成本随贷款规模的上升而下降等原因,金融媒介也会在经营中将中小企业与大企业区别对待。一个典型的结果就是,金融机构通常更愿意为大型企业提供融资服务,而不愿为资金需求规模小的中小企业提供融资服务①。

中小企业融资难是一个世界性的难题,在经济转轨还没有完成和后金融危机时代的中国,这个问题更加突出。就我国而言,目前中小企业所面临的融资困难,是在金融体制加快市场化改革的过程中发生的,其原因既来源

---

① 林毅夫,李永军. 中小金融机构发展与中小企业融资[J]. 经济研究,2001(1).

于旧体制残存下来的各种历史问题(如国有商业银行的不良资产和治理结构等),同时也包含着市场经济条件下信贷市场不完善的固有矛盾。国内学术界对于前一方面的原因给予了较多的关注,但对后一方面的原因却重视不够。随着经济市场化的进展,由信贷市场所内生的均衡信贷配给对中小企业贷款的影响会越来越大,因此有必要对该问题进行更加深入的理论探讨,以便制定相应的对策。

国内外关于中小企业贷款难的理论解释非常丰富,Mark Gertler 和 Simon Gilchrist(1994)从信息不对称角度得出的结论是,银行为其信息不足寻求高额风险补偿,增加了中小企业的外部融资成本,引发了委托代理问题。Strahan 和 Weston(1996)[①]提出的规模匹配理论认为,银行对中小企业贷款与银行的规模之间存在很强的负相关性,即大金融机构通常为大企业提供的融资服务要远远多于资金需求规模通常比较小的中小企业。Fazzari, Hubbard 和 Peterson 等学者[②]则认为,信贷市场的兴衰与经济周期密切相关,与大型企业相比较,萧条时期信贷收缩的压力将主要由中小企业承担。由此推论,我国中小企业贷款难可能与近几年来紧缩的宏观经济相关。此外,张杰(2001)从信用角度分析,民营经济的金融困境是渐进式改革过程中内生的现象,民营经济与银行之间脆弱的横向信用联系不足以维系对其金融支持,因而民营企业的金融困境从根本上来说是一种信用困境。

上述这些理论解释对于中小企业融资难的问题都从各自的角度提出了看法和政策建议,但是都不够全面、深刻,相比之下,信贷配给理论对这个问题的解释更具有说服力。

### (二)信贷配给理论的相关观点及启示

均衡信贷配给(Equilibrium Credit Rationing)是指不是由于货币当局对利率上限的管制,而是出于银行的利润最大化动机而发生的在一般利率条件和其他附加条件下信贷市场不能出清的现象。均衡信贷配给是市场经济中一种较为普遍的现象,它可以分为两类:第一类是按照银行标明的利率,所有贷款申请人的借款需求只能部分地得到满足;第二类是银行对不同的借款人实行差别待遇,一部分信息较对称的借款人的需求得到满足,另一部

① 冯昕. 生命周期、预期利润与中小企业融资困境[J]. 财贸研究,2003(2).
② 冯昕. 生命周期、预期利润与中小企业融资困境[J]. 财贸研究,2003(2).

分则被拒绝。市场经济条件下中小企业的融资困难大多出自第二类信贷配给。

国外学术界对于信贷配给的生成机制有着各种理论解释,其中 Stiglitz 和 Weiss(1981)以信贷市场信息不对称为基础所建立的理论模型最具影响力(以下简称 S－W 模型)。S－W 模型证明了信息不对称所导致的逆向选择是产生均衡信贷配给的基本原因。当面临对贷款的超额需求且银行无法分辨单个借款人的风险时,银行为了避免逆向选择,不会进一步提高利率,而会在一个低于竞争性均衡利率但能使银行预期收益最大化的利率水平上对贷款申请者实行配给。在配给中得不到贷款的申请人即使愿意出更高的利率也不会被批准,因为出高价的借款人可能选择高风险项目,降低银行的平均资产质量,因此,即使可贷资金有剩余,银行也不愿意按高利率放贷而使自己的利益受损。

Whette(1983)的信贷配给模型改变了 S－W 模型关于借款人为风险厌恶者的假设条件,他提出在借款人风险中性的条件下,银行的抵押品要求同利率一样可以成为信贷配给的内生机制,因为对于风险中性的借款人而言,抵押品要求的增加同样可能引起逆向选择,从而减少银行的期望收益。

Bester(1985,1987)的论文进一步讨论了抵押品在信贷配给中的作用。Bester 认为,抵押品可以和利率同时充当银行分离贷款项目风险类型的甄别机制,即银行可以通过企业对抵押品数量变动的反应敏感程度来分离高风险和低风险的贷款项目。

Schmidt Mohr(1997)在对前人的研究进行归纳的基础上,假设贷款项目在技术上是可分的,并引入了广泛的风险中性假设,从而不仅使抵押品而且使贷款额成为企业和银行的内生决策变量。

上述信贷配给模型依据不同的假设条件,对于各种环境条件下的信贷配给现象作出了各自的理论贡献。

王霄和张捷在借鉴前人文献的基础上,引入企业规模因素,建立一个考虑利率、银行贷款审查成本、抵押机制和企业规模的理论模型,从而使均衡信贷配给理论更加贴近不同规模的企业在贷款可得性上存在明显差异这一客观现实①。该模型揭示了企业资产规模与信贷配给的关系：当企业资产规模小于临界抵押品价值时，这类企业因提供不起抵押品而被淘汰；当企业资产规模大于临界抵押品价值时，存在一些高风险项目，从事这类项目的企业因不愿意提供高额抵押品而自动退出信贷市场。

与前人的信贷配给模型相比较，王霄和张捷现有的信贷配给模型证明企业规模在信贷配给过程中能起到信号传递（Signaling）和信息甄别（Screening）的作用。该模型在吸收其他文献合理成分的基础上，通过考虑贷款抵押品的信号甄别机制和银行审查成本对贷款额的影响，将借款企业（项目）的风险类型、资产规模与能够（愿意）提供的抵押品价值量相联系，从而使抵押品和企业规模成为均衡信贷配给中的内生决策变量。根据该模型，在信贷配给中被排除的主要是资产规模小于（含等于）银行所要求的临界抵押品价值量的中小企业。此外，即使资产规模较大，但所投资的项目风险较高的企业，也可能因为不愿意接受银行要求的临界抵押品价值而自行退出信贷市场。模型弥补了过去的信贷配给理论未能将企业规模内生化的缺憾，扩展了信贷配给的内生决策变量，从理论上较清楚地回答了在银行实施的信贷配给中为何小企业总是比大企业更容易被淘汰出局这一市场经济中的普遍现象。

### （三）信贷配给理论对解决我国中小企业融资问题的启示

信贷配给理论对于解释我国转轨经济中的中小企业融资问题很有说服力。信贷配给理论模型在将利率、贷款抵押品、企业规模等变量纳入银行贷款决策视野之后，较好地解释了转轨经济和金融体系存在较高风险的情况下中小企业融资的现实。一方面，这类经济通常缺乏成熟的金融市场，金融资产定价机制不健全，利率往往受到管制，经济主体对利率变动的反应不敏感，因而限制了利率作为信息甄别机制的有效性。另一方面，我国银行体系的主体——国有银行产权国有单一，长期以来没有形成有效的公司治理和激励约束机制，预算软约束严重，不良资产多，资本金匮乏，在市场风险约束和政府监管逐步加强的过程中，银行往往缺乏进取心，持无过则为功的经营态度。再加上中小企业存在的严重信息不对称和抵押品缺乏问题，在后金

① 王霄，张捷．银行信贷配给与中小企业贷款——一个内生化抵押品和企业规模的理论模型［J］．经济研究，2003（7）．

融危机时代，银行更加偏好运用抵押品来实行信贷配给，中小企业融资更加困难①。

王霄和张捷认为，信贷配给，特别是抵押品主导型的信贷配给对经济福利的影响，在很大程度上取决于信贷市场的组织结构。在垄断性的信贷市场和竞争性的信贷市场上，信贷配给存在着不同的均衡点。在垄断性的信贷市场中，由于银行的期望收益率（平均利润率）较高，银行将收紧其决策约束，提高单笔贷款额度和抵押品的规模，从而可能导致更多的中小企业无法进入市场；而在竞争性的信贷市场上，由于竞争降低了银行的期望收益率和保本贷款额，银行会放松决策约束，增加信贷配给的总量，降低借款人进入信贷市场的抵押品及贷款额门槛，从而使更多低风险类型的中小企业获得贷款。鉴于此，要减少抵押型信贷配给对中小企业融资的不利影响，政策当局的有效对策是放松对信贷市场的准入管制，允许更多的中小银行进入市场②。

这个推理很有价值，但是需要进一步思考的是中小银行的引入必然就会解决中小企业融资问题吗？强化大型银行之间的竞争是否也能够解决这个问题？换句话说，解决中小企业融资难问题的必要条件是引入竞争还是引入中小银行？下面将从理论和实证两个方面回答这个问题。

## 二、信贷决策与银行产业组织结构

从上文的分析中，我们发现“信贷配给”现象对于经济中信贷资金配置效率的影响与银行业的组织结构密切相关，减少对中小企业“信贷配给”的途径是引入中小银行。本节将进一步探讨，信贷市场的产业组织结构影响信贷配给的机制以及对于我国解决中小企业融资问题的启示。

### （一）模型设定③

在整个经济的金融系统中，只有一家处于垄断地位的大银行；经济中有

---

① 在泡沫经济破灭以后的日本、金融危机以后的东南亚诸国，以及金融隐患严重的中国，商业银行均普遍出现了“抵押担保至上”的倾向，这种现象表明，将抵押品作为信贷配给机制是金融不稳定经济的一个重要特征。

② 王霄，张捷. 银行信贷配给与中小企业贷款——一个内生化抵押品和企业规模的理论模型[J]. 经济研究，2003(7).

③ 此处模型引用了李志赟：《银行结构与中小企业融资》，《经济研究》2002 年第 6 期。本节对李志赟文中模型进行了修订和更深入的探讨。

一家大企业和几家小企业,企业都为风险中性,经营目标是预期利润最大化。企业的初始生产资本为0,企业在期初向银行申请贷款进行生产;如果企业$I$的生产项目成功,则企业在期末还本付息,反之则贷款抵押归银行所有。

关于生产技术,我们有如下假定,大企业的生产函数为:

$$\tilde{Y}(I,P) = \begin{cases} A(I-\bar{I})^{\alpha} & p \\ 0 & 1-p \end{cases} \tag{5-1}$$

其中$I$表示用于生产的资本,$\bar{I}$为进行生产必需的最低资本投入,$A>0$,$\alpha \in (0,1)$,$p$为项目成功的概率,$Y$代表项目产出,它是一个随机变量。

单独的一家小企业的生产函数为:

$$\tilde{Y}(I_0,p_i) = \begin{cases} Y_i & p_i \\ 0 & 1-p_i \end{cases} \quad s.t.\ p_i Y_i = Y_0 \quad i=1,2,\cdots,n \tag{5-2}$$

其中$p_i$代表小企业$i$项目成功的概率,$p_i$越小则项目风险越大,我们用$p_i$来表示小企业$i$的类型,它的分布密度函数为$g(p_i)$。$Y_i$代表项目成功时的产出,$I_0$为生产资本投入,此处假定所有小企业的预期产出都是一样的,它背后经济含义是,高风险的项目总是同成功时的高产出相对应的。

企业贷款进行生产的预期利润为:

$$E\pi_e(R,C,I) = \max(-C,\tilde{Y}-I\times R) \tag{5-3}$$

其中,$R$为贷款毛利率,$C$为贷款抵押,$I$为贷款规模,$Y$为项目产出,它是一个随机变量。企业只有在预期利润$E\pi_e \geqslant 0$的情况下才会向银行申请贷款。

经济中唯一的一家银行的经营目标是,针对具体的贷款者(大小企业)设计相应的贷款合同$\{R,C,I\}$,以实现预期利润最大化。简化起见,我们令存款毛利率为1,则银行放贷的预期利润为:

$$E\pi_b(R,C,I) = \min(I\times R,\tilde{Y}+C) - T_0 - I \tag{5-4}$$

其中$T_0$表示大银行每笔贷款的交易成本。我们令贷款抵押$C=\beta I$,$\beta \in [0,1]$,亦即贷款抵押为贷款额的一个固定比率。解企业的优化问题,我们会看到,在银行贷款毛利率$R$和企业的贷款需求之间存在着一一对应的关系,所以银行的主要选择变量即为贷款利率$R$或贷款规模$I$。

我们将假设大企业的生产函数$Y(I,p)$、小企业的平均期望产出$Y_0$和类型分布$G(P_I)$为共同知识(Common Knowledge);大银行不知道具体某一家小企业 i 的类型 $p_i$，而小企业 $i$ 知道自己的类型 $p_i$：这是关于信息不对称问题的典型假设。

**（二）银行业垄断情况下的信贷决策**

1. 大银行面向大企业的贷款决策。在给定贷款利率 $R$ 的情况下，大企业通过选择 $I$ 来最大化预期利润，从而我们可得到大企业的贷款需求函数。进一步可得到大银行向大企业贷款的预期利润为（见图 5－1）：

$$E\pi_b(I_1) = PA\alpha \cdot I_1(I_1 - \bar{I})^{\alpha-1} - T_o - I_1 \tag{5-5}$$

2. 大银行面向小企业的贷款决策。大银行不知道某一家小企业具体的类型 $P_i$，所以银行是针对全部 $N$ 家小企业来做贷款决策的。在信息不对称下，大银行向小企业的最优贷款是解如下问题：

$$\max_R E\pi_b(R) = \int_{p_1}^{p(R)} [p_i \cdot I_0R + (1 - p_i)C - T_0 - I_0] \frac{n}{p_2 - p_1} dp_i$$
$$s.t.\ E\pi_{ep(R)}(R,p(R)) = Y_0 - p(R)I_0R - (1 - p(R))\beta I_0 = 0 \tag{5-6}$$

在（5－6）式中，我们已经假设小企业的类型分布服从期间 $[p_1, p_2]$ 上的均匀分布。（5－6）式中的积分上限 $p(R)$ 表示临界概率，它的含义是：当银行的贷款利率为 $R$ 时，类型为 $p(R)$ 的小企业贷款进行生产的预期利润恰好为 0。由于小企业 i 的预期利润同它的项目成功概率 $p_i$ 是负向关系，所以凡是 $p_i > p(R)$ 的小企业都会退出信贷市场，因为它们向银行贷款进行生产的预期利润为负，由此大银行是根据 $[0, p(R)]$ 上小企业的分布来设计贷款合同的。由（5－6）式的约束条件我们可以得到：

$$\frac{\mathrm{d}p(R)}{\mathrm{d}R} = \frac{Y_0 - \beta I_0}{(R - \beta)^2} < 0 \tag{5-7}$$

（5－7）式说明贷款利率越高，$P(R)$ 就越小。所以当银行提高贷款利率时，低风险的优质企业会退出信贷市场，只有高风险企业才会继续向银行申请贷款，这就是信息不对称下的“逆向选择”问题。求解大银行的优化问题，我们可得到大银行向小企业贷款的预期利润（见图 5－2）：

$$E\pi(I_2) = \left(\beta - \frac{T_0}{I_0} - I\right) \times I_2 + \frac{(Y_0 - \beta I_0)}{2I_0} \times \left[1 + \frac{p_1}{p_1 + \frac{p_2 - p_1}{nI_0} \times I_2}\right] \times I_2 \tag{5-8}$$

根据(5－6)式和(5－8)式,我们将银行向大小企业贷款的利润和边际利润函数表示如下:

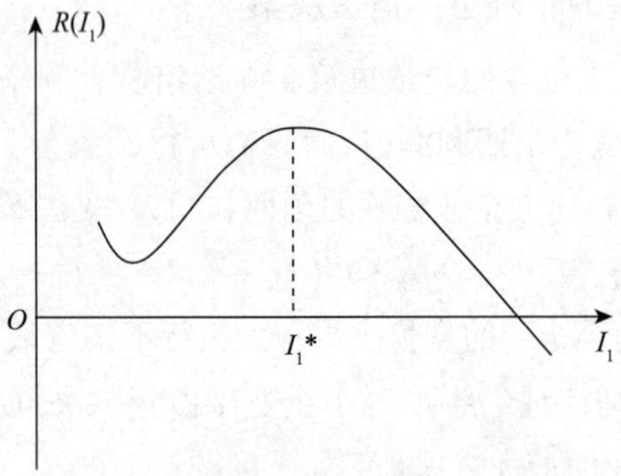


**图5－1　向大企业贷款的利润函数**

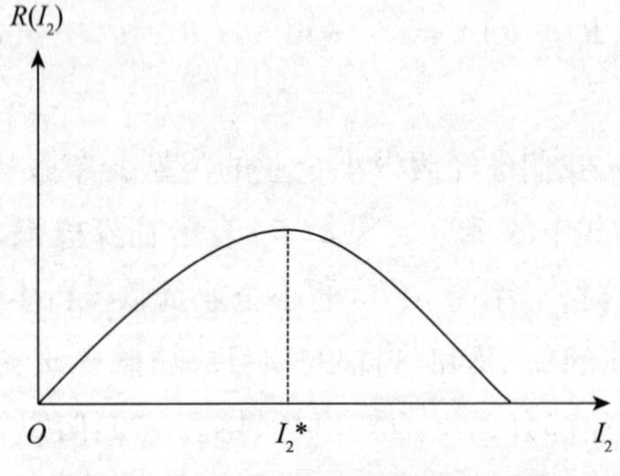


**图5－2　向小企业贷款的利润函数**

图5－1为大银行向大企业贷款的利润函数,$R(I_1)$表示贷款利润,$I_1$为大企业的贷款额,由于大企业存在一个最低的生产投入要求$\bar{I}$,所以银行的贷款利润在开始时是下降的;当$I = I_1^*$时,银行实现向大企业贷款的利润最大化;由于大企业的资本边际产出是递减的,所以当银行贷款$I > I_1^*$时,银行的贷款收益不能弥补贷款成本,所以贷款利润是下降的。图5－2为大银行向小企业贷款的利润函数,当$I > I_2^*$时,银行的利润随着贷款规模的减少而增加,此时银行提高贷款利率使小企业的贷款需求减少,但是提高贷款利率的收入效应大于逆向选择效应,所以银行利润是增加的;当$I < I_2^*$时,情况则相反。

3. 大银行的最优贷款分配决策。大银行的目标是将银行的资金在大企业和小企业之间进行分配，以实现银行总的预期利润最大化，也就是解如下问题：

$$\max_{I_1 I_2} E\pi(I_1) + E\pi(I_2) \qquad s.t. I_1 + I_2 \leqslant K \qquad (5-9)$$

其中 $K$ 为整个经济所能动员的资金总额，$I_1$，$I_2$ 分别为银行向大企业和小企业贷款的额度，优化问题(5－9)的库恩—塔克条件为：

$$\begin{cases} \frac{d\pi_b(I_1)}{dI_1} - \lambda = 0, \qquad \frac{d\pi_b(I_2)}{dI_2} - \lambda = 0 \\ \lambda \times (K - I_1 - I_2) = 0, \quad \lambda \geqslant 0 \end{cases} \qquad (5-10)$$

在松弛约束下，银行的最优贷款并不受资金禀赋 $K$ 的限制，这对应于(5－10)式中 $\lambda=0$ 的情况。此时银行的最优决策，就是在大、小企业这两个信贷市场上都实现利润最大化，即满足如下一阶条件：

$$\left.\frac{d\pi(I_1)}{dI_1}\right|_{I_1^*} = 0, \left.\frac{d\pi(I_2)}{dI_2}\right|_{I_2^*} = 0 \qquad (5-11)$$

$\lambda=0$ 的情况如图 5－3 所示（$MR(I_1)$、$MR(I_2)$ 表示边际利润），图中的峰形曲线为银行向大企业贷款的边际利润曲线，$O_1$ 为它的原点；右侧的曲线为向小企业贷款的边际利润曲线，$O_2$ 为原点；$O_1O_2$ 的距离为经济的资金总额 $K$，$I_1$，$I_2$ 分别为大、小企业得到的贷款额。

图 5－3 的资源配置无疑是缺乏效率的，因为存在闲置的社会资本($I_1+I_2<K$)。从理论上讲有两种情况会导致这样的结果，一种是“绝对资本富余”，也就是说在正常的生产和融资情况下，社会最优的资金需求小于社会的资本禀赋，这种情况往往发生在资本比较富余的发达国家。但是，这种理论上的假设和现实的差距是很大的：首先在一个发达的经济中，金融结构不可能这么的简单，银行业竞争激烈，并且一般都存在成熟的资本市场，这些都会影响到银行的决策模式；其次，这些经济一般都是开放经济，资本能够自由地流动，社会的闲置资本会流向其他有投资机会的国家，所以不太可能出现大量闲置的社会资本。

另外一种更加有意义的解释是“相对资本富余”，也就是说在正常的生产和融资情况下，生产部门的资金需求大于社会的资本禀赋，但经济中的摩擦因素，却使得资金从所有者向使用者的转移难以实现，从而出现闲置的社会资本。在转型经济中往往会出现这样的情况，一方面它们没有成熟的金融体系，银行业高度集中，资本市场不健全；并且金融机构基本上是国家所有，它们在信贷支持上对私有部门往往存在歧视，这会使得资金融通的渠道不畅。另一方面，转型经济往往缺乏成熟的市场体系，经济中的信息不对称问题严重，信息成本和交易成本都很高；这种情况下银行便会倾向于向那些信息比较对称、交易成本比较低的部门贷款，而其他部门则难以从银行得到贷款。所以，即使在一个经济迅速发展，资金非常稀缺的经济中，也可能出现大量闲置的社会资金，它实际上就是一种由市场结构和信息问题导致的市场失灵（Market Failure）。

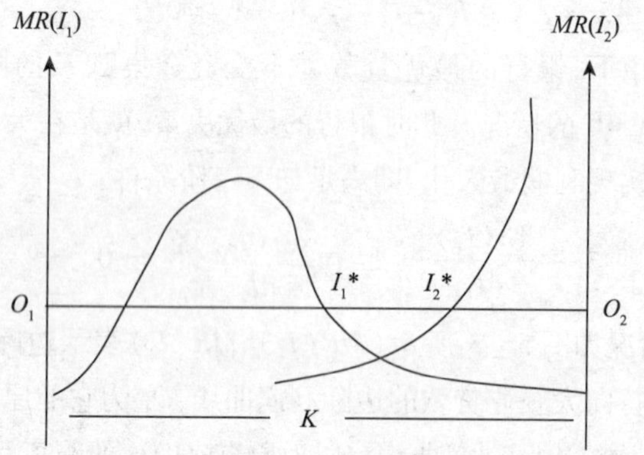


**图 5－3　松弛约束下的银行贷款决策**

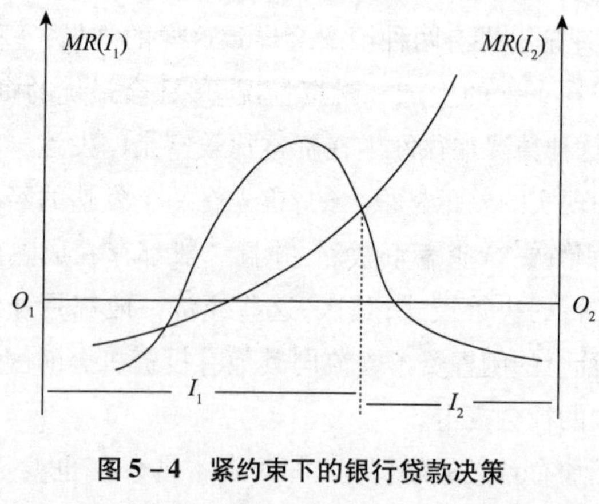


**图 5－4　紧约束下的银行贷款决策**

回到上面对一阶条件的讨论，在紧约束下信贷会受到资金禀赋限制，这对应于库恩—塔克条件中 $\lambda > 0$ 的情况，此时银行的最优决策如图 5－4 所示，此时社会资金得到了有效的配置。

对上面的库恩—塔克条件(5-10)进行比较静态分析，可得到如下的四个推论：

推论1　小企业分布的非匀质性(Heterogeneity)越强，则小企业得到的贷款规模越小。

推论2　小企业的贷款规模 $I_0$ 越小，贷款的交易成本 $T_0$ 越大，则小企业从大银行得到的贷款规模越小。

推论3　小企业的贷款抵押比率 $\beta$ 越高，则小企业得到的贷款规模越大。

推论4　小企业的期望产出 $Y_0$ 越高、数目 $n$ 越多，或者在紧约束下，大企业生产项目的成功概率 $p$、全要素生产率 $A$、资本的产出弹性 $\alpha$ 越小，则小企业得到的贷款规模越大。

这些推论表明了在模型所描述的经济中，哪些因素将影响小企业得到的贷款规模，以及在哪些情况下小企业会遭遇到信贷配给。

**(三)引入中小金融机构后的中小企业融资**

中小金融机构本身的特点决定了它们在向中小企业贷款时拥有成本优势和信息优势。在这一部分，将把中小金融机构引入模型框架，并将分析这种变化对中小企业融资和社会总体福利的影响。我们假定，中小金融机构每笔贷款的交易成本为 $t_0$，一般来讲 $t_1 < t_0$。中小金融机构向中小企业提供的贷款总额为 $\lambda NI_0, \lambda \in (0,1)$，余下的 $(1-\lambda)n$ 家小企业将决定是否向大银行申请贷款，这些小企业的类型 $p_i$ 服从 $[p_1, p_1+\varepsilon(p_2-p_1)]$ 上的均匀分布。$\varepsilon$ 是一个度量中小金融机构信息优势的参数，如果中小金融机构拥有完全的信息优势，则它们会将贷款贷给风险最低的 $\lambda n$ 家小企业，此时有：

$$\frac{p'_2 - p_1}{p_2 - p_1} \times n = (1-\lambda) \times n \Rightarrow \varepsilon = 1 - \lambda$$

如果中小金融机构完全没有信息优势，则剩余的 $(1-\lambda)n$ 家小企业仍将服从 $[p_1, p_2]$ 上的均匀分布，此时有 $\varepsilon = 1$，所以 $\varepsilon \in [1-\lambda, 1]$。引入中小金融机构后，大银行向小企业贷款的预期利润为：

$$E\pi_b(I_2) = \int_{p_1}^{p(R)} \{p_i I_0 R + (1-p_i)C - T_0 - I_0\} \times \frac{(1-\lambda)n}{(p_2-p_1)\varepsilon} dp_i \tag{5-12}$$

同没有引入前的预期利润(5－7)相比,我们发现在两个方面发生了变化,首先是申请贷款的企业数变成了$(1-\lambda)n$,其次是这些企业的分布区间也变成了$\varepsilon(p_2-p_1)$。

李志赟(2002)按照同样的推导过程对银行的最优贷款决策进行分析,得到如下重要结果:

命题(1):引入中小金融机构后,中小企业得到的贷款总额增加;

命题(2):中小金融机构的数目越多($\lambda$越大),中小企业得到的贷款越多;

命题(3):如果中小金融机构拥有的信息优势越大($\varepsilon$越小),则引入中小金融机构后,中小企业得到的总贷款$\bar{I}_2$越多。

笔者认为,上述结果可以作如下理解:命题(1)表明对中小金融机构放松行业管制,开放信贷市场,弥补银行产业组织缺陷(即第二章所述,与国外相比,我国中小金融结构市场份额太小,极不发达),会使中小企业获得更多的贷款;命题(2)表明中小金融机构的市场开放和竞争度越高,即中小金融机构的数目越多,竞争越充分,中小企业得到的贷款越多;命题(3)表明如果中小金融机构给中小企业贷款时在解决信息不对称问题上存在显著的优势,同样会导致中小企业贷款的增加。

上述命题可以归纳为两个方面:引入竞争(如命题(1)和命题(2)所述)和解决信息不对称(如命题(3)所述),即通过引入足够多的中小金融机构和消除信息不对称都能在一定程度上缓解中小企业融资的困境。然而,我们是否能够由此得出,引入中小金融机构是从根本上解决中小企业融资问题的唯一出路呢?因为李志赟(2002)的命题是在将模型建立在垄断型市场结构的假设基础上得出的,如果是寡头垄断型市场结构,情况又如何呢?竞争的引入同样可以通过放松大银行之间的业务竞争管制形成寡头竞争来实现,但这种寡头竞争是否能够成为从根本上解决中小企业融资问题的另一条途径呢?这些问题的回答需要对寡头垄断型市场结构的信贷决策进行分析。

### (四)对寡头垄断型市场结构下的信贷决策的推演

李志赟(2002)的模型是只有一家大银行的完全垄断假设下的分析,然而现实中的银行业市场结构往往是寡头垄断型或垄断竞争型市场结构,因而,对于解释现实还有一定的局限性。

笔者曾试图建立模型对寡头垄断型市场结构下的信贷决策进行分析，但是因为模型过于复杂，这项工作未能进行下去。尽管如此，笔者根据前面模型的分析过程，还是对这种市场结构下的银行信贷决策进行了如下大胆推演：

1. 寡头垄断型市场结构下，如果不存在业务竞争的管制（如中国银行业前些年的情况），由于大银行之间存在的竞争和博弈，中小企业获得的贷款应该比完全垄断型结构下的贷款多。

2. 因为竞争，大银行对中小企业贷款时的要求（如利率、抵押、提供信息的多少等方面）可能会降低，这样，中小企业会更容易获得贷款。

通过对寡头垄断型市场结构下的信贷决策的简单理论推演，我们发现，在引入竞争方面，加强大银行（寡头）之间的竞争和引入中小金融机构这两条路径同样都会导致市场结构的分散化和竞争程度的提高，因而都会使得中小企业获得的贷款增加，尽管所起的作用可能会大相径庭。事实上，在这样一个抽象的模型中，是无法将二者比较的。在消除中小企业融资难的根源——信息不对称方面，上面的模型同样无法将二者的效果进行比较。这个比较将留在下一节。

因此，我们仍然无法得出引入中小金融机构是从根本上解决中小企业融资难问题的最佳出路这样一个结论。

### （五）模型对我国的启示和进一步的思考

中国银行业的垄断程度非常高[①]。1997 年之后，随着商业化银行业改革的深入和金融风险意识的加强，银行普遍出现了“惜贷”现象，表现为存款余额大大高于贷款余额，四大国有商业银行的存款贷款比率已经从 1997 年的 1. 15 上升到 2000 年的 1. 38[②]。这种流动性过剩现在愈演愈烈，2005 年中国银行业存差资金达到 9 万亿元，是 2000 年的 3. 7 倍[③]。但与此同时，为我国经济增长作出巨大贡献的中小企业的发展，却越来越受到融资困难的制约。2008 年以来的金融危机使得银行系统信贷“天量”扩张，但中小企业融资的

---

① 参阅第一章的分析。

② 数据来源为《中国金融年鉴》和相关银行年报。转引自李志赟：《银行结构与中小企业融资》，《经济研究》2002 年第 6 期。

③ 陈元. 以开发性金融促进健康财政和金融的建设——国家开发银行行长答本报记者问[N]. 学习时报，2006 - 03 - 13.

困境并没有明显的改善。

在中国这样一个资本稀缺的经济中,一方面国有银行有大量的存款富余,市场中流动过剩,另一方面中小企业的贷款需求又无法得到满足,这是一种严重市场失灵现象,也就是前面提到的"相对资本富余"。金融结构高度集中,经济中的摩擦和非市场因素多,信息不对称问题严重,都是导致这一现象的原因①。

如何才能解决中小企业的融资难题?从前面的分析中我们知道,如果能够缓和信息不对称程度(推论1),降低交易成本(推论2),或增加贷款抵押的比率(推论3),都能使中小企业得到的贷款增加。关于贷款抵押的问题,鉴于中国的经济发展阶段和社会财富积累水平,大部分地区(特别是中西部地区)的中小企业很难在一个较短的时期内有更多的财产用于抵押,因此,靠提高贷款抵押比率的方式促进中小企业贷款的方式,成效是非常有限的。关于信息不对称和交易成本问题,将在下一节深入讨论。

本节的模型虽然证明银行组织结构分散化将会提高银行业向中小企业贷款的总量,但并没有证明这种增加主要是由中小金融机构提供的,而不是主要来自大银行增加的向中小企业的贷款。因为寡头竞争的加剧可能导致大银行开始重视中小企业这个客户群,降低贷款的条件,增加向它们的贷款。因此,我们还需要从根本上说明中小金融机构进入信贷市场能够增加中小企业贷款的原因。在下面的一节,我们将对这个问题详细论述。

## 三、信息不对称、交易成本与"小银行优势"假说

小银行在对中小企业贷款方面拥有信息和交易成本上的比较优势。本节通过一个权衡信息成本与代理成本以寻求最优贷款决策位置的组织理论模型,证明了在解决中小企业融资问题上的小银行优势和信贷市场的专业化分工,并就解决我国中小企业融资难问题提出了政策思路。

### (一)信息不对称与中小企业融资的"小银行优势"

如前所述,信息不透明和信息不对称是中小企业融资难的根本原因。国外的大量实证研究发现,小银行比大银行更加倾向于向中小企业提供贷

① 李志赟.银行结构与中小企业融资[J].经济研究,2002(6).

款,无论在中小企业贷款占银行总资产的比率还是在中小企业贷款占全部企业贷款的比率上,小银行的指标均高于大银行。由此产生了在对中小企业融资上的“小银行优势”(Small Bank Advantage)的假说。

与大银行的经营取向不同,中小银行比较愿意为中小企业提供融资服务。这除了因为它们资金少、无力为大企业融资外,主要是因为中小银行在为中小企业提供服务方面拥有信息上的比较优势。

关于这种信息优势,Banerjee 等(1994)提出了两种假说。其一是“长期互动”假说(Long - term Interaction Hypothesis)。这种假说认为,中小银行一般是地方性金融机构,专门为地方中小企业服务。通过长期的合作关系,中小银行对地方中小企业经营状况的了解程度逐渐增加。这就有助于解决存在于中小银行与中小企业之间的信息不对称问题。另一种假说为“共同监督”假说(Peer Monitoring Hypothesis)。这种假说尤其适合于合作性中小金融机构。该假说认为,即使中小金融机构不能真正了解地方中小企业的经营状况,因而不能对中小企业实施有效的监督,但为了大家的共同利益,合作组织中的中小企业之间会实施自我监督。一般来说,这种监督要比金融机构的监督更加有效。

与之相对,大银行一般不拥有这种信息优势。这是因为:首先,即使它在地方上设有分支机构,其经理人员也会经常调换,使得其对地方企业的了解程度相对较差。其次,即使这些地方分支机构的经理人员能够了解地方中小企业的经营状况,他们也很难向其上级机构传递中小企业的经营信息,因为中小企业缺乏经营透明度的一个关键特征是其信息不具有“公开性”(Openness)。比如,你会相信从上市公司财务公告中引用的数据,却未必会相信从中小企业财务报表中引用的数据。中小企业经营信息的这种非“公开性”使得在贷款出现问题时,分支机构的经理人员很难向其上级解释。因此,大银行倾向于较少地为中小企业提供融资。

此外,笔者认为,小银行给中小企业贷款时在交易成本上拥有比较优势。交易成本由事前签订契约、事后监督和实施它的各种成本组成。大银行和小银行在给中小企业贷款时面对的代理成本是不同的,小银行要承担的代理成本要小一些,因而拥有代理成本上的比较优势(关于这一点,下面的模型将会进一步证明)。

上述结论中的许多方面已经被国外的一些经验研究所证明。首先,一些研究证明了在银行对中小企业贷款与银行规模之间存在很强的负相关关系（比如 Strahan 和 Weston，1996）；其次，一些对美国 20 世纪 80 年代中期以后开始的银行合并的研究证明，大银行对小银行的吞并或大银行之间的合并倾向于减少对中小企业的贷款，而在小银行之间的合并则会使中小企业得到的贷款增加（比如 Peek 和 Rosengren，1996；Berger，1998）；再次，在银行业比较集中的地区，中小企业即使能够顺利获得贷款也必须付出较高的代价（Meyer，1998）。Strahan 和 Weston（1998）的研究也得出了类似的结果，他们对小银行合并后对中小企业贷款增加的现象提供了一个解释：认为小银行合并之初，多样化的好处使合并后的银行抗风险能力增强，从而能够向小企业提供更多的贷款；但随着规模的进一步扩大，银行开始有能力向大企业提供贷款，并且内部管理也越来越复杂，所以银行对小企业的贷款比率就会下降。上述研究虽然都是针对国外的具体情况进行的，但是它们对一个改革之中的经济如何完善自己的金融体系可以提供有用的参考。

### （二）大银行和中小银行的专业化分工：一个理论模型

大银行和中小银行在信贷市场上具有各自的“比较优势”。Berger 等人在分析银行组织结构与融资功能时指出，由于大银行的组织机构庞大，专业人才多，网络分布广，因此在收集和处理公开信息以及运用标准化的贷款合约向信息透明度高的大中型企业发放贷款上拥有优势；而小银行虽然在收集和处理公开信息上居于劣势，但由于其地域性和社区性特征，它们可以通过长期与中小企业保持密切的近距离接触来获得各种非公开的关联信息，因而在向信息不透明的中小企业发放关系型贷款（Relationship Lending）[①]上拥有比较优势（Berger，Udell，1998）。对于大银行在从事关系型借贷中处于

① 美国经济学家 Berger 等人（Berger，Udell，2002）将银行开发出的基于不同种类信息的多种贷款技术归纳为 4 大类：财务报表型贷款（Financial Statements Lending）；抵押担保型贷款，又称资产保证型贷款（Asset - based Lending）；信用评分（Credit Scoring）技术贷款；关系型贷款（Relationship Lending）。前三种被认为是基于硬信息的市场交易型贷款。其中关系型贷款是指银行的贷款决策主要基于通过长期和多种渠道的接触所积累的关于借款企业及其业主的相关信息而作出。这些信息除了通过办理企业的存贷款、结算和咨询业务而直接获得以外，还可以从企业的利益相关者（股东、债权人、员工、供应商和顾客等）以及企业所在的社区获得；它们不仅涉及企业的财务和经营状况，还包含了许多有关企业行为、信誉和业主个人品行的信息。关系型贷款的基本前提是，银行和企业之间必须保持长期、密切而且相对封闭的交易关系，即企业固定地与数量极少的（通常为一到两家）银行打交道。由于关系型贷款不拘泥于企业能否提供合格的财务信息和抵押品，因而最适合于中小企业。在美国，关系型贷款通常是以银行信贷额度（Line Credit）的方式发放的。

劣势的原因,Berger 等人的解释是:与客观的、易于传递和统计处理的硬信息相比,关系型借贷所需要的软信息多数是关于特定对象的专有信息,这些软信息由于具有模糊性和人格化特征,难以用书面报表形式进行统计归纳,因此很难在组织结构复杂的大银行内部传递。由于软信息的传递成本过高,关系型贷款的决策权必须下放给掌握着这些软信息的基层经理和信贷员,但这样一来又会在银行内部产生一个代理问题。与结构简单的小银行相比,科层结构复杂的大银行由于代理链条长,解决代理问题的成本就会更高(Berger, Udell,2002)。

张捷[①]将 Berger 等人的观点进一步扩展为解释力更强的理论模型。根据企业组织理论,当信息在企业决策中有价值时,使决策权与可利用的信息相匹配会带来收益。有两条途径使信息与决策权相匹配:一是将信息转移给有决策权的人;二是将决策权转移给拥有信息的人。若决策所涉及的是容易转换和传递的一般信息(如价格、数量等),前一条途径是最优的;若决策所需要的是难以转换和传递的专门信息时,那么将决策权转让给拥有这种信息的代理人在理论上是最优的。后一条途径必然导致在企业内部分割决策权,这就会产生决策权分散以后如何使被授权的代理人的行为与委托人的目标函数相一致的代理问题。为解决代理问题所设计并实施的控制和激励制度的成本就是代理成本。在结构不同的组织中,解决代理问题的成

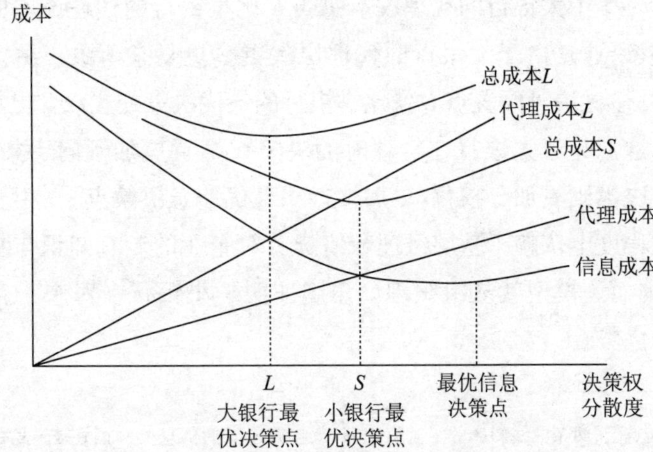


**图 5－5　银行组织结构差异与贷款决策权的最优配置**

① 张捷．中小企业的关系型贷款与银行组织结构[J]．经济研究,2002(6)．

本也不同。科层越多、结构越复杂的组织,其代理成本越高,反之则反是。这样一来,企业内部的决策权配置问题就成为如何在决策所耗费的信息成本与分散决策所产生的代理成本之间进行权衡以寻找最优决策点的问题。运用这一原理,笔者构建了以下模型来分析银行组织结构与对中小企业贷款决策的关系。

在图5-5中,纵轴所表示的贷款交易成本由决策所需的信息成本和由于决策权分散化(横轴)所产生的代理成本两部分组成。

在对中小企业的贷款决策中,由于靠近营业终端的信贷人员离企业及其业主的"距离"近,生产软信息的功能强,决策时所耗费的信息成本就低。因此,信息成本曲线随着贷款决策权的分散而趋于下降。但是,由于层次太低的信贷员缺乏银行的整体信息和宏观经济知识,因此并非贷款决策权越分散信息成本就越低,而是存在一个信息成本最低的最优信息决策点,决策权的分散程度超过这一点后,信息成本会再度趋于上升。我们可以将该点视为在不考虑代理成本的情况下,实行关系型贷款的最优决策权配置点。代理成本曲线与信息成本曲线相反,它随着决策权的分散程度而上升。由于交易总成本是信息成本与代理成本之和,因此银行的最优决策权配置应当处在总成本最小的位置上,即落在与信息成本曲线和代理成本曲线的交点[①]相对应的那一点上。如前述,银行组织结构的不同将导致代理成本的差异,因此图5-5中大银行的代理成本曲线 $L$ 比小银行的代理成本曲线 $S$ 有着更陡的斜率,这是由于大银行的代理层次更多更复杂所致。由于这一差异,大银行的最优决策配置点 $L$ 就比小银行的最优决策配置点 $S$ 更加靠近横轴的原点。这意味着大银行在贷款时的决策权配置更加倾向于集权,而小银行的贷款决策则更加分权化,更加接近于最优信息决策点[②]。由于关系型贷款在很大程度上依赖于基层经理和信贷员对企业的专有知识与贷款决策权的匹配,因而该模型就从组织理论角度证明了小银行在对中小企业关系型贷款上的优势。

---

① 在该交点上,两条曲线斜率的绝对值相等,意味着递减的信息成本正好被递增的代理成本所抵消。

② 小银行的最优决策点之所以没有与最优信息决策点重合,是因为小银行也可能存在代理问题,也需要对信贷员实施约束与激励制度。可以推理,银行越小,其最优决策点离最优信息决策点就越近,在信贷员同时又是老板和经理的单店银行的情况下,两点可能实现重合。

需要补充说明的是，在以上模型中，大银行与小银行之所以面临着相同的信息成本曲线，是因为从理论上讲，大银行也可以像小银行一样，依靠其众多的分支机构来收集关于中小企业的软信息，从而降低决策时的信息成本。但由于代理成本不同，大银行难以将决策权配置到与小银行相同的低层级上去，因而使这些源于基层又难以传递的软信息派不上用场，基层人员也将失去收集软信息的动力。在大银行的最优决策点更加集权化的情况下，它们将倾向于生产和依据易于进行技术处理与传递的硬信息来作出决策，专业化于对大企业的市场交易型贷款，同时放弃需要更多软信息的对中小企业的关系型贷款①。小银行的选择则与大银行相反。于是，根据各自的比较优势，将内生地形成大银行与小银行在信贷市场上的专业化分工。

### （三）简短结论及其对我国中小企业融资的政策启示

1. 本节暨本章的结论。

由于大银行和小银行在信贷市场上拥有各自的比较优势，小银行在为中小企业提供贷款服务时在解决信息不对称问题和降低交易成本（主要是代理成本）上比大银行更有优势，这就导致了信贷市场上大银行和小银行的专业化分工。

至此，我们可以对上一节提出的问题做一个回答，即引入中小银行是解决中小企业融资难的最佳战略（可能是从根本上解决中小企业融资问题唯一出路）。因为，大银行之间的竞争程度的提高虽然也可能使其对中小企业的贷款增加，但由于大银行为中小企业提供融资服务时在减少信息不对称和降低代理成本上都不如中小银行，因而鼓励大银行间的业务竞争，成效将是非常有限的，代价也将非常高昂。

基于上述的理论分析和经验证据，我们可以得出这样一个结论：根据中小企业贷款上的小银行优势和信贷市场上的专业化分工，要减少对中小企业的“信贷配给”，从根源上解决中小企业融资难的问题，必须建立一个较为发达的中小金融体系。

---

① 由于关系型贷款和市场交易型贷款在信用审查、合同设计和监控等体制上有较大差别，在一家银行中同时建立两套功能不同的信息生产和决策体系将提高组织运行成本，产生威廉姆森型组织不经济。

2. 对我国的政策启示。

20世纪90年代后期以来，我国金融业为了化解金融风险，对中小金融机构进行了较大幅度的调整和重组。如城市信用社被合并为城市商业银行、农村信用社的监管权上收，农村合作基金会大部分被清理等。国有商业银行为了解决不良资产问题，也在加紧进行内部组织结构的调整，许多县以下的基层分支机构被撤并，贷款审批权普遍上收，并强化了贷款责任制和贷款抵押制度。这些措施对于防范金融风险和提高银行的资产质量无疑有着积极意义。但也应当看到，由于金融业整合所导致的银行贷款决策层次普遍上移，基于硬信息和抵押品的市场交易型贷款成为银行对企业贷款的主流，加上信用担保体系尚未建成，带来的后果必然是信贷资金向大企业和大项目集中，中小企业贷款遇到了严重困难。近年来，中小企业的金融压抑已经成为民间投资难以启动的一个重要原因。而且，随着我国"入世"后金融市场的逐步开放，外资银行已经开始进入国内信贷市场。可以预言，随着竞争的加剧，国内银行业的市场结构和组织结构必将发生更加剧烈的变化，而变化的方向未必对中小企业融资有利。鉴于这种情况，作者认为政策当局应当借鉴国外经验，及早推出适宜的改革措施。在决策时以下几方面的问题需要加以重视。

(1)鉴于在对中小企业贷款上的小银行优势，要从根源上解决中小企业融资难的问题，必须建立一个以民营中小银行为主体的中小金融机构体系。由于组织结构的制约，由大银行的分支机构来代替小银行对中小企业的融资功能，从长远来看是不可取的。近年来尽管央行一再要求国有商业银行增加对中小企业的贷款，并数次提高对中小企业贷款的利率上浮范围，但始终收效甚微，其原因就在于这种做法不符合信贷市场内生的专业分工原理。如果政府强行要求国有银行向中小企业放贷，则势必形成新的政策性贷款，导致金融风险的加剧。比起这种风险来，建立民营中小银行的风险要小得多。

当前，有学者建议由政府组织建立专门的中小企业融资机构来解决中小企业融资问题，这种建议是不妥的。因为如果缺乏竞争，这种专门的中小金融机构很可能成为人浮于事的官僚机构，不仅不能对中小企业有太大帮助，还可能给国家造成新的"不良贷款"。而实现充分竞争的最佳途径就是向非国有中小金融机构开放市场。国外的经验证明，把小银行视为金融体系“薄弱环节”的传统观点是缺乏根据的。产权明晰、自负盈亏的小银行在适宜的经营环境和有效的监管制度下，其经营业绩和稳健性甚至好于不少大银行。

(2)当前我国银行产业生态结构存在重大缺陷，小型银行(特别是民营小型银行、社区银行)极不发达已经严重影响到金融资源的有效配置，必须高度重视这一问题的解决。要鼓励民间资金进入这一领域。另外，可以考虑将现存的各类信用合作社拆分、改组为小型社区银行和规范的合作金融组织。各类信用合作社的改革不宜按照目前的趋势全部引导其向商业银行的方向发展，其绝大多数仍应定位为面向社区中小企业和农民的合作金融组织，这也是其在未来的金融业竞争中唯一的生存之道。进入中国的外资银行不会涉足其毫无优势可言的社区关系型融资的领域，但我国的信用社必须尽快改造成为真正意义上的社区银行和合作制金融组织。

(3) 加强征信体系建设，解决中小企业融资中的信息不对称问题。另一个选择是建立担保机制，但是各种商业担保和政策性担保机构的模式可能不是一个好的选择。因为中小企业金融无论对于银行还是第三方的商业担保机构来说都是新的课题，如果一开始做不好很容易导致柠檬市场的状态。从当前商业担保机构的运行情况看，它们大都通过其他业务抵补主营担保业务，这说明市场主体的自发选择并不正确。政策性担保的出发点是正确的，即具有外部性的产品应该由政府来解决，但是这种机构模式必然带来委托代理问题以及各种寻租现象，而且在中国当前条块分割的背景下，这种模式的内耗也是很大的。基于以上分析，我们认为辅以解决中小企业融资中信息不对称问题的方法是直接征信。这种模式相对政策性担保而言，没有金融杠杆的问题，成本投入的核算是清晰的，因此推广起来也是可行的。

具体而言，加强征信体系建设在具体实践中应注意以下三点：第一，征信体系应该采集正面信息而不是负面信息，当前而言尽快打开中小企业融资难的局面是当务之急，在中小企业信贷业务逐渐展开之后，再考虑积累负面信息提高信贷质量；第二，针对中小企业的经营规模特点，征信体系不仅应关注中小企业的资产负债表情况，还应关注与商业信用有关的现金流数据；第三，针对中小企业公司治理不完善的特点，征信体系还应关注中小企业主的信用状况。

(4) 鼓励和推动银行在中小企业金融业务上的创新。在政策层面上应该鼓励和推动银行在中小企业金融业务上的各种创新。一方面，在信贷业务上学习和引进国外的先进模式，如分组贷款、互助担保、金融联结等机制，这些措施的核心是通过连带责任将外部信息的监督内部化，从而减少银行的监督成本；另一方面，除中小企业信贷业务的创新外，银行还须在其他业务上创新，如针对同一客户进行交叉销售、为中小企业主提供理财等，通过全方位的服务留住中小企业客户。

(5)严格执行关于企业结算银行的限制性规则，制止企业多头开户的现象，鼓励中小企业与银行保持长期业务关系；同时尽快建立信用担保体系和覆盖全社会的信用登记体系，以减少中小企业融资中的信息壁垒。

# |第六章|

# 银行业对外开放与国家金融安全

改革开放30多年来,中国银行业对外开放经历了从局部地区到全国范围、从外币业务到本币业务、从外国居民到本国居民的发展历程,在循序渐进中稳步推进。截至2010年11月末,在华外资银行资产总额为1.65万亿元,与银监会成立之初相比,增长了近400%。在机构布局方面,有45个国家和地区的189家银行在华设立了221家代表处。有14个国家和地区的银行在华设立了37家外商独资银行(下设分行221家)、2家合资银行(下设分行6家,附属机构1家)。外商独资财务公司有1家,另有24个国家和地区的71家外国银行在华设立了85家分行。外资银行的营业网点遍及内地43个城市,覆盖了27个省份,外资银行已成为我国银行业的重要组成部分①。中国正在快速融入金融全球化,借鉴银行业开放的国际经验教训,面对加入WTO后我国银行业正在和即将面临的挑战,在对我国银行体系的脆弱性进行分析之后,我们可以得出这样的结论:构筑我国面向全球化的银行安全战略的根本点是提升银行业的产业组织效率,进而提升中国银行业的整体竞争力,为此,我们还需尽早制定基于金融安全的我国银行产业组织优化和监管策略。

## 一、外资银行进入中国的进程及其绩效

加入世贸组织以来,我国银行业开放对国家金融安全无疑产生了非常重大的影响,我们必须对此有清醒认识,尽早提出相应的金融安全策略。

### (一)中国银行业外资准入政策的演变

外资银行进入中国已有一百多年的历史。1949年以后,中国保留了汇

① 杨丽平. 以审慎监管促外资银行在华稳健运行[J]. 中国金融,2011(2).

丰银行、东亚银行、华侨银行和渣打银行4家外资银行继续在上海营业。自1978年实行改革开放以来，中国银行业经历了一个从初步开放到逐步扩大开放，再到履行"入世"承诺全面开放的较长过程。该演变过程主要表现为外资准入政策的逐步放松，具体可以划分为以下四个阶段。

1. 试验开放阶段(1978—1993年)

1979年，日本输出入银行经批准在北京设立代表处，拉开了外资银行进入中国的序幕。这一阶段中国银行业对外开放的总体战略是：通过吸引外资银行的进入，引进国外资金和改善对外资企业的金融服务，进而创造更好的投资环境。允许外资银行在深圳设立营业性机构，主要从事外汇等金融业务。1981年，香港南洋商业银行在深圳设立分行，成为外资银行在华最初的营业性机构。1985年4月2日国务院颁布了经济特区外资银行、中外合资银行管理条例，厦门、珠海、汕头和深圳四个经济特区向外资金融机构开放，同年11月，全国第一家外汇调剂中心——深圳外汇调剂中心试运行。1990年9月，国务院批准上海成为中国除经济特区以外率先引进营业性外资金融机构的沿海开放城市。此后，中国银行业的开放地域逐步从经济特区扩展到沿海城市和中心城市。1992年，大连、天津、青岛、南京、宁波、福州、广州7个城市对外资银行开放。截至1993年底，外资银行在中国13个城市设立了76家营业性机构，主要经营面向外资企业和外国居民的外汇业务，资产总额达到89亿美元。

2. 扩展性开放阶段即"入世"准备阶段(1994—2001年)

20世纪90年代是外资银行进入中国的一个高峰期。在这一阶段，随着建设中国特色市场经济体制步伐的加快，对外贸易全面发展，外商投资显著增加，因而外资银行业务在中国也得到了迅速成长。银行业对外开放地域在第一阶段开放的基础上扩展到了全国，外资银行可以在中国所有城市设立分支机构。这一阶段又以东亚金融危机的发生为界，分为两个阶段，即1994—1997年和1998—2001年。1994年2月25日，国务院颁布全面规范外资银行的第一部法规《外资金融机构管理条例》，银行业对外开放地域从沿海城市和中心城市进一步扩展到全国范围。1995年，金融市场开放城市增加到24个。1996年，《上海浦东外资金融机构经营人民币业务试点暂行管理办法》颁布，进一步开放了外资银行对外资企业及境外居民的人民币业务。截至1997年底，在华外资银行营业性机构达到175家，4年内增加了99

家,资产总额增长了3倍多。1998年,允许符合条件的外资银行在深圳经济特区试点开办人民币业务。1999年,上海、深圳外资银行试点办理人民币的业务相应扩展到所在地的临近省(区)——江苏和浙江,以及广东、广西和湖南。但在1998—2001年的东亚金融危机时期,由于外资银行在亚洲的发展趋于谨慎,在华机构布局和业务拓展也明显放缓,个别外资银行退出了中国市场,因此在华外资银行营业性机构仅净增了15家。

3. 深化开放即"入世"后过渡阶段(2002—2006年)

2001年12月11日中国正式加入WTO。根据"入世"承诺,中国银行业在"入世"后5年内为过渡期,期间将逐步开放国内市场。"入世"后,中国促进银行业开放的措施陆续出台,稳定的开放预期和适时的政策调整推动了外资银行的加速发展。2001年12月20日,国务院公布修订版《外资金融机构管理条例》,并于2002年2月1日起执行,取消外资金融机构在广州、珠海、青岛、南京、武汉设立的地域限制。2003年,取消外资金融机构在济南、福州、成都、重庆设立的地域限制。将外资银行人民币业务的客户对象扩至中资企业,已有13个城市允许外资银行经营人民币业务。此外,中国政府还实施了超出"入世"承诺的开放措施:将单个外资参股中资银行比例从15%提至20%,减少外资银行分行营运资金的档次和数量要求,允许外资银行从事衍生品业务和保险公司外汇资金境外托管业务,已有6家商业银行获准境外投资者参股。2004年8月3日颁布《外资金融机构管理条例实施细则》,取消外资金融机构在昆明、北京、厦门设立的地域限制,将外资金融机构经营人民币业务的地域进一步扩大到昆明、北京、厦门,并从2005年2月1日起实施。2005年,取消外资金融机构在汕头、宁波、沈阳、西安设立的地域限制。到2006年末,共有25家外资银行向20家中资银行投资入股。中国"入世"五年间,在华外资银行营业性机构从190家增加到312家,剔除机构合并等因素净增加122家。

4. 全面开放阶段即"入世"后过渡期结束阶段(2007年以来)

2006年11月15日,国务院发布《外资银行管理条例》,并颁布《实施细则》,同时废止此前的《外资金融机构管理条例》,该条例于2006年12月11日开始生效,标志着中国政府兑现了"入世"承诺,加入WTO的5年过渡期结束。根据该条例,中国向外资银行全面开放了中国境内公民的人民币业务,在承诺基础上对外资银行实行国民待遇,实施法人银行导向的外资银行监管政策。中国银行业由渐进开放阶段,进入了完全开放的充分竞争阶段。中国银监会2007年3月22日发布的《中国银行业对外开放报告》指出,不断优化开放结构、促进公平竞争和互利共赢、不断提高银行业对外开放水平、依法审慎监管是新时期中国银行业对外开放的四项基本原则。根据中国银监会2009年6月1日公布的《2008年年报》,截至2008年底,46个国家和地区的196家银行在华设立237家代表处;12个国家和地区的银行在华设立28家外商独资银行(下设分行157家)、2家合资银行(下设分行5家,附属机构1家)、2家外商独资财务公司;另有25个国家和地区的75家外国银行在华设立116家分行。

### (二)外资银行在华扩张的组织形式演进①

在中国银行业对外开放的30多年间,由于受到政策限制,外资银行在中国的组织形式选择并不是在进入初期根据母行战略需要就已确定,而是在中国法律许可的范围内随着扩张阶段而逐步调整的。以下主要在上述关于外资银行规制环境的演变这一外部环境因素约束下,从整体上来考察外资银行组织形式的演进路径。

1. 第一阶段(1978—2001年):以中外合资银行和分行为主

从1978年中国开始改革开放到2001年底加入WTO之前,设立中外合资银行和分行是外资银行进入中国的主要方式。从改革开放开始到20世纪80年代末是外资银行进入中国的起步阶段。由于改革开放初期中国的许多政策都是实验性的,引进外资银行主要是为了配合沿海经济特区的外向型经济发展需要,所以,这一阶段进入中国的外资银行基本上是香港地区银行及少数传统上经营中国业务的日本和欧美银行。这一时期,虽然也允许设立外商独资银行,但外资银行的营业性结构主要是中外合资银行和外国银行分行的形式。1985年11月28日首家中外合资银行"厦门国际银行"成立。该行以"三资企业"和外国人、外籍华人、华侨、港澳台同胞为主要服务对象,从事外汇汇款、国际结算和咨询服务等。1992—1994年,又有4家中外合资银行陆续设立。到1998年为止,中外合资银行共有7家,分别为厦门国际银行、上海巴黎国际银行、福建亚洲银行、浙江商业银行、华商银行、青岛国际银行、华一银行。由于中国对外资银行监管体系不完善,所以在外资

---

① 何喜有.外资银行在华进入模式选择与组织演进研究[J].经济纵横,2010(12).

银行准入方面，中外合资银行方式逐步淡出，分行成为主要形式。分行是外国银行在中国境内根据中国法律登记成立并进行经营活动，但不能获得法人资格的经营性分支机构。分行要受双重管辖，即必须受母国和中国法律的管辖。采用分行的组织形式，总行承担连带责任，总行强大的资金实力及庞大的业务网络可以给予分行足够的支持，而且分行不具备法人资格，东道国对其也无须承担“最后贷款人”的职责。对于中国来说，分行形式易于监管，中国可要求其母国管理当局承担主要的监管责任，并可要求总行提供担保；此外，分行可带来资金，还可享有其总行众多分支机构网的支持，并可带来一整套先进的经营管理模式。在加入 WTO 之前，由于开设分行比较适用于银行业务发展需要，所以外资银行的典型做法就是设立分行。

2. 第二阶段(2002—2006 年)：以参股中资银行为主

中国加入 WTO 后，虽然开设分支机构仍是外资银行进入中国的重要方式，但分支机构数量增速减缓，而参股中资银行方式越来越受到外资银行的青睐。虽然外资参股中资银行在中国加入 WTO 前已出现，但为数甚少并且参股比例也较小。中国加入 WTO 以后，收购中资银行特别是中小商业银行股份成为外资银行迅速进入中国市场和提前开展业务的主要途径。外资参股中资银行，指外资机构购买并持有中国国内银行机构股份的投资方式。2003 年，中国银监会发布《境外金融机构投资入股中资金融机构管理办法》后，外资金融机构入股中资银行的势头增强。关于外资银行参股比例，该办法规定：单个机构入股比例不得超过 20%，整体入股比例不得超过 25%。由于有参股比例的上限限制，相对于第一阶段的“中外合资银行”形式来说，外资方不能对所参股的中资银行施加直接影响，只能通过行使股权的方式影响合资银行的经营活动。截至 2006 年 12 月底，共有 29 家境外机构入股 21 家中资银行，入股金额为 190 亿美元。在外资银行通过参股中资银行加紧争夺国内市场的过程中，还出现了外资参股港台地区银行作为扩展中国市场的跳板的新模式。此外，为了更快进入中国市场，外资银行还通过战略联盟、技术合作、业务外包等多种契约形式与中资银行建立合作关系，利用自身的品牌、先进技术、设备和服务与中国本土银行广泛的网络相结合，实现优势互补。

3. 第三阶段(2007 年以来)：分行改制为法人银行成为新趋势

根据 2006 年 12 月 11 日正式生效的《外资银行管理条例》及其《实施细

则》规定,外资银行将其中国境内的分行改制为法人银行后,才能经营全面的人民币业务,否则只能吸收中国境内公民每笔不少于100万元人民币的定期存款。从外资银行自身来看,申请独立法人资格,不仅可以全面拓展在华人民币业务,也有利于银行本身的风险控制,避免风险出现时所带来的连带效应。外资银行由分行向具有独立法人资格的法人银行转变,也有助于中国银监会避免跨国监管。2007年3月29日,汇丰银行(中国)有限公司、渣打银行(中国)有限公司、东亚银行(中国)有限公司、花旗银行(中国)有限公司领到了上海市工商局颁发的"企业法人营业执照",成为首批正式取得中国企业法人地位的外资银行。2007—2008年,外资银行纷纷将其在中国的分行转制为法人银行。其中,2007年中国银监会批准了21家外资银行将其中国境内分行改制为外资法人银行。根据中国银监会2009年6月1日公布的《2008年年报》,截至2008年底,共有12个国家和地区的银行在华设立了30家法人银行,其中外商独资银行28家(下设分行157家)、中外合资银行2家(下设分行5家,附属机构1家),另外还有外商独资财务公司2家。当前,还有10家或更多外国银行正在申办进程中。

外资银行转制成为法人银行,是开展各项业务的前提条件。转制后外资银行驶入扩张快车道的一个重要表现就是扩张营业网点。2008年以来,外资银行在中国的网点扩张速度持续加强。例如,汇丰银行2007年在14个城市设立35个网点,2008年4月这一数字已经扩展到超过17个城市的60多个网点。在这轮网点扩张中,外资银行积极向长沙、乌鲁木齐等内地城市拓展,而在沿海地区则加快业务扩展,尤其是争夺私人银行服务、理财增值服务等高端市场。

### (三)"入世"后外资银行在华业务发展及经营绩效

1. 外资银行机构数量扩张状况

截至2009年底,共有13个国家和地区的银行在华设立了33家外商独资银行、2家合资银行、2家外商独资财务公司;有24个国家和地区的银行在华设立了71家分行,有46个国家和地区的194家银行在华设立了229家代表处[①]。从机构数量上来看,与2001年底相比,8年间外资银行营业性机构增加了148家,增长了77.9%。可见,"入世"以来外资银行在我国的机构数

① 中国银监会2009年年报。

量扩张较快，但与“入世”前相比，1993 年底至 2001 年底 8 年间，外资银行营业性机构增加了 114 家，增长了 150%，远远高于“入世”后的 2001 年底至 2009 年底的 77.9%。可见，“入世”后外资银行从机构数量扩张速度上不仅没有加速增长，反而有所下降；尤其是银行业全面开放以后，外资银行机构增速急剧下降。2001 年底至 2006 年底加入 WTO 的 5 年过渡期内，外资银行营业性机构从 190 家增加到 312 家，年均增长率为 24.4%，而在对外资银行全面开放后的 2007 年至 2009 年，外资银行营业性机构从 312 家增加到 338 家，年均增长率为 8.67%。总的来看，外资银行机构数量扩张尚未出现所预料的那么快速①。

2. 业务规模及市场占有率情况

“入世”前外资银行在我国受到诸如业务范围、机构形式、经营区域等方面的限制，发展速度较为缓慢，各项业务在整个中国银行业中占比微不足道。“入世”后，尽管对外资银行的各种限制逐渐放开，但从目前来看其在中国市场上的地位基本未变。

(1)资产规模

从资产规模上看，我国银行业资产规模从 2001 年底的 208796 亿元增加到 2009 年底的 78800 亿元，增长了 277%，而同期外资银行的资产规模只增长了 261%，虽然略高于国有商业银行 254% 的水平，但达不到银行业的平均水平(见表 6－1)。

**表 6－1 “入世”后中国银行业及外资银行资产规模扩张状况**

| 年份 | 银行业总体 | | 国有商业银行 | | 外资银行 | |
|---|---|---|---|---|---|---|
| | 规模(亿元) | 增长率(%) | 规模(亿元) | 增长率(%) | 规模(亿元) | 增长率(%) |
| 2001 | 208796 | | 113249 | | 3740.90 | |
| 2009 | 788000 | 277 | 401000 | 254 | 13492.29 | 261 |

资料来源：2001 年数据来自《中国金融年鉴》，2009 年数据来自中国银监会 2009 年年报。

(2)市场占有率

表 6－2 显示，“入世”以来外资银行的存款市场份额、贷款市场份额的

① 李润兰，王霞．“入世”后外资银行在华发展状况及应对策略[J]．兰州大学学报(社会科学版)，2010(6)．

变化起伏不定，虽然2009年底与2001年底相比均有所增加，但增幅不大，占整个中国银行业市场份额的比重更是微不足道。截至2009年底，外资银行存款份额仅占1.13%，贷款份额仅占1.69%，而资产份额不仅起起落落，没有呈现稳定增长的趋势，而且还从"入世"时的占比1.79%下降到2009年底的1.71%，尤其在2008年、2009年，连续两年出现下降。可见，"入世"以来，外资银行无论是资产规模扩张，还是市场份额的占有，情况都并不乐观，短期内这种局面也难以改变。根据普华永道2010年5月5日发布的第五次"外资银行在中国"调查结果，接受调查的42家银行中有半数预计，外资银行的市场份额在2010年将保持不变，而在2009年以前的调查中，绝大多数受访银行都预计外资银行的市场份额将持续上升。

**表6-2　在华外资银行业市场占有率(2001—2009年)**　(%)

| 年份 | 资产占比 | 存款占比 | 贷款占比 |
|---|---|---|---|
| 2001 | 1.79 | 0.45 | 1.21 |
| 2002 | 1.43 | 0.41 | 0.96 |
| 2003 | 1.50 | 0.45 | 0.86 |
| 2004 | 1.84 | 0.52 | 1.33 |
| 2005 | 1.91 | 0.64 | 1.55 |
| 2006 | 2.11 | 0.75 | 1.80 |
| 2007 | 2.38 | 1.00 | 2.42 |
| 2008 | 2.16 | 1.00 | 2.50 |
| 2009 | 1.71 | 1.13 | 1.69 |

资料来源：2001—2002年数据来自《中国金融年鉴》，2003—2009年数据来自中国银监会2008年和2009年年报。

(3)业务领域状况

过去，外资银行一直标榜自己的业务领域定位于"高端客户"，如跨国公司等。近年来，外资银行的客户基础已经大大拓宽，除了原有的高端客户外，也非常重视包括国有企业、大型民营企业以及中小企业在内的国内企业客户，尤其是中小企业投融资领域，更是成为外资银行的业务拓展对象。早在2003年，渣打银行就开始在中国深耕中小企业市场，重点推广"小企业综合理财业务"计划。2006年5月，渣打更是从海外引入无抵押小额贷款，在上海、北京、深圳三个城市试点，成为首家在内地实施完全凭企业法人信用担保即可放款的外资银行。2008 年,渣打将无抵押小额贷款这一特色产品推广到全国;2004 年,花旗银行也发起了中小企业方案,筹建商业银行部;2008 年,汇丰全面启动了中小企业业务。

在零售业务方面,外资银行的拓展步伐也已明显加快。据悉,从花旗 2007 年成功转制为本地法人银行开始,零售业务已成为一条重要的业务线。截至 2008 年底,花旗中国在内地共有 26 个零售银行网点。2009 年花旗中国继续拓展零售网点,不断推出创新产品,并加强内部培训,以便更好地为零售客户服务。而且,在人民币业务方面,外资法人银行不仅不言"高端",也不同意给外资银行贴上"高端"的标签,更有外资银行表示,1 元钱也可以开户,无须交纳账户管理费或年费,率先向普通市民敞开大门。

此外,2007 年以来,在业务的地域范围方面,外资银行开始"下乡",开拓农村市场。2007 年 12 月,国内首家外资村镇银行——曾都汇丰村镇银行在湖北随州挂牌开业,正式拉开外资银行进军中国农村金融市场的大幕。2008 年以来,汇丰、渣打已经设立了多家村镇银行,花旗在湖北公安县和赤壁县、大连瓦房店的三家贷款公司也先后开业。预计今后会有更多外资银行参与开发中国农村市场的行列中来,拓展进度会明显加快。

(4)盈利状况

一般认为,外资银行比中资银行具有更高的效率,从而也具有更高的盈利能力。而从"入世"后在华外资银行的盈利能力状况来看,其发展状况也并不乐观。在加入 WTO 过渡期的 2003 年到 2006 年间,外资银行与其他各类银行相比,从资产利润率来看,除 2003 年和 2004 年以外,外资银行都是最低的;从资本利润率来看,除 2003 年以外,外资银行都是最低的。

由于 2007 年以前我国对境内居民"人民币业务"这块银行业市场上最大的"蛋糕"仍然对外资银行完全限制,外资银行的盈利水平可能会因此难以提高,我们并不能因此对"入世"以来外资银行的盈利能力得出结论,我们尚需对银行业全面对外开放以后的情况进行分析。表 6-3 显示了 2007—2009 年三年间中国银行业整体与外资银行各自的盈利状况,可以看出,这段时间外资银行的盈利状况并没有改善,资产利润率、资本利润率与银行业平均水平相比依然是最低的,且与银行业平均水平相差很大。因此,外资银行在我国通过开设分支机构扩展业务所导致的盈利状况相对很差。

表 6-3　银行业盈利状况(2007—2009 年)

| 银行类别 | 资产利润率(%) | | | 资本利润率(%) | | |
|---|---|---|---|---|---|---|
| | 2007 年 | 2008 年 | 2009 年 | 2007 年 | 2008 年 | 2009 年 |
| 国内银行 | 0.84 | 1.00 | 0.90 | N/A | 17.10 | 16.20 |
| 外资银行 | 0.49 | 0.89 | 0.48 | 5.64 | 9.85 | 4.49 |

资料来源:2007 年数据根据《中国金融年鉴》计算而得,2008 年和 2009 年数据根据中国银监会年报(2008—2009)及《中国金融年鉴》整理计算而得。

(5)与中资银行人才方面的竞争

“入世”之初,外资银行对金融人才的争夺被认为是中资银行面临的巨大挑战。曾经一度,中资银行被外资行挖人挖到心慌。时至今日,情况已发生了逆转。早在 2008 年普华永道发布的“外资银行在中国”调查中,发掘和留住优秀人才就被列为外资银行面临的首要挑战。一些外资银行高管受制于外资较小的业务范围而无法施展自己的才能,纷纷跳往中资银行,最近的如 2010 年 4 月德意志银行环球银行业务亚太总裁兼中国区董事长张红力加入中国工商银行出任副行长等。而外资银行中层人员的回流更是比比皆是。随着中资行薪水的提高和业务竞争能力的提高,外资原有的对人才的吸引力在消逝。

综上所述,从资产规模、存贷款市场份额、盈利状况、对优秀人才的吸引力等方面来看,“入世”后外资银行的进入对我国银行业的冲击很小,外资银行机构数量扩张也不如所预料的那么快速。很多学者在“入世”后前期所担心的中资银行市场份额下降、竞争压力增大、盈利水平下降等现象并没有出现,甚至有些人提出在华外资银行面临边缘化风险。究其原因,首先,在于中资银行进行了不良资产剥离、股份制改造、公司治理结构完善和内部经营机制改革;其次,“入世”以来,我国以国有商业银行和股份制商业银行为代表的市场主体在竞争压力下有了快速发展;第三,在现阶段的中国,商业银行最主要的收入来源依然是存贷款利差收益,由于较低的利差以及大型中资银行拥有充足的贷款资源,再加上外资银行自身资金实力等方面的制约,外资银行在贷款业务尤其是大型项目贷款方面明显缺乏竞争力,几乎无法进入国内信贷市场,所以其吸收中长期存款的意愿也就不太强烈;第四,随着中资银行经营水平和业绩的提升,外资银行在创新方面的能力和优势却因为各种限制反而无法完全施展,中资银行在新业务方面跟进和模仿的速度又很快，再加上外资银行的分支网络和客户基础在短期内不可能广泛建立起来，从而极大地限制了其业务规模扩张的速度。

## 二、银行业对外开放的国际经验教训与金融安全

金融全球化是一个长期的动态过程，我们有必要对中国银行业开放的成本和收益有一个长期的、动态的把握。对银行业开放的国际经验教训进行一个历史的考察有助于我们用发展的眼光看待我国银行业的开放，这样，我们才能认识到面临的巨大潜在危险，制定出正确的银行产业组织优化政策和有关的国家金融安全战略。

### （一）银行业开放的国际经验教训

从20世纪70年代开始，许多国家分别开放了本国的金融市场。不同国家在开放过程中遇到的问题不同，开放的特点也不同。

1. 发达国家之间的市场开放基本上是交互式的，而发达国家与发展中国家的市场开放实际上是发达国家单方面进入。发达国家的金融机构在开放市场前都已具备了相当的实力，主要国家一般都有几家具有国际竞争力的大银行，市场开放的结果总体上是互相渗透：本国银行能保持对本国市场的主导权，在让出了部分本国市场的同时，也获得了部分的外国市场。与此相反，发展中国家银行实力弱小，又缺乏国际经营的经验，在市场开放后，基本上是防守，无力到发达国家开拓业务，迄今没有一家发展中国家的银行成为跨国银行。发展中国家的银行不仅无力拓展国际业务，且在本国也渐处于劣势。因此，开放金融市场总体上对发达国家有利。表6－4是一些国家最大的5家外资银行的情况，从中可见无论是发达国家还是发展中国家，外资银行均为欧美日等国一些著名的跨国银行所控制。如美国的花旗、英国的汇丰、德国的德意志、法国的巴黎国民银行、瑞士的瑞银华宝、荷兰的荷银AMRO等。

表6－4　各国最大5家外资银行

| 国家 | 银行 | 银行资产 | 国家 | 银行 | 银行资产 |
|---|---|---|---|---|---|
| 美国 | ABN Amro | 121.6 | | HSBC | 18.3 |
| (US $ bn) | Deutsche Bank | 90.7 | | Citibank | 16 |
| | HSBC | 78.2 | 智利 | Banco Santiago | 7377 |

续表

| 国家 | 银行 | 银行资产 | 国家 | 银行 | 银行资产 |
| --- | --- | --- | --- | --- | --- |
| | Bank of Tokyo – Mitsubishi | 64 | （$ m） | Banco Santander Chile | 5444 |
| | Societe Generale | 56.4 | | BBV Banco BHIF | 2607 |
| 英国 | Robert Fleming | 11.85 | | Citibank | 1907 |
| （US $ bn） | Royal Bank of Canada | 10.05 | | Banco Sud Americano | 1677 |
| | Investec Bank | 8.86 | 墨西哥 | BBVA Bancomers, Bancomer | 384935 |
| | Bank of America Securities | 8.42 | （PSm） | BBVA Bancomers, BBV Probursa | 5722 |
| | Citibank | 8.25 | | Santander – Serfin, Banco Serfin | 125464 |
| 澳大利亚 | Citibank Australia | 15.1 | | Santander – Serfin, Banco Santander Mexicano | 99685 |
| （A $ bn） | Deutsche Bank Australia | 12.1 | | Citibank | 88471 |
| | Chase Manhattan | 8.1 | 印度尼西亚 | Citibank | 19.3 |
| | BNP – Paribas | 7.8 | （RPtr） | HSBC | 13.3 |
| | HSBC | 7.5 | | ABN Amro | 11.7 |
| 加拿大 | HSBC Bank Canada | 30.63 | | Standard Chartered Bank | 8.5 |
| （C $ bn） | Citibank Canada | 12.69 | | Deutsche Bank | 9.5 |
| | Deutsche Bank Canada | 10.09 | 泰国 | Citibank | 115.8 |
| | Bank of America Canada | 8.84 | （BTbn） | Bank of Tokyo – Mitisubishi | 98 |
| | Societe Generale | 5.68 | | Sakura Bank | 79.3 |
| 德国 | BFG Bank | 55.87 | | HSBC | 68.2 |
| （DMbn） | BFG Bank | 44.7 | | Sumitomo Bank | 61 |
| | UBS Warburg | 44.3 | | Bank Pekao | 59733.8 |
| | Maple Partners Bankhaus | 42.3 | （ZLm） | Bank handlowy | 19171.6 |
| | Citibank Privatkunden | 18.33 | | Bank Przemyslowo – handlowy | 15261 |
| 阿根廷 | Banco Rio de la Plata | 14.5 | | Bank Slaski W Katowicach | 14787.2 |
| （PSbn） | BBVA Banco France | 11.76 | | Bank rozwoju eksportu | 14553.8 |
| | Feelt Boston | 11.45 | 俄罗斯 | International Moscow Bank | 46771 |
| | Citibank | 10.66 | （RBm） | Citibank | 18794 |
| | HSBC Bank | 7.21 | | BNP Dresdner | 11631 |

续表

| 国家 | 银行 | 银行资产 | 国家 | 银行 | 银行资产 |
|---|---|---|---|---|---|
| | Banco Santander Centreal Hispano | 27.5 | | ING Eurasia Bank | 8574 |
| (Rbn) | ABN Amro – Banco Real | 26.8 | | ABN Amro | 8476 |
| | Bank Boston | 18.6 | | | |

数据来源于王益:《中国银行业竞争力分析(下)》,《管理现代化》2002 年第 6 期。

2. 外国银行在发达国家市场的竞争力往往弱于本地银行,而在发展中国家市场则相反。在发达国家市场,外国银行能提供的产品服务一般并不比本地银行强,成本则高于本地银行。而当地银行与客户有着天然的血缘、文化和经济关系。因此,外国银行要竞争很困难。而在发展中国家市场,由于发达国家银行拥有资金、技术、产品、管理和信用的优势,其对本地银行的竞争力是很强的。虽然本地银行与客户有着各种传统的联系,但由于实力弱、信用差,一些客户包括老客户还是自然跑到外国银行门下。Claessens 等(2001)利用 80 个国家的数据样本证明,在发达国家,外国银行的利益和盈利水平低于本地银行,但成本和损失高于本地银行;而在多数发展中国家,情况恰恰相反。表 6 – 5 是一个简单的比较。

**表 6 – 5　本国银行与外资银行经营绩效比较(1988—1995 年平均值)**　(%)

| | 归属 | 净利息收入/总资产 | 非利息收入/总资产 | 一般管理成本/总资产 | 呆账准备金/总资产 | 净利润/总资产 |
|---|---|---|---|---|---|---|
| 美国 | 本国 | 3.9 | 1.8 | 3.6 | 0.7 | 1.0 |
| | 外资 | 3.3 | 1.2 | 3.0 | 0.7 | 0.5 |
| 德国 | 本国 | 2.2 | 1.0 | 2.0 | 0.5 | 0.3 |
| | 外资 | 2.0 | 1.2 | 2.1 | 0.7 | 0.2 |
| 日本 | 本国 | 1.6 | 0.2 | 1.3 | 0.1 | 0.2 |
| | 外资 | 1.4 | 0.3 | 1.1 | 0.2 | 0.2 |
| 阿根廷 | 本国 | 5.8 | 5.2 | 7.5 | 1.5 | 1.7 |
| | 外资 | 9.9 | 8.1 | 12.6 | 2.4 | 2.5 |
| 巴西 | 本国 | 10.1 | 5.3 | 12.0 | 1.4 | 0.8 |
| | 外资 | 6.6 | 3.9 | 6.7 | 1.1 | 1.7 |
| 捷克 | 本国 | 3.2 | 1.2 | 1.7 | 2.6 | -0.3 |
| | 外资 | 3.7 | 1.7 | 2.2 | 1.2 | 1.1 |

续表

| | 归属 | 净利息收入/总资产 | 非利息收入/总资产 | 一般管理成本/总资产 | 呆账准备金/总资产 | 净利润/总资产 |
|---|---|---|---|---|---|---|
| 匈牙利 | 本国 | 4.8 | 2.3 | 3.7 | 2.6 | 0.0 |
| | 外资 | 4.3 | 3.4 | 3.5 | 2.1 | 1.5 |
| 韩国 | 本国 | 1.8 | 1.6 | 2.0 | 0.6 | 0.6 |
| | 外资 | 2.2 | 1.3 | 2.3 | 0.4 | 0.6 |
| 马来西亚 | 本国 | 2.7 | 0.8 | 1.9 | 0.4 | 0.7 |
| | 外资 | 2.6 | 0.9 | 1.3 | 0.3 | 1.2 |
| 墨西哥 | 本国 | 4.6 | 1.9 | 4.1 | 1.1 | 1.0 |
| | 外资 | 3.1 | 1.3 | 4.2 | 1.1 | -0.9 |
| 波兰 | 本国 | 5.8 | 2.3 | 3.2 | 1.4 | 1.7 |
| | 外资 | 6.7 | 3.2 | 4.0 | 1.2 | 2.9 |

数据来源：整理自 Claessens 等(2001)的论文。详见参考文献。

3. 发达国家银行进入发展中国家市场后不会与本地银行全面竞争，而是集中于好客户、大客户和高利润产品。西方学者的研究表明，外国银行进入发展中国家市场后，一方面会抓住当地的外国企业，另一方面也会积极发展本地的新客户。他们的对象是当地好的、大的客户。以批发业务为主，对小企业的贷款比例不高。阿根廷、智利、哥伦比亚和秘鲁的情况表明，外资银行将1/3的贷款投入到了制造业中，该比例及相应的信贷收益均高于本地银行，而在消费信贷活动中外资银行则没有类似优势①。

4. 发展中国家银行如开放速度过快，又不能积极对应，会很快失去对国内市场的主导权。这个特点在拉美和东欧国家非常显著。这两个地区的许多国家同时在20世纪90年代中期迅速放开对外资银行的控制，外资银行在1995年前后迅速以并购方式进入当地市场，且在1994—1999年的五年时间里初步取得了一些国家银行业的控制权。拉美国家1990年前后外国银行资产在东道国银行资产总额中的比例不超过10%，但到了2000年，阿根廷已达49%，智利为54%。东欧国家与此类似，捷克、波兰、匈牙利在2000年外资银行均已经占领了60%以上的市场。在另外一些国家，虽然外国银行还未超过当地银行，但发展速度非常快。例如，墨西哥1990年几乎没有外资银

① 王益．中国银行业竞争力分析(下)[J]．管理现代化，2002(6)．

行的介入,但2000年外资银行占领了24%的市场;哥伦比亚1990年是8%,2000年达26%;巴西1990年是6%,2000年达23%[①]。相比之下,东南亚国家对银行业的开放一直比较谨慎,从80年代中期开始的金融开放主要是以离岸金融中心的形式来实现,这样虽然导致在90年代上半期大量国际信贷涌入国内市场,但外资银行直接介入本地业务的速度相对较慢。直到1997年东亚金融危机之后,外资银行才逐步被容许介入本币业务之中,到2000年,外资银行在本地市场所占份额依然有限。另外,东南亚危机发生后东南亚各国也多依赖本国力量进行银行业重组,特别是在韩国。而许多拉美和东欧国家则借助外国金融机构注资的方式进行银行的重组。

5. 在开放过程中,如对本国银行过度保护,会影响金融市场的发展,失去开放的意义。日本是一个发达国家,但它非常担心美欧国家控制其金融市场,因此在开放金融市场方面非常保守。日本表面上同意开放市场,但实际上却设置很多障碍阻挡外国银行在日本扩展业务。其目的是达到了,金融市场紧紧控制在日本人手上。但由于缺乏国际竞争,日本的银行业透明度很低,不良资产比例很高,金融市场流动性差,效率低,缺乏应有的活力,长期处于低迷状况,与其第二大经济大国的地位极不相称。因此,日本银行的评级在发达国家中最低。例如,作为日本银行业巨子的东京三菱银行和富士银行其实际经营绩效处于国际三流水平[②]。

6. 外资银行的进入会对当地金融市场和金融机构的改革起明显的推动作用。

外资银行的进入,会迫使当地政府和金融机构进行改革,改善法律制度和公司治理结构,降低营业成本并提高服务质量,使金融市场和金融机构的竞争力都得到加强。Claessens等(2001)的研究表明,外资银行的进入将导致本国银行的利润率下降,但同时本地银行的经营效率会有所上升。表6-6给出了拉美国家20世纪90年代下半期银行业的动态绩效变化,其所呈现出的模式与Claessens等(2001)所作出的研究结果基本一致。基于此情况,一国政府如果能够及时有效地进行改革,当地金融机构完全有可能转劣为优,本国银行的竞争力逐步得到提高(如新加坡),或在暂时失去后又重

① 数据参见王益:《中国银行业竞争力分析(下)》,表十四"发展中国家外资银行的进入及经营状况",《管理现代化》2002年第6期。

② 王益.中国银行业竞争力分析(上)[J].管理现代化,2002(5).

新夺回金融市场的主导权(如澳大利亚)。澳大利亚在对外开放银行市场的最初几年里,本国银行不敌外国银行,市场份额降到50%以下。经过几年的改革努力,本地银行的市场份额得到恢复,重新掌握了金融市场的主导权,同时本国银行也开始到海外开展业务。

表6-6　拉美国家银行绩效的动态变化

| | 净利息收入/银行资产(%) | | 非利息收入/银行资产(%) | | 呆账率(%) | | 呆账准备金/呆账(%) | |
|---|---|---|---|---|---|---|---|---|
| | 1997年 | 2000年 | 1997年 | 2000年 | 1997年 | 2000年 | 1997年 | 2000年 |
| 阿根廷 | | | | | | | | |
| 外资银行 | 4.6 | 4.7 | 2.5 | 2.6 | 6.5 | 8.7 | 83 | 78 |
| 本国私有银行 | 5.2 | 4.9 | 2.5 | 2.5 | 5.3 | 3.5 | 76 | 77 |
| 本国国有银行 | 3.6 | 3.3 | 2.6 | 2.4 | 17.8 | 18.5 | 60 | 57 |
| 智利 | | | | | | | | |
| 外资银行 | 3.2 | 3.7 | 8.9 | 14.2 | 0.7 | 1.9 | 216 | 181 |
| 本国私有银行 | 3.3 | 3.7 | 3.2 | 4.3 | 0.8 | 2 | 156 | 192 |
| 本国国有银行 | 3.5 | 3.6 | 1.6 | 2.3 | 2.2 | 1.3 | 101 | 159 |
| 哥伦比亚 | | | | | | | | |
| 外资银行 | 6.7 | 4.8 | | 4.6 | 3.4 | 4.8 | 84 | 138 |
| 本国私有银行 | 6.9 | 5.9 | | 5.5 | 3.8 | 6.6 | 60 | 86 |
| 本国国有银行 | 6.9 | 2 | | 6.5 | 8.3 | 9.7 | 39 | 87 |

数据来源:整理自 Crystal 等(2001)的论文,详见参考文献。

### (二)银行业开放对金融安全的影响分析

1. 银行业开放与金融开放度。银行业开放对金融安全的影响主要是外资银行大量进入以后引起的金融竞争、制度冲击和政策干扰(下文将对它们分析)。就一般而言,银行业的开放度越大,金融的竞争会更激烈,对金融制度与政策的冲击也会增大,因而金融风险也就越大。可是,从东南亚国家和地区的情况看,银行业开放的程度与银行机构的脆弱性呈负相关关系。银行业开放程度越高,银行机构质量就越高,其脆弱性反而越小。例如,新加坡、香港特区的银行业开放度较高(外资银行占银行总数的比例分别为63%和83%),银行机构质量较高(高盛评分分别为3.5和4.0,低于平均分数4.47),银行脆弱性也较小(高盛评分分别为8和7,小于平均分数13.6)。相反,银行业开放度越低,银行机构质量也越差,银行脆弱性就越高。例如,印度尼西亚和泰国银行业开放度较低(外资银行占银行总数的比例分别为

17%和48%),银行机构质量较差(高盛评分分别为4.6和5.2,高于平均分数4.47),银行脆弱性也较大(高盛评分分别为15和22,高于平均分数13.6)①。其中的原因在于应当区分银行业开放过程中所处的阶段。在银行业开放的初始阶段,内资银行机构还未能适应开放所造成的竞争与冲击,或者说对这种来自外界的竞争与冲击还没来得及作出充分的准备,这时如果银行业的开放度过高,国内金融业的安全就会受到威胁。但到了开放的成熟期,由于经过了较长时期的优胜劣汰,生存下来的金融机构自然是质量较高、抗风险能力较好的机构。

银行业的开放度是衡量一国银行业对外开放程度的重要指标,可以用外资银行在华资产占银行体系总资产的比重来测量。以此来计算,近几年我国银行业开放度没有多大的提高。但从全球来看,我国银行业的这种开放速度属于较快之列。许多发达国家虽然加入了WTO,签署了服务贸易条款,但迄今为止仍未对外资银行开放本币业务,并对外资银行实行地域限制。我国银行业开放度低于大部分新兴经济体的比例,但与相当一部分发达国家相近(见表6-7)。

**表6-7 银行业开放度的国际比较** (%)

| 国家或地区 | 开放度 | 国家或地区 | 开放度 | 国家或地区 | 开放度 |
|---|---|---|---|---|---|
| 中国 | 1.71 | 哥伦比亚 | 5 | 巴西 | 10 |
| 泰国 | 2 | 印尼 | 16 | 马来西亚 | 6 |
| 墨西哥 | 2 | 新加坡 | 62 | 智利 | 25 |
| 委内瑞拉 | 2 | 中国台湾 | 9 | 阿根廷 | 10 |
| 俄罗斯 | 6 | 韩国 | 23 | 中国香港 | 69 |
| 美国 | 3 | 意大利 | 1 | 英国 | 19 |
| 澳大利亚 | 5 | 瑞士 | 1 | 德国 | 25 |
| 比利时 | 5 | 挪威 | 1 | 西班牙 | 31 |
| 加拿大 | 7 | 法国 | 8 | 新西兰 | 91 |

注:(1)某家银行50%以上的所有权属于外资,则该银行统计为外资银行。

(2)中国为2009年数据②,其他国家或地区均为1995年数据。

资料转引自米建国、李扬、黄金老:《中国银行业服务市场开放面临的挑战》,载《国务院发展研究中心调查研究报告》2001年第127号。

---

① 徐振东. 发展中国家银行业开放的经济金融效应分析[J]. 世界经济,2001(12).

② 李润兰,王霞. 入世后外资银行在华发展状况及应对策略[J]. 兰州大学学报(社会科学版),2010(6).

2. 银行业开放与金融竞争度。银行业开放影响金融安全的最主要方面是来自外资银行的竞争。外资银行相对于中资银行而言,先天具有体制优势(不受政府干预)、规模优势(资金实力雄厚)、经营优势(自主创新)、管理优势(良好治理结构)、人才优势(高薪、高素质),这已足以构成对中资银行的竞争威胁。然而,由于政策原因,外资银行在中国市场上还享受"超国民待遇"(见表6-8)。正是这种优势和超国民待遇,外资银行在中国"入世"的最初一年多时间显露出其强大的竞争力。很多学者曾认为,由于竞争的加剧,银行业原有的垄断利润在竞争中逐渐被新进入者瓜分,致使金融利润率降低,影响国内银行的信心以及金融体系的稳定性。但如第一节所述,最近几年的情况并非如此。

**表6-8　外资银行在中国市场上享受的"超国民待遇"**

| | 中资银行 | 外资银行 |
|---|---|---|
| 税收待遇 | 营业税率为5%;所得税税率为33%;城建税及教育税附加(所得税的10%) | 营业税在特区可以得到不同程度的减免;所得税税率为15%;免征城建税及教育税附加 |
| 收费政策 | 不能对小额存款收费,也不得收取贷款管理费、承诺费之类的费用 | 可以对小额存款收费,也可以收取贷款管理费、承诺费之类的费用 |
| 同业借款规定 | 除不超过4个月同业拆借外,不能同业借款 | 除不超过4个月同业拆借外,还可以向中资银行筹借为期1年以上的同业借款 |
| 会计政策 | 遵循中国金融企业会计制度 | 遵循各银行母国会计制度 |
| 外汇贷款结汇管理 | 外汇贷款不得结汇 | 外汇贷款可以结汇 |

资料来源:根据相关信息整理。

转引自王维安:《银行业开放与国家金融安全》,《财经研究》2003年第12期。

金融竞争一般用市场份额和行业集中度两个指标来反映。但本书的研究表明,随着外资银行的进入,我国银行业的竞争程度虽有所增强,但由于其市场份额还很小,四大国有银行寡头垄断竞争特征明显,所以总体上来说,外资银行的进入对我国银行业的竞争冲击不大。当然,仅就外汇市场而言,其竞争力不可小视。

外资银行进入带来的金融竞争程度加剧是否一定会影响到内资银行的安全?"狼来了"是这一问题的通常答案,但也有"鲶鱼效应"之说。那么,银行业开放导致的外资银行准入究竟是对国内银行起到一种"鲶鱼效应"还是落入"破窗理论"？问题的答案取决于国内银行的风险度。如果国内银行本身已积累了很高的风险，基础脆弱，那么面对强大的外资银行的竞争与挑战，自然是不堪一击；但如果国内银行自身稳健，遇到前来挑战的外资银行反而进一步激活。经过这些年卓有成效的股份制改革和公开上市，国内银行（主要是四大国有商业银行）的风险状况极大地改善了，我们现在的状况属于后者，前景乐观。但是，我们还需要进一步提高银行业的效率和国际竞争力。

3. 银行业开放与金融冲击度。从表面上看，银行业开放仅仅是银行服务的开放，但实际上是一种制度性的开放。国内计划金融制度面对西方市场金融制度的冲击，引起了国内制度性的急剧变革。在这当中，冲击最为集中的一是国内的金融分业经营、分业管理制度，二是利率管制和汇率管制制度，三是国有银行产权制度。这种由开放带来的制度冲击不同于过去国内的制度改革。国内金融体制改革我们是主动的，是可以摸着石头过河的，而开放带来的制度冲击我们是被动的，是没有石头可摸的。前者是诱致性的制度变迁，后者则是强制性的制度变迁。之前我们的改革进行了20多年，还远没有将计划金融制度转向市场金融制度，而开放带来的制度冲击却在短时期内彻底转变计划金融制度。如果说加入WTO我们承诺的仅仅是金融服务业的开放，但这种开放带来的制度冲击最终使金融开放向着更纵深的方向发展，而且还不论我们是否愿意。事实证明，最近7年来，国有商业银行的股改上市是在银行业开放的冲击下快速推进的结果。

# |第七章|

# 金融全球化、资产价格波动与银行体系脆弱

20世纪90年代以来,各种形式的金融危机在世界各国频繁发生。2008年10月,以美国次贷危机为根源的国际金融危机爆发,全面深刻地影响了世界各国的经济与金融安全。随着改革开放的不断深入,我国经济同世界经济尤其是与美国经济的关联度越来越高,国际金融危机对我国的经济金融安全产生了剧烈的冲击,表现在2008年底和2009年初,我国工业增加值、消费价格指数、生产资料价格指数等多个重要经济指标表现趋冷,经济增长面临下滑风险,进而导致我国的金融风险加大。对此,中央提出"保增长"战略目标,我国迅速调整宏观经济政策取向,实施积极的财政政策和宽松的货币政策,提出了两年4万亿元投资计划,出台扩大国内需求的十项措施,制定涉及钢铁、汽车、制造、纺织等十大产业的振兴计划。这些刺激政策措施有力地拉动了我国的经济增长,使得我国经济率先复苏,在2009年实现国内生产总值8.7%的快速增长。宽松的货币政策与大规模的政府投资在促进经济增长的同时,我国经济增长的低质量与弱可持续性问题逐渐暴露出来,相应的银行体系风险不断积聚。2010年,地方政府债务风险问题在全国两会上暴露并得到了广泛的重视,银行作为地方政府融资平台资金的主要来源,银行体系风险问题得到密切的关注。因此,本章以当前我国关注的热点问题,即我国银行体系脆弱性为研究对象,具有重要的现实意义。

## 一、金融全球化与发展中国家的金融安全

金融全球化的发展使世界各国相互依赖、相互融合,金融已不再仅仅是一个国家的一个产业性的、行业性的、专业性的局部问题,而是影响全世界各国经济与社会稳定发展的全球性战略问题。金融全球化对全球经济产生了重大的影响,其积极影响主要表现在由于使资金在全世界范围内迅速方

便调拨,为投融资和贸易提供了便利,极大地促进了国际投资和国际贸易的发展,为各国经济发展提供了有利条件。金融全球化也带来了众多的负面影响,最为突出的是在金融全球化的同时,金融危机也全球化了。在过去的20年里共有36个国家和地区爆发了41次金融危机,另外全球发生过108次金融体系的严重问题。

### (一)金融全球化的内涵及其表现

金融全球化是指世界各国和地区放松金融管制、开放金融业务、放开资本项目管制,使资本在全球各国、各地的金融市场自由流动,最终形成全球统一金融市场、统一货币体系、统一运行规则的趋势。金融全球化浪潮起源于20世纪80年代,主要是在麦金农与肖等人的金融深化理论的影响下,许多发展中国家开始着手打破"金融抑制",推进本国金融的自由化和国际化,以金融增长来促进本国经济的启动和发展。20世纪90年代以来,世界各国金融市场开放程度越来越高、金融管制越来越松、金融市场规模迅速扩大、资本流动速度大大加快、金融创新层出不穷、各国金融政策相互影响程度不断增大,因此越来越倾向于一体化。尽管各国对本国的金融开放路径安排和政策选择并不完全一致,理论界对全球化的利弊分析乃至争论也持续展开,但金融的全球化(尤其是区域内的一体化)仍是世界经济发展的大势所趋。金融全球化主要体现在以下几个方面:

1. 金融市场的一体化进程加快。目前,各个金融市场之间的界限日益模糊,相互联系越来越密切。金融全球化的发展,使全球各地金融市场相互贯通,金融市场一体化程度逐步加深。金融市场一体化首先体现在各地区之间金融市场的相互贯通。金融市场电子化、网络化,将全球主要国际金融中心融为一体,打破了不同地区市场时差的限制,使交易能够连续进行,24小时不间断交易成为现实。其次,体现在全球不同类市场之间的相互贯通。金融市场既包括了货币市场和资本市场,又有银行信贷、债权、股票、外汇市场等的区别。但在近20年,上述区分正逐渐淡化,出现了较明显的"金融证券化"趋势,即银行金融机构在经营其资产负债业务的同时,以其所拥有的资产为依托,向市场发行相应的债券或其他有价证券。金融证券化贯通了间接金融和直接金融,联结了各类金融市场,使储蓄存款机构、信贷银行、金融公司、投资银行、各类基金甚至保险公司等业务经营上的关系日益密切。从而使资金不但能在某一类市场上实现跨国界的流动,而且能在不同类市场之间迅速地转移。再次,金融市场一体化还体现在全球金融市场的相关性进一步提高,利率差距逐步缩小。由于全球金融市场高度融合,使得各个国际金融中心的主要资产价格和利率的差距缩小,各个市场的相关性提高,西方国家的长期利率相互关系加强,在主要西方国家的国内市场和欧洲货币市场之间的借款条件趋于接近。

2. 国际资本流动的速度急剧加快。20 世纪 80 年代以来的金融自由化浪潮,在信息技术飞速发展、新兴市场迅速崛起的过程中,为资本在全球范围内寻求最佳的投资收益创造了有利的条件,使资本的跨国流动达到了空前的规模和速度。进入 90 年代以来,美欧经济全面复苏,国际金融市场流动性充裕,尤其是美国经济长时间持续增长和低通胀并存,大量资本得到了高回报。市场竞争加剧和欧元按期启动的前景不断为金融业合并注入了最新动力,进一步加速了资本的跨国流动。信息和高科技产业的迅速发展,加快了金融创新的步伐,出现了多种形式的金融衍生产品,新兴市场的快速发展对资本的渴求以及投资者在高回报驱使下避险意识的不断淡化,为资本流动创造了所需的外部环境。国际资本流动以前所未有的数量、惊人的速度和日新月异的形式使全球资本急剧膨胀。

3. 国际投资总额中私人投资资本的比例提高,游资化倾向明显。国际投资总额中私人投资资本的比例提高,使得国际外汇市场的汇率波动频繁,国际投资中的外汇风险进一步加剧。20 世纪 90 年代以来,以各种基金、大银行、非银行金融机构和一些大企业为主体的私人资本逐渐取得了国际投资的主导地位。1993 年发展中国家吸收的私人资本比 1992 年增长了 55%,达到 1600 亿美元,1994 年为 1680 亿美元,1995 年为 1670 亿美元,占流入发展中国家投资总额的 72%。据国际货币基金组织测算,1996 年流入 31 个主要新兴市场国家的私人资本达到了创纪录的 2248 亿美元,官方机构提供的仅占 140 亿美元。伴随着私人资本的发展,国际投资的游资化倾向明显。根据国际货币基金组织的统计,目前活跃在全球金融市场的游资为 72000 亿美元以上,相当于全球国民生产总值的 20%,每天有 12000 亿美元以上的游资在全球金融市场上寻找机会。伴随着证券资本的流动,国际金融市场上大量游资通过外汇和股票市场流向处于经济开放的发展中国家。国际性的游资投机性强、流动性快、隐蔽性较强,在国际金融市场上兴风作浪,东南亚金融危机已经使全球感受到势力日趋强大的国际投机性资本的威胁。

4. 跨国银行业务出现了综合化、网络化、表外化的发展趋势。在金融创新的推动下,分业经营的管制失去了效力,各国金融管理当局不得不放松管制,使得跨国银行的经营业务扩展到非银行业务领域,跨国银行开始经营过去主要由投资银行、保险公司和其他金融机构经营的证券发行与承销、信托、咨询、保险等收费业务,并且还开始经营一些与普通银行无关的经营活动,如国际租赁、国际现金管理、国际投资管理等业务,甚至从事于出口信贷业务。金融创新、金融自由化,为跨国银行向"全能型银行"发展创造了条件,推动了跨国银行业务综合化的发展。金融全球化的发展为跨国银行全球化战略创造了条件,金融电子化则为跨国银行实施全球化经营策略奠定了基础。现代跨国银行以整个世界为市场,以全球战略作为行动战略。大多数跨国银行不但存在总行、地区分行,而且存在在岸银行、离岸银行以及各种专业银行和电子银行。跨国银行利用电脑、通读设备形成全球金融网络,在全球范围内调配资金。20 世纪 90 年代以来金融衍生产品的交易额呈逐年上升的发展趋势,金融衍生产品市场的发展为银行业的发展创立了空前繁荣的市场和业务领域。据国际货币基金组织的统计,1986 年西方商业银行的表外业务约为其资产总额的 1. 8 倍,到了 20 世纪 90 年代达到了 10 倍以上。表外业务的迅速发展,在为商业银行带来发展生机的同时,也加大了银行业的经营风险。

### (二)金融全球化对发展中国家金融安全的挑战

金融的全球化发展,极大地推进了发展中国家的金融深化进程,尤其是在近年实行对外开放政策、大量利用外国资本的新兴市场国家中,普遍出现了金融体系规模迅速扩大、金融资产多样化、金融市场全面规范化的良好态势,金融深化程度不断加强。然而,在亚洲金融危机之后,金融安全引起了人们的广泛关注。

金融安全是货币资金的融通安全,凡是与货币流通及信用直接相关的经济活动都属于金融安全的范畴①。具体来说,金融安全②是指一国能够抵御内外冲击保持金融制度和金融体系正常运行与发展,即使受到冲击也能

① 王元龙. 我国对外开放中的金融安全问题研究[J]. 国际金融研究,1998(5).

② 金融安全包括金融制度和体系的安全,金融财富的安全,金融机构的安全,金融发展的安全,对整体经济和军事、政治安全起决定作用的金融运行的安全等。

保持本国金融及经济不受重大损害、金融财富不大量流失、金融制度与金融体系基本保持正常运行与发展的状态。在金融全球化、金融自由化的国际金融环境中,各国金融体系特别是新兴市场国家和发展中国家金融体系的不稳定性明显加强,金融危机广泛和快速国际传导的特点使各国金融稳定的联动性日趋明显,金融安全成为国家安全的重要组成部分。金融全球化与金融自由化在通过来自外部的竞争推动一国金融的现代化和国际化的同时,也加大了全球金融体系的潜在风险,极易导致市场破坏力量的膨胀。巨额国际资本的流动和大规模的国际金融投机活动超出大多数国家的控制能力之外,尤其是金融体系开放程度较高但尚不够健全的新兴市场国家以及经济金融发展水平较低的发展中国家,对此更缺乏足够的抵御能力,汇率制度选择也面临着严重的困难①。

金融全球化使不健全的银行体系更加脆弱。最近几年开放金融市场、大量引入外国资本的发展中国家,其金融市场的发展程度普遍较低。金融体系不成熟,相关的法律体系不够完善,金融监管相对薄弱,使这些国家普遍面临金融自由化和金融现代化的压力。在中央银行不实行冲销性市场干预政策、放任外资流入该国银行体系的情况下,银行资产负债规模的快速扩张、银行对外负债增长显著和资产负债结构不合理,极易引起影响全局的系统性金融风险,甚至导致金融危机的爆发。

新兴金融市场遭受国外市场动荡波及的可能性上升。外国资本的流入和外国投资者对新兴市场的大量参与,潜在地加强了资本流入国与国外金融市场之间的联系,导致二者的相关性明显上升,主要表现为:(1)国内金融市场与主要工业国金融市场波动的相关性,即主要工业国金融市场对资本流入国金融市场的溢出效应显著上升。美国股票市场波动性对墨西哥股票

① 金融全球化带来的国际游资在不同货币之间的流动使国际外汇交易迅猛增长,目前平均日交易额已超过1.5万亿美元。巨额的外汇交易只有2%与贸易或直接投资有关,这就使得汇率的频繁波动变得日益与基本经济活动相脱离。要应付这些巨额外汇交易引起的汇率波动对经济产生的冲击和不利影响,从理论上讲只有实行浮动汇率制度才能适应。但是,汇率频繁波动且与实际经济相脱离的倾向又使得绝大多数发展中国家不得不采取措施来稳定汇率。在国际汇率制度没有相应安排的情况下,发展中国家只有采用变相固定的盯住汇率制,而这种汇率制度又常常成为国际投资资金的冲击对象,成为引发货币危机的重要原因。这就使得发展中国家面临一种两难选择,要么放弃盯住汇率,任凭国际汇率的波动影响本国经济和独立的货币政策;要么实行盯住汇率,遭受投机者冲击的风险。而这种两难及大多数发展中国家对浮动汇率制的否定正是国际金融体系在金融全球化冲击下变得不安全的一种反映。

市场波动性溢出的相关程度在1990—1994年高达32.4%。(2)新兴市场国家之间金融市场波动具有一定的同步性。由于新兴市场国家宏观经济环境具有一定的相似性,外资流入周期及结构基本相同,因此其金融市场表现具有很强的同步性。尤其是1997年亚洲金融危机爆发后,部分亚洲国家和地区间的股票市场相关系数显著增大,韩国和印尼、印尼和泰国、泰国和韩国等均有明显表现。在金融危机期间,国际投资者把这些国家的金融市场视为一个整体,同时从上述市场撤出资金,导致其同时崩盘。

金融全球化下的金融危机具有更大的破坏性。20世纪90年代的金融危机普遍导致了严重的经济衰退。墨西哥金融危机爆发后,实际国内生产总值增长率由1994年的4.4%下降到1995年的-6.2%。亚洲金融危机期间,韩国、泰国及其他东南亚国家实际经济增长都出现剧烈动荡,1998年,印尼的经济增长率为-13.7%,马来西亚的经济增长率为-6.7%,韩国的经济增长率为-5.8%,泰国的经济增长率为-9.4%。在亚洲金融危机的持续影响下,世界经济进入下降轨道。

综上所述,金融全球化对于参与国家来说,其成本和收益是非均衡的。金融全球化对不同国家的影响是不同的:发达国家和一些有条件的发展中国家在金融全球化中处于优势,获得了极大的利益;而大部分发展中国家在金融全球化中处于劣势,对它们来说金融全球化可能是弊大于利。在分析金融全球化的影响时,必须考虑这些现实情况。以美国为首的发达国家在金融全球化中占支配地位,控制了资金、生产要素等各种资源以及国际金融机构,控制了全球贸易和跨国投资;绝大多数的跨国公司为发达国家所控制,而80%以上的高技术又被跨国公司所垄断;金融全球化是在不合理、不公正的国际货币制度下发展起来的,因此也具有极大的不公正性。显然,对于金融全球化的潮流,决不可盲目顺应。从现阶段我国各方面的情况来看,我国还不可能对金融全球化产生导向性的影响,但也并非无所作为,要在参与金融全球化的过程中扬长避短、趋利避害,使我国尽可能付出较小的代价获得最大的收益。

## 二、资产价格波动与银行脆弱性:理论溯源及其启示

随着一个庞大的现代化、国际化的银行体系在全球建立,银行的运行模式和监管体制在逐步趋同中越来越成熟。但这一切不仅没有阻止银行危机

的频繁发生，而且表现出更加复杂的特征，尤其是越来越和各种资产价格的剧烈波动复杂地交织在一起，难以预测和控制。作为现代市场经济核心的银行体系为何如此脆弱，如何认识世界性的资产价格波动和银行脆弱性之间的错综关系，并用以指导银行监管的实践，越来越成为各国经济学家关注的重要课题。从目前的理论分析来看，银行脆弱性分为狭义和广义两种情况。狭义银行脆弱性仅限于银行本系统领域信贷资金的张缩所引发的银行不稳定问题，其根源在于信贷资金使用与偿还在时间上的分离；而广义银行脆弱性，是指除了银行本系统信贷融资的风险外，还泛指一切金融市场领域的风险积聚，如股票市场、金融衍生品、汇率等价格信号波动以及混业经营等制度性变迁导致的银行脆弱性。概括地说，狭义银行脆弱性强调的是银行自身基本业务的脆弱性；而广义银行脆弱性则强调银行所处的经营环境的脆弱性。

### （一）资产价格波动与狭义银行脆弱性的关系

目前我国大部分银行 70% 以上利润来源于信贷业务，信贷是银行的主营业务，因此，信用风险是银行面临的首要风险，而由此引发的单家银行或整个银行系统不稳定便是狭义银行脆弱性问题。为此，通过研究资产价格波动与银行信贷债权之间的传导理论来阐述资产价格波动与狭义银行脆弱性关系。

1. 费雪的“债务—通缩”过程及托宾的扩展

费雪（Fisher）在 1933 年发表“关于大萧条的债务—通缩理论”一文中，提出了财务困境加剧通货紧缩的货币理论。该理论从企业过度负债，银行中介会督促处于过度负债状态的企业清偿债务开始，重点论述了之后会引发的一连串反应：(1)偿还债务导致了债务人被迫变卖资产。(2)银行贷款大量偿付后，货币流通速度下降，导致存款紧缩；这种紧缩在被动变卖资产的推动下逐步加剧，最终导致，(3)价格水平普遍下降，通缩出现。费雪将价格下降、通货紧缩作为接下来一切恶性连锁反应的根源。当然，他没有将通缩作为外生给定的因素，而是企业迫于银行的压力卖出资产造成的。因此，费雪接下来论述了通缩反过来又进一步加剧企业过度负债状态的过程，从而使“债务—通缩”过程成为一个封闭的循环，即：企业负债↑→资产↓→银行存款↓→价格↓→通货紧缩↑→企业负债↑→银行危机↑。

但与费雪理论相悖的庇古“实际余额效应”理论则认为通货紧缩是“不

稳定因素”,是基于通缩提高了持有货币的实际价值,从而提高了总需求。对这两种截然相反的理论,托宾(1975,1980)作了重要的理论拓展。他认为,“如果可以肯定债权人和债务人的边际支出倾向是相同的,那么对总需求没有什么影响。但是如果债务人的边际支出倾向更高,即使高出不多,庇古效应也会被费雪效应所抵消”。托宾将支出与通缩联系起来,后来托宾进一步指出,通缩降低了资本存量和股权的价值,导致消费和投资缺少吸引力。沿着这个思路,明斯基对资产价格效应继续作了深入研究。

2. 明斯基—金德尔伯格的“内在脆弱性假说”

明斯基和金德尔伯格从不同的角度论述了金融体系脆弱性的内生性问题,提出了著名的金融内在脆弱性假说。按照明斯基的分析,经济体存在三种筹资方式,即避险筹资(Hedge Finance)、冒险筹资(Speculative Finance)和庞齐筹资(Ponzi Finance),风险属性依次提高。随着经济的持续繁荣,容易形成乐观情绪,导致后两种企业愈来愈多,出现盲目投资,经济逐步丧失正常秩序,一旦经济转向,价格下跌,会导致银行危机发生。后来,金德尔伯格(1996)采用明斯基的方法,进一步从企业借贷资金的周期性变动的角度,将银行危机爆发归因于市场非理性行为发作,提出了投资疯狂—恐慌—崩溃模型,以此解释银行危机的周期性,阐述了金融危机的历史,深入剖析了资产价格波动对债务—通缩过程的影响机制。

3. 伯南克的“金融加速因子”

费雪和明斯基都强调微观财务困境对一般价格水平、资产价格以及总需求等宏观变量的影响。这种作用如何直接影响到银行体系?凯恩斯(1931)认为:现代经济的基本特征是离不开银行中介的作用,资金是通过银行体系转向商品、股票、债券以及房地产等领域。因此,尽管银行普遍采用“安全边际”,即通过担保和净值抵押的合同条款来防范违约风险,但是资产价格的下降必然影响银行体系的稳定,甚至“会威胁到整个金融结构的基石”。伯南克(1983)在凯恩斯理论的基础上进一步阐述了信贷紧缩对总需求的影响。伯南克认为:当萧条来临时,普遍性的债务人违约和银行挤兑一起,使得信息不对称问题更加严重,提高了银行搜集信息和提供做市商服务的成本,从而影响了银行中介职能的效力,企业贷款资金的可获得性将受到严重冲击。例如1929—1930年史无前例的经济下滑,导致1930—1933年的银行问题,就是由于资金流量无法预计的大幅变化,破坏了授信流程,导致银行的信贷中介职能紧缩,信贷紧缩使总需求受到挤出，直接转向一个持续性的大萧条。财务困境损害了正常的信贷中介过程，信贷紧缩最终加剧了总需求下降，这就是所谓的“金融加速因子”。但是这种加速作用在繁荣时期和萧条时期的作用程度并不是对称的。正如 Bernanke，Gertler 和 Gilchrist（1999）指出，资产价格上升带来的商品和劳务价格膨胀相对较小，而相反，资产价格泡沫的破灭将对金融体系的稳定带来破坏性效果，会产生非常严重的通货紧缩。

### （二）资产价格波动与广义银行脆弱性的关系

在现代金融体系中，金融市场环境的变化对银行的经营产生着越来越重要的影响。而资本金融市场的特点又是极易形成泡沫，因此，广义银行脆弱性，就是要分析资产价格波动与银行所赖以存在的金融市场脆弱性的联动关系问题，要研究房地产、股票、债券、外汇、金融衍生品等资产价格自身波动的内在规律。一般来说，金融市场的脆弱性主要来自于金融泡沫的易发性、股票市场的过度波动性、汇率的波动性以及金融自由化等因素。

1. 金融泡沫与银行脆弱性①

按照标准的新古典经济学，假定参与者都是理性的，在既有的定价过程中，资产价格会反映一切可以产生的现金流预期，因此，不会偏离资产价值，也不会出现资产价格泡沫。但是 Tirole（1985）通过建立一个非随机的世代交迭模型，论述了在理性预期基础上价格偏离价值的可能：如果经济是动态有效的，即利率大于经济增长率，泡沫不会发生；当动态无效时，资本积累过多导致利率低于经济增长率，泡沫就会出现，并且会长期存在。Allen 和 Gorton（1993）也认为，在信息不对称条件下基金经理的期权性质的收益安排，会激发其风险偏好，其个体理性行为会导致市场泡沫产生，即“搅起泡沫”（Churning Bubbles）。

行为金融学从投资者非理性的角度研究了资产价格偏离基础价值这种异常现象。Shiller（1989）指出，现实生活是个不完全信息的市场，人们对未来预期充满不确定性，因此，市场并非有效，非理性的金融泡沫经常会发生。Delong 等人通过 DSSW 模型，即噪声交易理论，认为当市场上同时存在两种交易者——知情交易者和噪声交易者时，市场均衡价格由两者共同决定。由于噪声交易者的认识偏差、过度反应、羊群效应等因素，市场均衡价值会偏离资产基础价值形成资产泡沫。噪声交易者所占的比例越大，产生的非

① 孔庆龙．资产价格波动与银行脆弱性关系解析［J］．理论界，2010（7）．

理性泡沫就越大。无论是理性泡沫理论,还是非理性泡沫理论,或者是二者的结合,说明金融市场必然存在泡沫,而泡沫的大小直接或间接地影响着企业资产负债表中的资产、负债以及所有者权益的账面价值,进一步反映出银行的脆弱性。具体影响过程是:金融泡沫↑→信贷扩张↑→资产价格↑→泡沫↑→泡沫破灭→资产价格↓→银行不良资产↑→信心危机↑→通货紧缩↑→银行危机↑。

2. 股市的过度波动性与银行脆弱性

股市的过度波动性取决于证券市场的有效性。20 世纪 70 年代,Fama 等经济学家提出有效市场理论并不断加以完善,成为影响微观金融领域研究最为深远的理论。有效市场是指能够有效利用一切信息并在证券价格形成过程中准确反映相关信息的资本市场。根据有效程度将市场分为弱有效、半强有效、强有效三种类型,其中强有效即完全有效的市场现实中是不存在的。总体来讲,市场有效性不同,脆弱性的程度也不同。在弱有效市场上,信息的透明度较低,投资者往往只能根据历史走势去主观推测不确定未来价格;而资金实力雄厚的投资者则拥有较多的信息包括内幕信息,利用其信息优势恶意炒作、操纵市场;甚至有一些人可以制造虚假信息进行炒作;大多数信息弱势群体容易盲目从众、跟风炒作;最终泡沫开始生成并迅速膨胀,导致市场的脆弱性也不断增加。银行信贷与股票市场的资金连通存在较强的相关性,一旦股市泡沫膨胀,银行资金通过灰色渠道直接或间接进入股市,股市的过度波动性对银行脆弱性的影响主要表现为:股市波动↑→泡沫↑→股市资产价格↑→信贷扩张↑→泡沫↑→泡沫破灭→股市资产价格↓→实体经济资产价值萎缩↓→价格↓→通货紧缩↑→银行危机↑。

3. 汇率波动与银行脆弱性

无论何种汇率制度下,汇率都是影响金融脆弱性的重要推动因素。浮动汇率制下,经常发生汇率的过度波动和错位,尤其是促进了虚拟资本的跨国流动,削弱了货币当局的控制能力,加重了金融脆弱性。Dornbush(1976)在汇率超调模型中指出汇率过度波动的主要原因是面对初始的外部冲击时,资产价格和商品都会过度反应,但是资本市场的调整速度要快于商品市场,形成汇率超调的不稳定。事实上,即使在固定汇率下,也存在汇率过度波动问题。Chang 和 Velasco(2000)指出固定汇率制下,如果央行愿意充当最后贷款人,银行危机可以避免,但是必须以货币危机为代价。由于政府将汇率维持在不适应宏观经济形势的水平上,市场参与者信心会更脆弱,如果投机力量操纵市场,当局控制货币稳定的能力会越发薄弱。Eichengreen(1999)认为,在中间汇率制度下,银行预期到政府会维持汇率小幅波动,并且不会完全放弃货币政策自主性,即政府为国内银行体系提供了隐性的担保,因此,银行在借贷外债时会完全丧失对汇率风险对冲的动机,一旦汇率遭到攻击,银行危机就会爆发。

4. 金融自由化的影响

自20世纪70年代以来,金融自由化浪潮席卷全球,无论是发达国家还是发展中国家,越来越多的放松金融管制、实施金融自由化改革。CarlosDiaz - Alejandro(1985)在其著名的文章《告别了金融压制,迎来了金融危机》中指出:金融自由化将会导致更多的金融危机。Demirg - Kunt 和 Detragiache(1998)通过收集1980—1985年53个发达国家和发展中国家的大量数据,采用多元Logit模型估计金融危机发生的概率,以此识别其他因素不变时金融自由化对金融脆弱性的影响。其结论是:即使宏观经济政策方面的因素可以控制,金融自由化的虚拟变量与金融危机发生概率之间的正相关性也是显著的,即金融自由化将会积聚金融脆弱性。

## 三、金融危机与我国银行体系脆弱性

银行安全之所以在国家金融安全体系中占有重要地位,还在于银行内在地具有脆弱性。因此,我们有必要先对后金融危机时代我国银行体系的脆弱性进行考察,然后才能基于全球化下金融安全的视角,对我国银行业的产业组织优化战略提出政策建议。

### (一)金融危机与银行体系脆弱性研究的启示

关于银行体系脆弱性问题的研究最早可以追溯到马克思,针对1877年经济危机中银行大量倒闭的现象,他当时提出了“银行体系内在脆弱性假说”①。美国经济学家进一步发展了该假说,指出:一是证券交易的周期性崩

① 马克思认为银行体系加速了私人资本转化为社会资本的进程,但同时由于银行家剥夺了产业资本家和商业资本家的资本分配能力,自己也成为引起银行危机的最有效工具,加之其趋利性和虚拟资本运动的相对独立性为银行信用崩溃创造了条件。这是从信用制度的角度来分析银行脆弱性,其见解是十分深刻的。

溃在于市场对企业的估价依赖于并逐渐脱离企业的盈利能力;二是资本主义的经济发展最终导致社会资本所有者的缺位,结果其本身内在地存在周期性动荡力量,这些力量主要地集中在银行体系中。Irving Fisher 根据对1929—1933 年金融大危机的亲身体会,1933 年提出了"债务—通货紧缩理论",认为银行体系的脆弱性与宏观经济周期密切相关,尤其是与债务的清偿紧密相关,是由于过度负债引起债务—通货紧缩过程的金融事件引起的。按照 Fisher 的观点,银行体系脆弱性在很大程度上源于经济基础的恶化,这是从实体经济中的经济周期问题来解释银行体系脆弱性问题。认为经济基本面的变化是银行体系脆弱性的根源,这基本上代表了早期研究人员的观点。

但是,人们公认系统地提出金融体系(包括银行体系)不稳定假说的是美国经济学家 Hyman P. Minsky。他在 1963 年的论文《大危机会再次发生吗》中提出了"金融不稳定假说";1982 年他在《金融体系内在脆弱性假说》一书中最先对金融脆弱性问题作了比较系统的解释,形成了"金融脆弱性假说",并深入研究了银行体系脆弱性问题。Minsky 认为,银行内在脆弱性是银行业的本性,是由银行业高负债经营的行业特点所决定的。1991 年他再次撰文《金融不稳定假说:一种澄清》对该假说作了系统阐释。H. Minsky 主要从企业角度研究信贷市场的脆弱性,认为信贷市场上的脆弱性主要来自借款人的高负债经营。他把借款人分成三种:避险性借款人、投机性借款人、蓬茅借款人。当经济逐步繁荣时,在借款人中后两种人增加,第一种人比率下降,结果是债务相对于收入的比率越来越高,股票和不动产的价格持续上涨;然而在这种长波上升段之后必然迎来滑坡,借款人违约无力偿债和破产,进一步反馈影响金融体系造成金融机构的破产,金融危机接踵而至。H. Minsky 还解释了如此现象循环往复的两种可能的原因:一是代际遗忘,二是竞争压力。他认为,以商业银行为代表的私人信用创造机构和借款人的相关特性使金融体系具有天然的内在不稳定性。金融不稳定假说阐述了由资本主义不断发展而产生的一种金融风险生成机制,这为我们把握宏观金融风险的形成提供了一个理论依据。但是明斯基的解释缺乏微观基础,在很大程度上依赖于准心理学的判断来解释经济主体的非理性行为。

近年来随着信息经济学和博弈论以及行为金融学的兴起,越来越多的研究者强调了投资者所能获取的信息及其预期对于解释金融市场行为的意义,形成了金融机构的内在脆弱性理论。该假说认为金融机构是金融体系的核心,金融机构所面临的风险是金融体系所面临的主要风险。在金融交易中由于信息不对称和信息不完全,存在严重的逆向选择和道德风险问题。银行等中介机构在减轻信息不对称危害的同时自身也受到这一问题的困扰。主要存在两个环节的信息不对称:(1)信贷市场上的信息不对称与银行等金融机构资产质量的下降。(2)存款市场上的信息不对称与存款挤兑。Stiglitz 和 Weiss(1981)的研究表明,相对于贷款人,借款人对其贷款所投资的项目的风险拥有更多的信息,从而产生了信贷市场上的逆向选择和道德风险。Guttentag 和 Herring(1984)将信息不对称方面的理论扩展到可能采取的信贷配给做法上,指出信贷配给现象随着不确定水平和银行体系的脆弱性的提高而增加。Mishkin(1996)强调了导致逆向选择问题的放款人和借款人之间的信息不对称。正是因为存在着信息不对称所导致的信贷市场上的逆向选择和道德风险,以及因信息不对称所产生的存户"囚徒困境"引起的存款市场上的存款挤兑,因此金融机构具有内在的脆弱性[①]。

1997 年亚洲金融危机之后对银行脆弱性问题的研究出现了一轮新的高潮。胡祖六(1998)分析东亚银行体系脆弱性的根源时认为:银行体系脆弱性有着深层次的政策和体制原因而不仅仅是经营问题,政府对银行的担保和过度干预以及监管不力导致银行道德风险问题丛生,从而损害了银行部门的健康。邵英昕(1999)从宏观经济政策角度研究银行脆弱性问题,考察了稳健的银行体系是如何与宏观经济政策相互联系的。韩俊(2000)从微观和宏观层面对银行系统不稳定性的形成机制做了系统研究,指出我国银行系统的最大风险是如何从根本上化解不良债权产生的机制问题。张荔(2001)对过度金融自由化如何增加金融系统的既有脆弱性进行了分析,提出了若干解决措施。在国内对于银行系统脆弱性问题的量化研究比较少见。管七海等(2001)对商业银行的非系统风险的度量及其预警进行了实证研究,但这只是针对单个银行而不是整个银行体系。刘卫江(2002)利用多元 Logit 模型选择对 1985—2000 年的银行体系脆弱性进行实证研究,但由于数据和对银行脆弱性的测度比较粗糙,从而可能影响结论的可靠性[②]。黄金

① 伍志文. 中国银行体系脆弱性状况及其成因实证分析(1978—2000)[J]. 金融研究,2002(12).

② 伍志文. 中国银行体系脆弱性状况及其成因实证分析(1978—2000)[J]. 金融研究,2002(12).

老(2001)认为,金融脆弱性泛指一切融资领域的风险集聚,包括信贷融资和金融市场融资。银行体系的脆弱性来自借款人的高负债经营和银行不恰当的评估方法的合力,金融市场上的脆弱性主要来自资产价格的波动性及波动性的联动效应。陈华和伍志文(2004)认为,金融脆弱性是指金融制度结构出现非均衡导致风险积聚,金融体系丧失部分或全部功能的金融状态。郑鸣(2007)把金融脆弱性大体上分为金融机构脆弱性和金融市场脆弱性。金融机构脆弱性是指源于金融机构高负债经营的特点、资产负债方期限上的不匹配、资金供需双方信息的不对称以及委托—代理问题所产生的内在不稳定的周期性行为;金融市场脆弱性是指源于金融市场一切风险的积聚和积累。耿同劲(2007)认为金融脆弱性应该理解为由于金融业自身固有的不强壮、不稳健的特征,在抵御风险方面具有较大的不确定性,容易被损害、被侵蚀,因而所表现出来的不稳定状态①。

伍志文运用1978—2000年的数据对我国银行体系脆弱性状况进行了初步测度,结果发现中国银行体系在1978—2000年有11年是不稳定的,尤其是在1992年和1998年前后更为突出,银行体系存在较大的风险。其研究表明我国银行体系脆弱性受到外部宏观经济冲击和与银行管理等相关因素的影响较小,主要受制于制度等深层次因素的影响②。伍志文通过实证分析发现,我国银行不良资产比率与银行资本充足率呈正相关,这是与国外学者研究结果相悖的,认为这一悖论很大程度上与中国现有公有产权制度安排下内部人控制和道德风险的泛滥密切相关。通过股份化改革对现有银行不合理的产权制度安排进行重构从而提升银行体系稳健性和经营绩效,无疑对中国银行改革具有现实的借鉴意义。

### (二)"大而不能倒"问题与我国银行体系脆弱性分析

1. 银行体系脆弱性表现

(1)融资过度银行化。我国金融体系以间接融资为主导,企业融资渠道相对单一,严重依赖银行贷款,企业通过发行股票和债券方式融资比重过低(见表7-1),这种融资结构使得全社会的融资风险过度集中到银行体系。

---

① 胡兆军. 中国银行业脆弱性测度的实证研究——基于自下而上的方法[J]. 金融理论与实践,2010(11).

② 伍志文. 中国银行体系脆弱性状况及其成因实证分析(1978—2000)[J]. 金融研究,2002(12).

而就我国国有商业银行贷款方向来看，高度集中于国有企业，这使得商业银行的资产质量直接受制于国有企业的财务经营状况，因此国有企业经营风险大量转嫁给商业银行①。

表7-1 境内股票筹资与贷款增加额的比率 （亿元）

| 年份 | 境内股票筹资额(A) | 贷款增加额(B) | A/B |
|---|---|---|---|
| 2002 | 779.75 | 18979.2 | 4.11% |
| 2003 | 823.1 | 27702.3 | 2.97% |
| 2004 | 862.67 | 19201.6 | 4.49% |
| 2005 | 338.13 | 16492.6 | 2.05% |
| 2006 | 2463.7 | 30594.9 | 8.05% |
| 2007 | 8680.17 | 36343.7 | 23.88% |

数据来源：中国金融年鉴2008及中国统计数据应用支持系统：http://edu.acmr.cn.

(2)商业银行产权关系及治理结构缺陷。在所有权和经营权两权分离的现代银行制度下，对于代理人的约束机制和公司治理结构问题直接关系到银行的行为目标、经营效率和抵御风险能力。目前我国国有商业银行的产权制度设计还存在诸多方面的缺陷，主要表现为产权关系不明，主体缺位或虚置，难以对经营者产生有效约束，从而导致代理人的道德风险，银行经营层的利益目标与银行体系稳定目标冲突；政府作为国有商业银行所有人，过分强调国有商业银行的宏观调控职能；公司治理结构缺失，导致激励机制、内控机制不完善等。

(3)金融安全网不够完善。我国目前的隐性存款保险制度某种程度上加剧了银行体系的脆弱性。无论是剥离四大国有银行的不良资产，或是向它们注资，还是向被关闭金融机构提供再贷款，都可看作是政府提供了一种变相的“存款保险服务”。这种隐性存款保险制度的最大缺陷是强化了金融企业的道德风险。可见，隐性存款保险制度是造成我国银行业(尤其是四大国有银行)不良贷款增量居高不下的重要原因。更为严重的是，因道德风险问题形成的不良贷款存量又必须依靠隐性存款保险制度本身来解决，从而使政府实施这种制度的成本越来越高。此外，隐性存款保险制度没有明确的体系构成和法规保障，公众无法对政府的措施作出预期，容易诱发挤兑恐慌。

① 贾丹．我国银行体系脆弱性治理及银行危机防范策略[J]．经济论坛，2010(7).

(4)银行监管存在制度缺陷。有效的监管可以对银行体系稳定性作出科学的评估和判断,从而降低银行体系脆弱性,为银行体系稳定发展提供制度或政策上的支持。而我国银行监管目前在制度上依然存在漏洞。一方面,监管部门对于银行经营状况信息知情权的垄断,使商业银行失去了社会公众和市场的有效监督,弱化了商业银行建立内控机制的动力,为银行体系的不稳定埋下了隐患;另一方面,现有的监管制度颠倒了政府管制与市场约束之间的主次关系,以行政监管代替了市场约束,使得监管成本居高不下。这种高成本中不仅有来自行政监管正常运转所需要的庞大费用开支,而且有来自因信息传递的低速度而导致的效率损失。而高成本低效率的银行监管难以在治理银行体系脆弱性过程中发挥应有的作用。

2. 我国银行的“大而不能倒”问题及危机传染效应特殊性

银行危机传染性体现在两个层面上。一是由于银行间同业拆借和支付清算系统使其财务紧密联系,一家银行的支付困境或破产会产生交叉影响,从而导致整个银行体系资金链断裂,进而恶化为整个银行体系的崩溃。二是由于存款人和银行间信息不对称,当一家银行出现支付危机后,即使其他银行未出现不安全因素,但是所有存款人在决策选择时均处在“因徒困境”中,争相向银行提现,最终导致挤兑危机在银行间蔓延。我国银行危机传染效应除具备上述普遍性之外,我国金融体系的特点又决定其具有一定的特殊性。

(1)银行业市场集中度过高。国有银行在我国银行业资产结构中占有相当大的市场份额,这种市场集中度过高的局面,必然使得国有银行中的任何一家发生危机,都足以引发我国整个银行系统危机,甚至威胁到整个国民经济的稳健运行。从某种程度上说,2008 年引爆全球金融危机的“大而不能倒”问题,在我国甚至更加严重,加之这些大银行和金融机构都是国家信用做隐性担保,因而所谓的“系统性重要的金融机构”在危机发生时必然会得到国家的救助,甚至绑架国家政策。

(2)金融全球化加大我国银行监管难度。金融全球化的加深,使得国际银行往来日趋密切,引发银行危机的因素不再受国界限制,来自国际金融市场的风险可能会使得银行危机传染效应跨越国界。此次由美国次贷危机引发的金融危机,其传染的全球效应得到了充分体现。在内源风险和外源风险同时存在的前提下,我国金融监管效力受到严峻考验。加入 WTO 后,我国境内金融市场开放程度日益深化。伴随外国金融资本和金融机构更广泛地渗入,我国监管部门面临更加多元化、复杂化的监管客体,监管调控难度加大,单一的货币政策调控力度往往受到抑制。而就我国银行监管部门内在特征来说,依然存在着法律制度不健全,监管体制尚未理顺,监管理念、监管方式、技术手段落后等不利因素。对于国际金融市场风险,监管部门缺少有效的评价考核制度,对异常金融变动缺乏及时的预警和风险处理,对外资金融机构监管力度不够。

(3)我国银行危机隔离制度存在缺陷。依据国际经验,建立存款保险制度是抑制银行危机蔓延的有效方法之一。它是金融同业间的一种风险转移和补偿机制,能使由于信用链条断裂形成不良预期而引发的危机扩散得到有效的抑制。我国隐性存款保险的覆盖面非常广,不但四大国有银行享受政府对其存款的隐性担保,其他中小型金融机构也由地方财政提供信用支持。1995 年以来重要的金融机构市场退出案中,除广东信托投资公司以外,其他机构的债务清偿都是由国家承担的。现行的隐性存款保险制度不仅增加了政府财政负担,也使我国财政货币政策的独立性无法得到保证。无论银行的损失最终是由财政拨款、人民银行再贷款,还是用外汇储备注资等方式解决,政府在进行宏观调控时都不得不付出巨大代价。综上,以国家财政支持的隐性存款保险制度已经不能适应我国防范和化解金融风险的现实需要。隐性存款保险制度既不利于我国政府从制度上积极主动地防范和化解银行业潜在的风险,也不利于我国银行业在全面开放之后建立优胜劣汰的市场竞争机制和提高管理水平,效率低下的银行受到财政庇护,无疑加大了整个银行体系的风险,很可能酿成银行危机传染的“病源”。

# |第八章|

# 分业经营还是混业经营?
# ——金融危机引发的新思考

2008年金融危机过后,华尔街的投行委身于商业银行,这引起了对分业和混业监管的新讨论。投资银行的转型缓解了暂时流动性的不足,但防控金融危机的根本在于纠正为活跃金融交易而过度放大的杠杆率;否则,投行转变为银行控股公司并产生大量关联交易,会蕴藏更大的危害。与分业经营比起来,混业经营是在金融自由化的诱导下,投资银行和商业银行之间的防火墙被拆除,风险可以交叉传递,投资银行激进的文化向传统保守的商业银行渗透,加大了金融机构的道德风险。但混业经营是金融机构深陷危机的主要原因?还是监管出了问题?此外,中国虽处于分业监管的体制,但金融综合经营正在不断推进。一些金融机构初步搭建了金融控股集团的雏形,总体上业务结构和股权关系比较简单,同时银行和资本市场之间有严格限制,两者过度融合而放大系统性风险的可能性较小。但是随着中国金融业的不断发展,分业还是混业是一个我们必须回答的问题。

## 一、分业与混业经营:孰优孰劣?

发端于美国的金融危机是大萧条以来最为严重的金融危机,也是一次真正意义的全球金融危机,学术界对美国金融危机的根源进行了深刻的反思。美国过度宽松的货币政策、住房抵押贷款标准放松、金融产品过度证券化、金融机构风险管理不到位,以及信用评级机构的渎职都受到极大的批判,同时金融监管体系不健全也被认为是引发危机的主要原因之一(Baily等,2008;Goldstein,2008;Eichengreen,2008)。实际上,对于美国金融监管体系的批判是同美国金融市场体系、金融市场经营模式等制度性因素相互联系在一起的。美国的金融体系是资本市场主导型的(恩格尔曼等,2008)。该市场体系可能存在过度交易(Minsky,1992)、信息不对称(Spencer,2000)、高杠杆操作(Baily 等,2008)和资产泡沫(Allen 和 Gale,1997)等重大风险因素。MF(1998)认为,不同的金融体系需要有不同的监管机制相匹配,以管理各异的金融风险和系统性风险。美国财政部(2008)在反思本轮金融危机中也认为资本市场主导的金融体系需要新型的监管体系,以适应市场发展的新形势。

1990 年代以来,混业经营成为一种潮流,银行业和证券业的界限日益模糊。

**(一)混业经营的主要益处**

混业经营从理论上分析有两大优势:它可以带来范围经济和规模效应。相比之下,单一类型的金融中介,例如商业银行主要在一些特定类型的产品和服务上具有专业优势,却不能够提供全方位的服务。

钱德勒把范围经济定义为联合生产和经销经济。它是利用单一经营单位内的生产或销售过程来生产或销售多于一种产品而产生的经济。即当投入要素与技术水平不变时,同一厂商生产多种产品或提供服务的成本,小于厂商分别生产一种产品或提供服务的成本之和。从金融市场的交易成本角度来解释,就是在产出相同的条件下,同时经营商业银行、商业保险、证券和信托等不同金融机构的业务,其经营成本小于这些金融机构单独进行经营成本的总和。混业经营带来的范围经济,表现在降低成本、分散风险、合理避税、稳定金融市场等方面。以全能银行为例,范围经济可能表现在如下几个方面:(1)内部交易成本比单一金融机构通过市场交易的成本要低。利用管理层的统一指令和专用性资产,减少了不同部门之间的协调成本。(2)固定成本通过分摊而下降。最常见的有商业银行的营业网点可同时被用作基金证券业务和保险业务的代理销售点。(3)获得信息的成本大大降低,商业银行对储户和贷款人提供服务,监督客户的交易过程中可同时收集信息,建立起客户资信状况和还贷能力的记录,省去了其他金融中介例如信贷评估机构另外收集信息的成本,和交易过后的监督成本。(4)可规避非系统风险,即单一金融市场风险波动造成的个别风险。通过同时经营商业银行、商业保险和证券等不同业务,带来收入多元化和风险的分散,从而实现不同金融业务之间的风险对冲,同时各种业务之间可以达到优势互补。(5)可产生金融机构的声誉外滋,便于低成本并购扩张。成功的全能银行,如花旗集团、汇丰集团和德意志银行等,在通过并购向全能银行发展的历程中,都不同程度从原银行的良好声誉中获益。

混业经营的规模经济可定义为在投资规模或经营成本既定的情况下,业务量越大,其单位成本越低,从而效益越高。规模经济与范围经济没有直接的必然联系,但在多数成功的金融机构并购后所出现的协同效应则一定有范围经济和规模经济共存。

### (二)混业经营趋势中的风险

20世纪70年代美国经济学家、斯坦福大学教授罗纳德·麦金农(R. J. Mckinnon)和爱德华·肖(E. S. Shaw)系统地提出了金融压制与金融深化的理论后,金融深化的理论在世界各国得到不断发展,并成为20世纪80年代放松金融管制和金融自由化的理论动因,混业经营成为各国最终的追求模式。

在市场化改革的过程中,经济体制的效率和经济增长的效率主要通过金融效率的增进而得到体现,同时体制的非效率因素(如渐进转轨产生的成本、摩擦及政策推进、操作上的不成熟等)和经济增长的非效率因素(如经济增长波动过大、持续过热、结构不合理、增长方式比较粗放等)所产生的问题也在金融领域积淀,转化为现实的和潜在的金融风险。金融效率增进与金融风险积累相伴生的特征体现了体制转轨的特点。但金融风险的防范与化解只能依赖在发展中提高金融效率。因此,混业经营的效率优势决定了它是各国金融改革的终极目标。

追求混业经营的根本动因还在于整个银行产业的国际竞争力问题。政府和监管部门对分业经营的种种制度约束构成事实上的金融压制。金融压制的政策不仅影响金融系统的整体效率,而且也割裂了金融系统的各功能之间的内在联系,削弱产业的竞争力。在封闭经济体系中,分业经营丧失的仅仅是效率;而在经济全球化背景下,分业经营更严重的后果是银行产业的国际竞争力下降。以美国为例,1989年外资银行贷款占美国商业贷款的28.5%,而美国占其他国家的贷款比例仅为20.4%。1992年底,没有一家美国银行入围全球20强(以资产规模为衡量标准),美国最大的商业银行花旗银行在世界百家大银行排行榜上只居第23位。

但混业经营是一定历史文化背景和经济发展阶段的产物,混业经营所带来的效率优势的发挥有赖于相关制度环境的成熟和完善。在由分业经营向混业经营制度变迁的过程中,潜在的金融风险是巨大的。20世纪最后20

年间，全球以金融深化为主要内容的金融改革导致全球金融风险突出，共有93个国家爆发了112场金融危机，其中46个国家的51场危机直接导致银行系统的大规模破产。制度变迁带来金融风险的增加可以从两个方面得以论证。

一种是金融制度一旦形成，就会在运行中产生巨大的相关投入，而此后的任何金融制度变更都不可避免地面对巨大的沉淀成本问题。换言之，金融制度创新必须克服对业已形成的金融发展路径的依赖性。同时，制度转换过程中总是会或多或少地形成某种制度真空。如果大规模的制度创新导致大量制度约束真空地带的产生，且不能迅速地将其填补，则必然造成严重的金融混乱，由此形成巨大的转换性损失。事实上，实践中许多人对金融制度创新所持的谨慎、保守态度，正反映了对其成本与风险的担忧。

其次，混业经营具有内在的不稳定性。尽管导致20世纪30年代美国分业经营最有力的证据——“利益冲突论”[①]已被实证研究证明了它的脆弱性，但从逻辑推理的过程来看，这种风险客观存在。在以存款人和银行为参与人的博弈模型中，银行比一般的存款人更了解银行资金的运用状况和风险程度，拥有更多的“私人信息”。混业经营的条件下，银行具有更多的获得高收益的合法途径，银行不可避免地会从事高风险业务从而加大混业经营的道德风险。

因此，混业经营方式的改革不可能一蹴而就，从分业经营向混业经营的制度变迁必定有一段漫长的过渡时期。美国的商业银行从20世纪60年代就已经开始通过各种金融创新绕过法律障碍，从事着事实上的混业经营。美国走向混业经营的过渡时期一直持续到1999年国会通过《金融现代化法案》为止，经历了将近40年的时间。即使如此，法案仍然规定混业经营必须通过分别来自不同业务的子公司来实现，各子公司在法律和经营上是相对独立的公司。其意义就是以“内在防火墙”的方式达到降低潜在金融风险的目的。在顺应金融业发展的要求和世界趋势的影响下，我国银行业实际上

---

① “利益冲突”假说的逻辑分析如下：银行具有广泛的社会联系和企业的信息，一方面，银行可以对企业证券作出更为准确的评估，向客户提供更为可靠的信息；另一方面，银行可以利用其与企业的借贷关系，以提高融资成本或不再续订贷款合同要挟企业购买它所承销的证券的便利，以及将破产风险在交易中转嫁给外部投资者，使公众投资的最终利益遭受到极大的损害。

也从1999年开始了这一过渡时期[①],并随着金融改革的深化和WTO的加入而不断推进。外资银行的大量进入同时也必将导致这一过渡时期的缩短,潜在金融风险加大。因此,加大监管和提高银行产业的竞争力就成为确保银行顺利过渡到混业经营的环境因素。

### (三)危机后对混业经营风险的再认识

美国颁布了《格拉斯—斯蒂格尔法》之后,又相继出台了1934年证券交易法和投资公司法等一系列法案,这些法案不仅确定了美国以市场为主导的金融市场结构,还确立了金融分业经营的法律制度基础。但由于混业经营获得了更好的金融效率和金融发展(Diamond,1991;Merton 和 Bodie,1995),1990年代以来,英国、日本和美国等原本实行分业经营的国家纷纷修改法律,混业经营又成为全球金融行业的发展趋势。但这次金融危机加深了我们对混业经营的认识。混业经营管理难度大、成本高,金融风险更容易在各个业务之间传递,并且存在比较严重的道德风险。在监管方面,混业经营比分业经营的不确定性更多,因此混业经营有着自身内生性的弊端。更重要的是,美国从分业经营向混业经营模式的转变,是在经济全球化过程中金融创新、金融结构变动与金融监管博弈的结果。在新一轮的金融危机中,混业经营隐藏重点的风险,是次贷危机爆发的基础性因素(Hoenig,2008)[②]。

第一,混业经营的信息优势是不均衡分布的,可能恶化信息不对称问题。不管是银行主导体系还是资本市场主导体系,不管是分业经营还是混业经营,都需要解决信息不对称和委托代理问题,但是资本市场主导体系和混业经营模式对此要求更高,这样就造成了美国金融体系信息分布的严重不平衡,监管者和金融机构的信息不对称问题更加突出(Hoenig,2008)。

第二,范围经济效应可能成为委托代理问题滋生的土壤。在资本市场主导的混业经营模式下,委托代理是更为普遍的市场关系,尤其是金融创新、金融一体化和国际化以及金融投资者复杂化,还有金融投资的日益专业化,使得个人甚至是机构无法熟知金融投资的过程,必须采取委托代理的方式进行。委托人和代理人目标的不一致(利益冲突),将导致中介过程的不

---

① 1999年8月中国人民银行允许基金管理公司和证券公司进入银行间同业市场成为向混业经营过渡的标志。

② 郑联盛,何德旭.美国金融危机与金融监管框架的反思[J].经济社会体制比较,2009(3).

稳定,进而影响到金融体系的稳定(Puri,1995)。

第三,混业经营可能导致金融机构的期限和流动性错配。最近几年,许多美国抵押贷款都是在储蓄贷款体系外进行的。大量金融机构与银行一样借短贷长,但由于没有稳定的储蓄来源,这些金融机构通过发行商业票据或证券化在货币市场融资。在市场出现动荡之后,期限错配使得金融机构陷入流动性短缺,被迫低价卖出持有的长期资产,长期资产变现为短期流动性过程中产生了巨大损失和连锁反应。更严重的是,在混业模式下,银行体系外的机构出现危机迅速传递到商业银行。商业银行也扩大了表外业务,甚至直接参与证券化。在混业经营下,商业银行更加依赖资本市场获得流动性,而其资产流动性相对不足,更容易陷入流动性危机,尤其在以市定价的会计准则下,包括银行在内的各种金融机构对流动性更为敏感。IMF(2008a)指出,在危机期间,流动性传递机制将在各个金融市场之间放大并传播流动性冲击,进而产生系统性风险。

第四,混业经营外部性更为明显。混业经营具有外部性,在金融繁荣阶段,该外部性是正的,而在信贷紧缩和金融动荡阶段,该外部性是负的。在混业经营的链条中,各个金融机构在金融市场和支付体系中具有天生的内在联系,可能会产生系统性冲击。混业经营的外部性解决需要政策部门强有力的措施保证体系并具透明、效率和稳定性。在微观层面(比如清算、盯市)和宏观层面(监管)都需要有明确而有力的政策,如果政策措施缺乏,那么混业经营负的外部性将更具冲击力(Rochet,2008)。Puri(1995)对混业经营的全能银行与投资者的内部潜在利益冲突进行分析发现,混业经营可能引发委托代理中更严重的道德风险。Diamond(1991)和 Merton 与 Bodie(1995)在提倡混业经营的同时,也警示其信息透明的要求。Rochet(2008)和 IMF(2008a)在研究分业经营和混业经营中认为,混业经营可能给金融体系和经济增长带来更大的外部冲击和系统性风险,因为混业经营的风险系数被低估了(Coffe,1999)。

在我国银行体系改革进一步深化,表外业务飞速发展和美国次贷危机引发的后金融危机的大背景下,将商业银行混业战略的影响具体分解为多样化效应和非利息收入带来的效应两部分,通过总效应来分析混业战略与风险的关系。实证分析表明混业战略对于商业银行总的效应是风险增加;多样化效应带来的风险减少不足以抵挡银行非利息收入业务带来的风险增加,商业银行在发展混业战略的同时,应当关注风险控制,确保持续、稳定的发展[①]。

## 二、全球金融危机的启示:混业经营需要匹配的金融监管模式

在不同的金融体系和经营模式中,金融监管都是金融稳定和经济增长的重要制度保障(IMF,1998)。Borio(1994)在研究商业银行业务边界扩大时认为,需要加强对其扩大了的业务进行监管。Merton 和 Bodie(1993)、Merton(1995)和 IMF(2000)等对统一的功能监管制度框架进行了分析,并强调该体系可以适应混业经营的要求。但是,美国金融监管体系仍然维持在一种分业分散的低效监管状态中(GAO,2004)。美国金融监管体系与资本市场主导的金融体系、混业经营的金融经营模式等产生了一定的背离,为危机的爆发埋下了种子。因此,混业经营与否并不是金融机构深陷危机的最主要原因。从长期来看,实施混业经营更有利于发挥协同效应,抵御经济周期波动所造成的风险。在风险可控的基础上,混业经营还有很大的发展空间。这里我们首先对美国的金融监管架构的自身矛盾进行分析。

### (一)危机前美国金融监管体系的缺陷

次贷危机爆发以来,美国金融监管体系及其职能的发挥也受到众多的非议。有研究(IMF,2008b)认为,在美国新一轮金融危机的爆发和升级过程中,美国金融监管模式和金融经营模式在一定程度上的背离,加上监管当局的监管放松,美国金融监管当局对次贷危机的爆发是难辞其咎的。

美国正在改革中的金融机构监管框架是在 70 多年前建立的,可能已经无法适应市场主导的金融体系和混业经营的模式。美国对存款机构、证券业和期货业监管基础的绝大部分基本构架与 1930 年代构架相似。目前资本全球流动和市场一体化使得其他国家向美国输入大量资本,这些资金提供了大量流动性,同时带来了资本流动的不稳定性。信息技术革命催生了创新型、风险分散及通常较为复杂的金融产品以及新的交易策略。金融创新极其复杂的内在属性可能妨碍投资者和其他市场参与方无法对风险进行准确评估。这些变化使得美国监管体系相形见绌,给美国金融业及其监管框

① 王淼晶. 混业经营战略与商业银行风险的实证研究[J]. 贵州大学学报(自然科学版),2010(5).

架带来了巨大压力(美国财政部,2008)。

另外,当前的以业务功能划分的监管制度无法甄别系统风险。在本轮金融危机爆发和升级过程中,功能性监管暴露了其最明显的缺陷:没有一个单独的监管部门拥有监督系统性风险所需的全部信息和权利(美国财政部,2008)。任何一个监管部门都无法在整个金融体系中采取协调行动,这使得解决与金融市场稳定性有关的问题变得更加困难(Cecchetti,2008)。

此外,美国金融监管体系中存在比较严重的监管冲突与监管疏漏。目前,美国实行的是以美联储为中心的伞形监管模式,该体系对金融风险的预警、披露和防范并非有效(Cecchetti,2008)。金融监管的不充分、无效率和监管"死角",尤其是缺乏对MBS、CDO等结构化金融产品和相关机构的有效监管,使得金融创新和金融市场过度暴露于风险之中。

除了体制因素之外,还有一个重要的原因在于监管当局的监管放松。最近几年,抵押经纪人和贷款人在没有联邦监管的情况下发起了全部抵押贷款的大部分和超过50%的次级抵押贷款。这些抵押发起人受到的监管程度是不尽相同的,在某些情况下监管程度有限甚至没有监管。

在上面几个因素的相互影响下,美国金融监管体系的问题日益严重,其与资本市场主导的金融体系、混业经营的金融市场经营模式的不匹配逐步凸显,甚至发生比较严重的背离,最终金融监管体系的问题成为美国金融危机爆发和升级的重要推手。

### (二)美国金融监管体系的改革及其对我国的启示

由美国次贷危机引发的全球性金融危机已经对当今世界实体经济造成了巨大的冲击,且其最终影响仍然无法估量。2007年诺贝尔经济学奖得主之一的埃里克·马斯金教授曾表示:"美国次贷危机爆发的主要责任在政府的监管失误。"美国金融监管部门对于金融创新和金融市场证券化所产生的房地产泡沫存在的严重监管缺失,作为引致金融危机的深层次原因已成为多数专家学者的共识。那么美国到底实行的是什么样的监管体制,都有哪些特点呢?

#### 1. 次贷危机后美国金融体制改革新方案

次贷危机爆发后,2008年3月美国财政部公布了《现代金融监管架构改革蓝图》,在各界引起强烈反响,被视为"自20世纪30年代大危机以后规模最大的金融监管体系改革计划,该计划着眼于促进形成一个富有竞争力的、能够带动和支持美国经济持续创新的金融服务业,提出了短期和中期的金融监管体制改革建议,并提出了长期的概念化的最优监管框架”。改革方案分为短期、中期和长期建议三个部分。短期建议旨在能够立即实施以应对当下信贷和抵押市场的危机,并增强市场稳定和商业行为监管;中期建议着眼点在于立足目前的监管框架,消除监管体制中的重叠,使某些金融服务行业的监管体制更加现代化;而长期建议则提出了一个理想的、以监管目标为导向的金融监管模式。其中,短期和中期的建议都是过渡性安排,最终目的是实现长期理想监管模式。

2009 年 3 月 26 日,美国财政部长盖特纳提出了一项新的金融监管计划,要求加强政府对美国金融系统的监管,扩大监管范围和内容,以避免再次发生系统性的金融危机。这个计划将把联邦政府的监管扩大到对冲基金以及其他投资机构。盖特纳还提出建立风险监管机构来监督大型金融机构,并要求联邦政府授权该机构在金融机构陷入困境时对其实施接管。

美国政府的新方案内容简单说有以下几个要点:一是赋予美联储新的授权,扩大其监管范围;二是全面监管金融衍生品的交易,增强市场的透明度和有效性;三是将创立消费者金融保护署;四是赋予政府应对金融危机所必需的政策工具,换言之就是赋予政府对金融市场的直接监管权力;五是提高国际金融监管标准和改善国际协作。美国金融监管体制改革最突出的特点是谋求建立一个统一综合的、对系统风险能保持高度警惕的监管体系。消减合并各类机构意味着一个统一监管体系的建立,通过从联邦的视野对基础资产进行监管,实行从分散局部监管向统一综合监管的转变,从规则导向监管向目标导向监管转变,从根源上保证金融市场的健康与稳定运行,改变没有机构对系统风险有效负责的局面。

2. 对我国的启示

我国现行金融监管体制基本上是参照美国体制建立的,采取分业经营和多头监管模式,它对于我国分业经营时期保障金融市场安全、促进金融市场发展起到了积极作用。但美国次贷危机的爆发及其对世界经济的影响,促使我们反思美国金融监管缺陷。

次贷危机的爆发告诉我们,一是不能过于相信自由市场的自我调节作用,不能过于相信从事放贷的金融机构进行风险控制的动力和能力、认为监管往往或者总是会妨碍市场的发展和创新;二是要尽快建立完善的金融监管法制体系；三是要建立健全金融协调机制；四是金融监管体制的目标导向趋于统一监管。事实上美国并不是第一个提出统一监管构想的国家。早在1997年英国就宣布进行金融监管体制改革，将金融监管从英格兰银行分离出来，成立专门的金融服务局（Financial Services Authority），实行统一的金融监管。澳大利亚于1998年3月17日成立审慎监管当局，韩国也于1998年、日本于2000年分别对其金融监管体制进行改革，建立了统一的金融监管体制。虽然这些国家的改革后来也出现了一些问题，但不可否认统一监管是未来金融业发展的趋势，美国政府更是在次贷危机后将改革提上了日程，这也给我国一个信号，进行金融监管体制改革势在必行。

## 三、混业经营趋势下我国金融监管体制的改革趋向

自20世纪80年代以来，随着各国经济的蓬勃发展及金融国际化步伐的加快，金融自由化的浪潮兴起，许多国家纷纷放弃原先的金融分业管制政策，与此同时越来越多的金融机构热衷于多元化经营并采取兼并收购等手段向其他业务领域渗透。混业经营正逐渐成为各国金融业发展的基本模式。我国目前的金融体制是分业经营，但从长远来看，中国金融业最终将融入全球竞争之中，与世界各国集银行、保险、证券等金融业务于一身的金融巨头进行角逐，中国金融业实现从分业经营走向混业经营的体制变革是必然的，也是可能的。

### （一）混业经营趋势下我国金融监管存在的问题

国内有些金融机构已经开始或者尝试混业经营。与此同时我国还存在着以各种形式控股银行、证券、保险、信托、基金管理公司等金融企业的工商企业集团，如首钢集团（控股华夏银行），宝钢集团（控股联合证券和东方信托），海尔集团（控股青岛市商业银行和长江证券），泛海集团（控股民生银行和海通证券、民生证券），山东电力集团（入股华夏银行），新希望集团（控股民生银行和民生人寿保险）等。这些不同类型的金融机构之间的业务关联非常密切，已经构成了事实上的混业经营。我国金融业在混业经营的趋势下，实行的依然是相对严格的分业监管体制。这种体制是在特定的历史时期形成发展起来的，目的是保证金融业的稳定与安全，避免风险在银行、证券和保险业之间互相传递。但是随着我国金融混业发展步伐的加快，现行

的三会“各管一段”的分业监管模式，已经暴露出各监管机构之间的协调效率低下的问题[①]。主要表现在：

1. 监管重复和监管真空

我国的三家金融监管机构自成系统，条块分割，对于跨行业金融产品和金融机构的监管，不是相互争夺权力，就是相互推诿责任，极易导致监管重复和监管真空。这种体制安排不仅增加了监管成本，也严重影响了监管效果。而且不同监管机构的监管目标和监管重点不同，也会导致监管冲突。

2. 抑制金融创新

现行分业监管体制中，不同金融机构业务交叉时，一项新业务的推出需要经过多个部门长时间的协调才能完成。不同的监管机构为了减小监管压力，对原不属于本业的新产品采取抵制态度，抑制金融创新，从而阻碍了我国金融业混业经营的正常发展。

3. 无法对金融控股公司进行有效的监管

我国已经出现了大量的金融控股集团，政府对金融控股集团的发展一直采用一种默许的态度，但没有相应采取有效的办法对金融控股集团加以监管。2004 年“三会”共同签署《三大金融监管机构金融监管分工合作备忘录》，建立共同参加的监管联席会议机制和经常联系机制，并提出了针对金融控股公司的“主监管人”理念。但主监管人的模式并不能有效地综合评估和总体判断金融控股公司的整体风险，也缺乏综合评估的主观动力和客观手段。

### （二）我国金融监管改革的趋向

我国已加入 WTO，越来越多的外资金融机构将进入中国市场，它们大都是混业经营，各部门之间可以充分互通信息、人员和资金，而我国金融业在信息不对称的条件下，则很难做到有效的监管。从 1998 年以后，中国人民银行不再是整个金融业的主管部门，但货币政策的制定与执行、金融业稳定运行与保险业政策等有着密切联系，货币市场和资本市场有着密切联系。金融系统客观上需要一个部门来进行综合协调。基于以上原因，对现行金融机构进行调整已经势在必行。在借鉴国外经验的同时，结合我国金融监管

---

① 成学真，张德梅．混业经营趋势下我国建立金融业统一监管机构的构想——基于次贷危机后美国金融监管体制改革的启示[J]．武汉金融，2010(10)．

体制的现状和金融业的发展需要，在现行监管体制基础上建立一个统一的监管机构应该是可行的。

1. 统一的金融监管机构的创设

目前我国的银监会、证监会和保监会之间已经建立了监管信息沟通与协调机制，因此在此基础上共同成立一个统一的金融监管机构——“中国金融监管委员会”在技术上是可行的。就是说，将目前的银监会、证监会和保监会集中于“中国金融监管委员会”的统一领导之下，构成一个有层次、有分工的监管体系。在混业经营下，每个金融机构都可能从事多元化的业务，而根据这些业务的功能分别由不同的监管部门进行监管。建立金融监管委员会后“三会”权限明确，监管局易于协调各方关系。如果金融机构在某一方面出现问题，金融监管委员会对相关监管部门所要担负的责任能给出明确的界定，避免了分业监管时期权责不清、出现问题互相推诿的情况，从而有效解决我国当前金融监管中存在的垄断和低效率问题。

2. “中国金融监管委员会”的定位

关于定位隐含的问题是如何对待货币政策与金融监管的关系。近年来的研究表明，中央银行同时兼顾货币政策与金融监管的双重职能很容易使之陷入“囚徒困境”。如中央银行在紧缩货币政策时，可能会面临某大型金融机构的流动性危机所需的紧急贷款救助这种两难局面。因此，为了避免中央银行经常陷入这种尴尬的两难境地，以及保障货币政策的顺利执行，应该将中国金融监管委员会定位为独立于中国人民银行、直接受国务院领导的金融监管者。

3. 过渡期的问题

我国金融业目前正处于从分业经营到混业经营的过渡期，中国金融监管委员会应根据我国金融业的发展不断完善监管模式。建立金融监管委员会这种新的监管体制既能满足混业经营后金融业发展对监管体制的要求，也能适应过渡期对监管的要求，因此是一种较为理想的选择。运用过渡监管模式应明确金融监管组织结构体系的发展趋势，树立协调监管理念。顺应混业经营的发展趋势，实行跨行业、跨市场、跨产品的金融监管。同时加强由中国金融监管委员会牵头三大监管主体定期协调会晤的机制，建立金融监管机构之间的信息交流和共享机制，从而实现对业务交叉领域和从事混业经营的金融集团的联合监管。

4. 金融业同业协会等自律性组织的建设

从英国金融监管模式改革来看,金融监管更强调行业自律。任何一种完善的监管体系,都可能会有某些漏洞或不足,因此,只有外部监管是不够的,要把金融风险降低到最低线,行业自律尤为重要。为此,实行统一监管的同时应该切实加强金融业同业协会等自律性组织的建设,使金融监管目标与金融机构的内在激励机制更好地结合起来。

5. 金融监管立法的问题

国家应该在现有法律条文的基础上进一步加强金融法律建设,将金融监管责任纳入法律框架内,使监管机构和被监管机构都受到必要的法律制约,防止因监管模式改革引起权力过于集中导致腐败问题的出现,保证金融监管依法有序进行。要注意加强与国外金融监管当局金融立法方面的交流。

6. 国际合作的问题

深入地研究国际金融及监管的最新成果,结合我国的经济和金融实际情况,不断调整监管思路和监管方式,保证金融业健康运行。积极参与国际或地区性金融监管组织的活动,有效维护我国金融利益。建立与各国监管当局的定期磋商和交流制度,通报互设机构的经营情况和风险状况,杜绝对跨国金融机构的监管真空。

# |第九章|

# 全球金融危机对理论和政策的新挑战[①]
## ——对金融安全的宏观经济学思考

过去的100年发生了三次大经济危机,“大萧条”挑战当时的主流经济学,引发了“凯恩斯革命”和现代宏观经济学的诞生,也引发了对金融安全体系构建的思考,凯恩斯的“政府干预”思想反映在金融领域就是格拉斯—斯蒂格尔法案的通过和分业经营、分业监管模式的确立;20世纪70年代的“经济滞胀”引发了“回归古典”的浪潮,新自由主义宏观经济学主导了顶层政策设计,最终导致美国1999年《金融现代化法案》的通过和混业经营的流行以及金融监管的全面放松,成为21世纪金融危机发生的重要原因;而2008年全球金融危机中出现的新问题对金融安全、宏观经济学的理论与政策形成了新挑战,同样也必将引起金融监管和金融安全顶层政策设计的变革。

作者对当前金融学和宏观经济学理论与政策遇到的挑战进行了梳理,旨在提出问题,推动对金融安全与宏观经济理论和政策研究的深入。作者认为,深度全球化背景下国与国之间宏观经济政策协调之难和“国家道德风险”的制约需要在理论和政策层面加强相关研究,推动新的全球治理框架和经济政治秩序的重构;在宏观经济政策中,价格稳定目标应当包括资产价格的稳定;在金融市场高度发达的背景下,金融机构具有了强大的货币创造和衍生功能,央行不再是唯一的货币发行机构,因此要有效监控和调节货币供应量;对市场机制和政府干预各自的边界要有相对清晰的划分,这样才能在金融监管和鼓励金融创新二者之间找到平衡点;收入和财富分配问题应该纳入宏观经济理论和政策视野,减少因贫富悬殊造成金融政策扭曲从而引

① 本章结合作者2008年以来在美国哈佛大学和国际货币基金组织工作和访学期间的经历以及对多名美国著名经济学家、政策制定人士和企业家的访谈,对金融安全问题从宏观经济学的角度进行了更广泛的探讨。原文《全球金融危机对宏观经济理论和政策的新挑战》已发表在《经济研究参考》2012年第22期。

致金融危机的可能性。作者对一些问题的解决方案提出了自己的看法和方向性的意见。虽然是初步的,但好的问题会给研究指明方向。这些问题无疑都是未来宏观经济学需要解决的难点,可能需要很多金融学家、经济学家(也许几代人)长时间的努力才能部分或全部解决。那么,这次全球金融危机对宏观经济理论和政策提出了哪些新挑战?

## 一、深度全球化背景下国与国之间宏观经济政策如何协调?

与1929年那一次经济危机相比,这一次的危机发生时全球化已经发展到一个史无前例的深度。全球经济,无论是发达国家还是发展中国家,传统经济体还是新兴市场国家都被卷入了,因此,危机发生时需要国与国之间协调的经济政策才足以应对危机,将全球经济重新拉回增长的轨道。然而,这种协调是非常困难的,在当前全球经济的几个热点问题上都有所体现:

### (一)美国量化宽松货币政策的负外部溢出效应

2008年危机发生以来美国共实施了两轮量化宽松货币政策,对全球造成了巨大的冲击,特别是对新兴市场经济国家,产生了巨额热钱流入、输入型通胀和本币升值压力,存在巨大的负外部溢出效应。但美国对政策的解释是为了压低美国长期利率,将经济重新拉入增长的轨道,其背后的逻辑是美国作为全球最大的经济体和主要增长极之一,美国经济的复苏将会带动全球经济向好,全球经济会从美国的货币政策中收益。最近美债危机的爆发引发了全球金融市场的大幅震荡,大大增加了全球经济走向二次衰退的可能性,美国债务评级的下调使得相关债权国(特别是中国)对其资产价值的担忧,将对各国的经济政策和全球再平衡产生深远的影响,美国为提升就业和增长推出第三轮量化宽松货币政策可能性不是没有,尽管这对它的实体经济可能没有太大作用。这里面我们发现国家之间存在着巨大的经济利益冲突,全球经济的稳定增长需要国与国之间的宏观经济政策协调。

### (二)美元为主导的国际货币体系改革困难重重

当前以美元为主导的国际货币体系存在着内在的发生经济过热和泡沫、引发危机的可能性,“特里芬难题”一直难以克服。这个体系必须改革,思路主要有两个:超主权货币和国际货币多元化。超主权货币理论上很完美,克服了“特里芬难题”,但在现实中却不具备可行性,因为强势的国际货币背后必须有强大的信用主体做支撑(美元就是最好的例子),而放眼全球还没有哪个国际机构有这样的实力和影响力。IMF 的 SDR 有一些基础,但主要用于政府间结算和很小部分的外汇储备,IMF 的实力也远远不够,何况它还面临着其他机构(如 G20 等)的竞争。国际货币多元化需要很长时间才可能实现。欧元由于欧盟存在的内部冲突和缺乏强大的财政支撑,进一步扩大在国际货币体系中份额的可能性很小;英镑和日元由于综合国力和发行国在国际政治舞台上影响力不够,很难再有更大的作为;人民币将来必然会成为重要的国际货币,但影响力最多达到欧元的水平,而且其国际化还需要很长时间。因此,在相当长的一段时间内,可能比较现实的一个选择是在现有的以美元为主导的国际货币体系中嵌入一种制约美元发行和美国宏观经济政策的机制。

**(三)欧元体制的内在不协调**

欧洲主权债务危机爆发以来,危机不断,前景堪忧。爆发的原因有三个:一是人口老龄化导致这些年欧洲国家的社会保障支出负担越来越重,二是欧洲国家危机以来的应对措施将大量的私人债务转化成了公共债务,三是欧元体制内在的不协调。欧元区统一货币发行之后,各国政府维护货币币值稳定的责任大大减弱,多年来各国都在搭欧洲央行的"便车",放手运用财政政策刺激经济增长,使得财政赤字不断积累。

从上述几个困扰着全球经济体系的问题以及危机前后观察到的其他一些问题来看,全球宏观经济政策的协调似乎面临着一个如何制约"国家道德风险"的问题。

"道德风险"本是微观经济学领域的概念,主要指的是企业或个人为了个人的利益会采取一些机会主义行为,但国家何尝没有机会主义行为。这里把它称之为国家的"道德风险"。例如本次危机以来,美联储在 2008 年 12 月将利率降到接近于零之后,价格型的货币政策工具的使用到了极致,连续实施了两轮量化宽松(QE1 和 QE2)货币政策(运用数量型工具)对其他国家造成了巨大冲击,特别是对新兴市场国家造成了热钱流入、输入型通胀、货币升值等压力,但美国的出发点是刺激美国经济使其尽快回到增长轨道,认为美国作为全球最大的经济体和增长极,美国经济好起来就会带动全球经济好起来,全球都会从中受益。其中的逻辑似乎是"大而不能倒"。可以说双方都有理由,但问题是在全球化如此之深的今天,我们需要一个全球经济治理的理论、模型和机制来协调国与国之间的利益冲突和政策,实现全球经济稳定增长。

应对国与国之间宏观经济政策协调之难需要经济学理论的强有力支撑。然而,过去这些年宏观经济理论在国与国之间的政策协调方面的理论创新和研究的深度还远远不够,并没有相应的全球经济治理理论框架和模型来协调全球经济,从而也无法提出有效的政策来解决全球经济稳定和增长。在国际宏观经济学领域这些年最成熟的模型无疑是"蒙代尔—弗莱明"模型,但该模型研究的核心是单个国家(大国或小国)在开放经济条件下如何实现内部均衡与外部均衡的问题,虽然这是国与国之间经济协调的一个重要组成部分,对分析全球经济协调也有帮助,但要解决全球宏观经济协调问题还需要立足于全球经济稳定增长和政策协调的新理论。这个新的理论必须考虑到主权国家具有各自相对独立的财政和货币、几个主要的经济体和货币在全球具有举足轻重的影响力、不同国家之间的政治和外交利益存在博弈等现实的因素,因而理论分析框架可能必须打通宏观经济学和微观经济学、金融学与宏观经济学、经济学和其他社会科学之间的界限,才能构建一个"管用"的理论模型和政策协调机制。与传统的国际经济学相区别,作者把这样一个理论体系称做"全球宏观经济学",即立足于全球宏观经济稳定增长和协调发展的经济学。

## 二、价格稳定目标是否应当包括资产价格的稳定?

最近这二三十年,金融市场高速发展,资产价格"泡沫"此起彼伏,金融危机的发生总是和资产泡沫联系在一起。但各国央行(包括美联储)主要关注物价的稳定而对资产泡沫缺乏警惕。这某种程度上反映了宏观经济学理论创新的滞后。在宏观经济学方面,伯南克指出,金融和宏观稳定之间的关系是经济学家没有完成的重要任务①。很长时间以来,宏观经济学教科书中宏观经济政策的四大目标之一的物价稳定,并未涵盖资产价格的稳定。但毫无疑问,随着金融市场最近30年的高速膨胀、资产证券化和各种金融创新工具的涌现,商品市场也渐渐具有了金融市场的特征,我们必须将资产价格的稳定纳入宏观经济的视野。

---

① 金融危机对经济学的影响,《国际经济评论》2010年第6期。

## 中国银行业的结构缺陷与国家金融安全
### ——全球金融动荡时代的改革战略

回顾最近这些年,全球经济增长迅速,与此同时,物价水平增长相对较低,但如果我们换一个角度思考,也许正是因为金融市场的高速发展、资产证券化和各种创新金融工具的涌现,吸收了全球过剩的流动性,资产价格在不断上涨,一个泡沫接着一个泡沫,但通胀水平却相对平稳。当然中国大量出口价廉物美的产品也是一个重要原因,但相对于全球大量的货币发行和流动性过剩,资产价格变化方面的因素更加重要。从这个角度上讲,宏观经济学的价格稳定目标必须将物价的稳定和资产价格的稳定都考虑在内,才是全面的、科学的,制定的政策才能正确、有效。

进一步深入研究,有这样一些问题需要考虑:

首先,并不是所有的金融和商品资产的价格都需要关注,体量大、影响广的资产价格才值得关注。那么,哪些资产价格应当纳入监控的范畴?当然,首先是金融原生品和衍生品的价格,包括股票市场、债券市场和期货期权市场等。其次,房地产价格应当永远纳入宏观价格稳定的范畴。再次,大宗商品的价格虽然主要由国际市场决定,但也应当予以关注。两次"石油危机"对美国及全球经济的冲击仍然是我们的前车之鉴。对于大宗商品和农产品价格,应该有全球性的监控机构和调控机制。

其次,如何判断资产价格是否出现了泡沫?理论上回答这个问题很难。即便对于富有经验的市场人士还是关键的政策制定者来说,作一个正确的判断也很难。沃伦·巴菲特说,"潮水退下去的时候才知道谁在裸泳";格林斯潘也说,"只有在泡沫破灭的时候才知道市场是否有泡沫"。尽管如此,未来经济学家需要清晰地回答这一问题,研究清楚泡沫破灭的临界点在哪。

再次,资产价格泡沫在国内以及在全球的传导机制又如何?这次危机中,房地产次级贷款的风险由银行部门传递到金融市场和实体经济,由于金融全球化又将欧洲、日本乃至全球的跨国金融机构都卷入进来,其传导机制还需要进行深入的研究。在这方面,研究国际经济的学者作出了重要的贡献。通过借鉴新兴市场经济体的经验,国际经济学家在细节上检验银行和货币危机的源头和对经济的影响。他们也非常重视危机在国家间的传染机制。①

就当前中国经济而言,要非常关注房地产价格上升,防范形成"大泡

① 金融危机对经济学的影响,《国际经济评论》2010 年第6期。

沫”,终止经济中长期增长态势。

## 三、金融市场高度发达条件下央行如何有效监控和调节货币供应量?

最近三十年,全球的金融体系发生了天翻地覆的变化,在资产证券化和金融市场高度发达的条件下,商业金融机构也拥有了某种货币发行功能。也就是说,央行不再是货币发行的唯一机构。1980 年,发达经济体股票、债权和银行存款这三类金融资产大约是 GDP 的 100%;到 2007 年,美、日、英三国该比例均超过了 400%①。如果加上期货期权、外汇衍生的金融资产,这个数目还要大得多。在这种情况下,如果央行对货币供应量的统计还基本上根据传统的定义,主要是对商业银行的各种存款和传统金融工具监控,就可能忽略一些会引发危机的因素。

本次全球金融危机由房地产次级贷款及其衍生的次贷证券引发,就是一个很好的例子。美国次级房贷规模在 2002 年以前增长比较平稳,但此后次级房贷总额从 2002 年的 2000 亿美元扩大至危机前 2007 年 7 月的 1.4 万亿美元,上涨了 7 倍,份额由 1/50 上升到 1/10。与此相对应,次贷证券的发行量也大规模扩张,由 2000 年以前较为稳定的约 500 亿美元的新发行量上升到 2005 年和 2006 年约 4500 亿美元的发行量,增长了约 8 倍。(如图 9-1 所示)

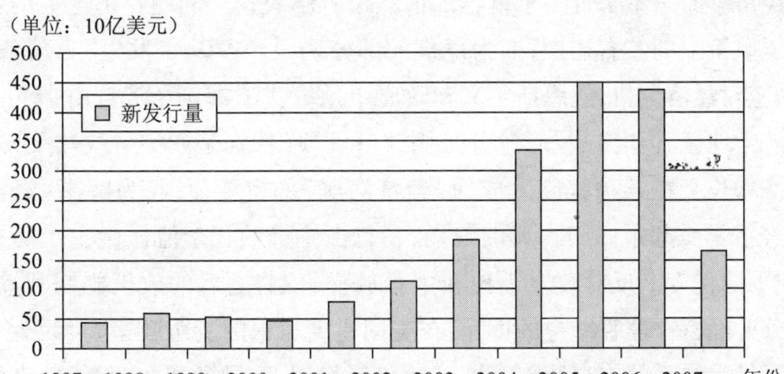


**图 9-1　次级抵押贷款支持证券发行量**

来源:Credit Suisse,Index.

① 夏斌,陈道富. 中国金融战略 2020[M]. 北京:人民出版社,2011.

在此过程中,资产证券化手段和各种打着金融创新旗帜的新金融工具和机构层出不穷,在金融市场中将次贷泡沫越吹越大。商业银行作为发起人(Originator),提供信贷资产,投资银行作为发行人(Underwriter),打包、设计、发行MBS(抵押贷款支持证券)和CDO(债务抵押证券)。为了减少资本占用,商业银行、投资银行纷纷成立结构性投资实体(SIV)、"管道"公司(Conduits)、对冲基金等。这些机构基本没有资本金,通过向银行等金融机构发行利率较低的商业票据(ABCPs)筹资,购买MBS。对冲基金、共同基金、保险公司和养老基金也参与进来,次级债券扩散至更大范围,其中,2001—2006年,对冲基金规模从几百亿美元增长到15000亿美元。

考虑到金融领域这些年发生的这些巨大变化,我们需要对金融市场和机构进行必要的监管,在创新中规范,把握好金融创新和保持金融稳定的度。更重要的是,在理论上我们需要对传统的货币供给和需求理论进行创新,拓宽货币供应量的监控口径,无论对场外还是场内交易的金融产品都要纳入监控范围,才能做到防患于未然。这次金融危机发生后,美国在检讨期货市场的问题时发现,场内交易的品种由于得到了较好的监管,基本没有出问题,相反,出了问题的主要是没有得到很好监控的场外交易品种。

## 四、市场自由和政府干预的边界如何界定?

经济学家争论了近一个世纪却依然没有解决这一问题。理论上的模糊导致了政策上的左右摇摆,成为危机的部分诱因。1929年发生"大萧条"之后,为应对经济危机,凯恩斯主义和政府干预取代了古典经济自由主义的主流经济学地位,但"二战"后过分采用政府干预(特别是赤字财政政策)来刺激经济增长又在某种程度上成为"经济滞胀"的重要原因;为解决"经济滞胀",经济学掀起了回归古典的浪潮,新自由主义的三个流派走上了历史舞台,在不同程度上反对政府干预和主张放松管制,之后的放松规制和监管、金融分业经营和监管壁垒的拆除,在美国过度宽松的货币政策、美元为主导的国际货币体系的内在缺陷等因素的一起作用下,导致了2008年以来的全球金融危机。在新自由主义经济学发展的同时,新凯恩斯主义充分吸收新自由主义的养分,努力构建凯恩斯主义的微观基础,但在理论和政策主张上与新自由主义学派达到了前所未有的"和谐"。正如保罗·克鲁格曼所说,1985—2007年,宏观经济学领域实现了虚假的和平,"盐水湖经济学家"相信美联储已经控制了一切,"淡水湖经济学家"则乐意静观其变,2008 年的这场危机结束了这个虚假的和平,双方的冲突比以往任何时候都要激烈!①

危机前大量的经济理论和模型都建立在尤金·法码的"市场有效假说"基础上,对市场的有效性予以充分的肯定,对一些质疑和批评却置若罔闻。例如,耶鲁大学的经济学家罗伯特·希勒提出了"行为金融学",认为市场并不总是有效,"理性人"假设在现实中并不存在②,并分别在 2000 年和 2005 年两次预测到了这种"非理性繁荣"的结果,即股市和房市泡沫的破灭。危机后,他的理论才得到应有的重视。

经历了"大萧条"、"经济滞胀"和这一次的全球金融危机,经济学家认识到无论是市场还是政府都有其局限性,现实的经济都是存在政府干预的市场经济,但是问题在于二者的边界很难确定,究竟多少政府干预比较合适?然而,经济学如果想成为真正的科学,必须厘清二者之间的边界,否则认识上的模糊还会导致政策上的左右摇摆,从而成为下一次危机爆发的诱因。

## 五、收入和财富分配问题是否应该纳入宏观经济理论和政策的视野?

20 世纪 30 年代的大萧条是迄今为止资本主义世界发生的最严重的经济危机。对于大萧条的原因,西方经济学家有四个著名的解释:一是凯恩斯以及凯恩斯主义者的解释,主要从有效需求和投资不足的角度论述了大萧条的原因。二是货币主义学派代表人物弗里德曼从货币供给量视角的解释。他和施瓦茨的《美国货币史》给 1930 年代的大萧条以明确解释:1929—1933 年,货币供应量下降幅度高达三分之一,乃是大萧条如此严酷和如此漫长的主要原因。三是美国经济学家费雪提出的"债务—通货收缩"原理。1933 年费雪洞察到金融危机的一个异常重要的动态机制:资产和商品价格下降给债务人造成巨大偿债压力,迫使他们低价倾销资产,反过来进一步迫使价格下降,触发或恶化金融危机。四是莱维·巴特拉(Ravi Batra)从收入

① Paul Krugman, 2009. Has Macroeconomics Failed? Available at: < http://everydayecon.wordpress.com/2009/07/19/has-macroeconomics-failed/ >.

② 行为金融学文献试图将投资者明显的非理性与人类认知上已知的偏见联系起来,这些偏见包括人们往往过于关注小损失而非小收益,太急于从小样本中作出论断(譬如因房屋价在过去几年中上升就预判它们会持续上升)。

分配角度提出的解释。他认为大萧条的真正原因是社会财富高度集中在少数人手中,收入分配不均造成的。前三个解释在理论界备受重视,但从收入分配角度来解释大萧条却一直没有受到应有的关注。巴拉特在其著作《1990年大萧条》中指出,1929年富裕家庭拥有的财富占国民财富的36.3%,出现了财富的迅速集中。他认为财富的集中、财富分配的不均等是大萧条的主要原因,即衰退的严重程度取决于财富的集中度。财富集中度越高,财富分配越不均匀,需求越难提振,衰退也会越严重。

本次危机爆发后,前IMF首席经济学家、芝加哥大学教授Raghuram Rajan(2010)指出,日渐扩大的贫富不均是这次危机发生的重要原因:美国以及其他国家的不平等差距越来越大,公司经理人员的工资增长幅度要远远大于工厂工人的工资增长幅度,而政府和政治家的解决办法不是增加低收入家庭的收入而是向他们发放大量信贷,即"让他们吃信贷",把信贷当作解决工资增长停滞这一潜在问题的办法,而且这还是两党的共同努力。受到政府直接影响的就是房屋贷款。美国克林顿和布什政府时期都在积极推动扩大住房拥有率。这样的政策导致的结果就是人们过度关注从房地产消费中获利,却忽略工资增长多年停滞的现实。这样的做法直接和间接刺激了银行家们向中低收入家庭大量发放贷款,这也是本次金融危机由次贷危机引起,从中低收入家庭无法支付房贷开始的原因。人们似乎并没有从危机中汲取教训,奥巴马政府推出的购买房屋税收减免计划仍然在重复同样的错误。

收入和财富分配差距扩大是发生金融危机的重要原因,但既得利益的调整总是很难,缩小差距总是阻力重重。不仅如此,不同产业收入分配的差距还会进一步引起不同行业资源配置的不均衡,进一步加剧收入分配的不均衡。以美国为例,华尔街金融业不但集聚了大量的金融资本,使得金融产业过度膨胀,而且从业人员的高收入这些年也反过来吸引了大量的优质人力资源,金融业从业人员的收入和教育水平都大幅提高。

收入和财富分配问题关乎宏观经济的稳定和增长,但长期以来却没有纳入宏观经济理论和政策分析框架。当然,要把它纳入宏观经济分析并作为理论和政策的重要组成部分,还有很多问题需要进一步深入研究。例如,收入和财富分配差距达到何种程度会引发宏观经济和金融的不稳定?适度收入差距是否应当成为宏观经济政策的目标之一?如果是,运用哪些政策工具才能克服既得利益调整之难达到政策目标？……这些问题都需要得到很好的回答。

综上所述,2008 年全球金融危机爆发以来对宏观经济理论和政策提出了新的挑战,经济学家的声誉受到极大的影响。但毫无疑问,这些挑战同时也将激发经济学家们对宏观经济问题的深入思考和研究。经济学界期待新一轮的理论创新。

# 第十章
# 欧债危机走势及其对我国经济和金融安全的启示

为应对国际金融危机，宽松货币政策和财政刺激的逆势扩张，似乎更符合摆脱危机的需要。然而2010年以来反危机政策的后遗症初步显现，欧洲主权债务危机以及由美国量化宽松政策引发的货币战争轮番上演，全球金融市场一直处于动荡与无序之中，当前全球经济存在"滞胀"的风险；与此同时，欧洲主权债务危机（简称欧债危机）的持续发酵和相关国家难以形成解决问题的坚定的政治行动，全球经济复苏之路依然曲折。欧洲是世界主要经济体，经济总量占全球GDP的比重超过25%，在世界贸易中占据重要地位（德国和荷兰分别为世界第三和第五大出口国），也是我国的重要经济贸易伙伴。欧债危机历经数年，反复发酵，仍是当前全球经济下行的主要风险，已影响了我国经济发展。

## 一、欧债危机发展趋势及对我国的影响

欧债危机最早发端于冰岛，集中爆发于希腊，逐步蔓延到葡萄牙、爱尔兰、意大利和西班牙（后来五国被称为"欧猪五国"）等国家，持续发酵并向银行危机扩散，引发欧元一度大幅贬值，并引起欧元区解体的担忧。欧盟不断出台救助措施，包括对希腊进行两轮救助并减记债务，扩大欧洲金融稳定工具规模，向欧元区银行业提供贷款，执行国债购买计划，提前启动欧洲稳定机制等，暂时缓解了债务危机的进一步恶化。但是，当前欧元区存在的三个基本矛盾仍较尖锐，即成员国货币主权与财政主权的矛盾，紧缩财政政策与促进经济增长的矛盾，以及中心国家与边缘国家的结构性矛盾，特别是经济增长乏力使债务危机有进入债务负担重—紧缩财政—经济下滑—债务负担进一步加重的恶性循环的可能。欧债危机前景仍不明朗，或呈现长期化趋势，仍可能存在反复。

## (一)欧元区经济濒临衰退且有加重债务负担之势

危机爆发以来,反复引发市场震荡、严重影响市场信心并拖累经济恢复。去年以来,欧元区经济体经济增长停滞,呈现外围国衰退、核心国增长放缓的局面,失业率攀升至历史高点。欧元区经济增长率2010年为1.8%,2011年为1.6%,2012年一、二、三季度同比分别增长0、-0.4%和-0.6%,已濒临衰退,其中,希腊2012年一至三季度GDP增长分别为-6.7%、-6.1%和-7.2%。西班牙一至三季度经济增长分别为-0.7%、-1%和-1.6%,意大利分别为-1.4%、-2.4%和-2.4%。德国和法国经济增速也明显放缓,2012年第三季度GDP同比分别仅增长0.1%和0.9%。失业率居高不下且持续上升,10月份欧元区失业率达到11.6%,创历史新高,其中西班牙失业率达到26.2%。在欧元区国家财政整顿政策约束下,欧元区经济仍濒临衰退,2013年前景仍不乐观,欧委会预计2013年欧元区增长0.1%,IMF预期增长0.2%。经济陷于停滞成为阻碍债务危机解决的第一难题。在经济衰退停滞的状态下很多国家很难完成年度预算,包括法国和西班牙在内的多个欧洲最大的经济体可能无法达到各自的2013年预算赤字目标。部分国家债务负担进一步加重,违约风险加大。2012年二季度,欧元区政府债务占GDP比重由2011年末的87.3%升至90%。其中,西班牙政府债务占GDP比例由2011年末的69.3%上升到76%,意大利由120.7%上升到126.1%,法国由86%上升到91%。再加上这些国家国际收支逆差较多,银行体系相当脆弱,进一步加大了问题解决的难度。

## (二)当前救助机制的效果有待观察

危机爆发以来,由于缺乏政治上的统一,欧洲就救助和责任分摊存在重大分歧,有效的应对措施或难以出台,或难以得到执行,效果始终不明显。近期出台的措施效果也有待观察。欧洲财政契约能否真正落实,救助资金能量是否足够,都还存在疑问。欧盟峰会提出的方案、欧洲央行注资政策的有效性以及欧洲稳定机制能否真正发挥作用还有待观察。欧洲央行注资虽有助于银行危机的解决,但对于主权债务危机目前来看效果还不明显,得到资金的银行更多将其存在欧洲央行,而非预期地去购买主权债务。欧洲央行最近宣布的购债计划(OMT),将更多风险从危机国家及其银行转移到了欧洲央行的资产负债表上,短期解决危机国家的债券融资问题,但由于无法对相应国家实施硬约束,存在道德风险。目前出台的救助措施效果有待观察的原因主要有五个:一是欧盟峰会推出措施有的还只是原则,需要通过复杂的法律程序才能生效,变为可操作的实施细则尚需时日并充满不确定性,市场被打了"强心针"之后很快又信心动摇。二是国际上有人刻意唱空、唱衰欧元,以吸引更多国际资本,降低其推销国债的成本。三是危机倒逼机制可能催生重大变革,但需要更长时间。四是所有这些救助方案的核心问题是究竟由谁来买单,涉及重大利益的调整,富国和穷国之间很难达成一致。五是组建财政联盟和统一的金融监管体系意味着每个国家都要让渡部分主权,阻力很大。

### (三)政治动荡也增添了危机解决的不确定性

各国的财政整顿政策都面临不同程度的政治压力,罢工、游行浪潮此起彼伏,一些国家甚至出现数十年来最大的罢工。政权也不稳定,债务危机最严重的"欧猪五国"政权都已更迭,有能力救助的国家(如德国、荷兰、芬兰等)国内在是否继续救助、支持财政紧缩还是促进就业增长等问题上产生了重大分歧,执政党也面临巨大压力,为债务危机的化解增添了不确定性。当然,政治动荡对于问题的解决也有促进作用。欧洲沿着市场、经济、货币、财政、政治的次序,逐步走向一体化,目前正处于货币一体化向财政一体化的艰难过渡期。欧洲多个民主国家选择可行方案的过程,是在市场和社会压力下不断博弈的过程;欧元区提高长期竞争力的转型和危机中的去杠杆,都将是一个充满风险的长期过程。过去几年的经验证明,没有更广泛的政治联盟,建立经济联盟是不可靠的。美联储前主席格林斯潘、德国前总理施罗德都认为建立广泛的政治联盟或是解决危机的根本办法。欧洲有雄厚的经济基础和先进的科学技术,存量财富巨大,化解危机的办法不少,但由于各成员国有各自利益和根深蒂固的制度,欧元区要成为大一统的共和国或者像欧盟委员会主席巴罗佐提出的"欧洲国家联邦"难度是相当大的,现在几乎不太可能;而目前要成为一个拥有共同货币、财政、经济和社会政策的联盟是有希望的,当然也需要一个艰难的过程。

在目前缺乏有效稳定机制的情况下,欧债危机的演变最终可能出现三种情形:一是事态完全失控,一些国家重新获得货币主权以化解本国危机,欧元区解体;二是建立财政货币领域的共同制度与统一工具,推动危机有序解决,并在维护欧元的基础上大幅度提升欧元区一体化水平;三是继续以短期和临时性的政策应对危机,对欧元框架和体制机制不做深度调整,欧债危机在经济社会震荡的条件下缓慢平息;四是部分国家获得货币主权,但欧元不会解体。欧元区已开始为极端情形做准备,这反而降低了极端情形出现的可能性,政策会更加务实。希腊虽然反对财政紧缩,但不会轻易退出欧元区。德法已开始接受在增长中解决问题,促进良性循环的解决思路。我们判断第一种情形发生的可能性不大,第二种较快出现也存在困难,最有可能的是由第三种或第四种情形逐步过渡到第二种情形。短期内欧洲经济金融仍将动荡,预计欧债危机再过一轮才能到底。但中长期看,欧元区在危机解决中进一步聚合强化的可能性较大。主要是欧洲国家仍有走出危机的实力,欧元区经济基本面仍然保持相对稳定,特别是核心国家德国,劳动人员勤劳,居民储蓄率较高,外汇储备较多,财政和金融体系较为健康,仍有能力引领欧洲走出危机。

综合以上分析,目前是欧债危机发展与演变的关键时期,各种矛盾纷繁复杂,走向尚具有明显的不确定性。欧洲经济增长停滞,短期内衰退不可避免,欧债危机或逐步见底,欧元区解体可能性也不大,但走出困境尚需较长时间。目前欧债危机的解决路径已经逐渐清晰,且已经建立了可操作的政策框架,但突出的问题是各方政治立场不坚定,应对措施落实不力,有时会进两步退三步,导致危机反复发作。

### (四)欧债危机对我国经济有多重影响

我国与欧元区 17 国、欧盟 27 国经贸往来密切,欧债危机将对我国经济增长、结构调整和通胀预期管理等产生多方面影响。第一,如果欧元区近期能推动相关措施的尽快实施,欧元可以获得有效支撑,欧元区包括边缘国家经济复苏,则可以改善国际经济环境,为我国经济发展提供良好的外部支撑,但也将带来大宗商品价格上涨、外商直接投资转移、国际市场竞争更加激烈等挑战。第二,如果欧元区难以在共同制度和统一政策工具上有所突破,国家利益和国别意识上升并导致欧元解体,则将使欧盟一体化进程退回到欧洲货币单位(ECU)阶段,各国获得除汇率政策外的货币主权,债务危机在扩张性货币政策支撑下也将逐步得以缓解,但欧元区内部的贸易、投资和人才流动等经济一体化的利益明显减弱,各国将面临着由总需求危机向因效率损失产生的总供给危机转化的风险。这对我国具有双重影响:一是欧元区国家经济波动、制度调整,对我国出口、直接投资收益和外汇储备管理带来较大冲击；二是我国可以获得提升国际分工地位的空间，拓展参与国际事务的领域与通道，提高在国际商品市场、金融市场的话语权和定价权，推动人民币国际化、储备化进程。第三，如果欧洲延续当前短期化、临时性的措施，欧元区边缘国家经济将在震荡中缓慢趋向稳定，财政紧缩、市场挤出和企业流动性枯竭等问题将在较长时期内困扰欧元区经济，进而对国际市场带来紧缩影响，导致国际供应链和销售渠道波动甚至重组，我国企业生产经营、产业结构调整、战略性新兴产业发展和国际贸易环境都将受到挤压，加大我国经济下行压力。

实际上，欧洲是我国重要经济贸易伙伴，欧债危机会对我国对外贸易产生明显影响（见表 10－1、表 10－2、表 10－3 和图 10－1）。在对外贸易上，欧债危机削弱了欧洲的进口需求。我国对欧贸易顺差短期内趋于下降。

**表 10－1　2002—2011 年中国与欧盟货物贸易进出口统计**　（亿美元）

| 年份 | 出口额 | 进口额 | 顺差 | 进出口额 | 同比增长率 |
|---|---|---|---|---|---|
| 2002 | 482. 1 | 385. 4 | 96. 7 | 867. 5 | |
| 2003 | 721. 6 | 530. 6 | 191. 0 | 1252. 2 | 44. 3% |
| 2004 | 1071. 6 | 701. 2 | 370. 4 | 1772. 8 | 41. 6% |
| 2005 | 1437. 1 | 736. 0 | 701. 1 | 2173. 1 | 22. 6% |
| 2006 | 1819. 8 | 903. 2 | 916. 6 | 2723. 0 | 25. 3% |
| 2007 | 2451. 9 | 1109. 6 | 1342. 3 | 3561. 5 | 30. 8% |
| 2008 | 2928. 8 | 1327. 0 | 1601. 8 | 4255. 8 | 19. 5% |
| 2009 | 2362. 9 | 1278. 0 | 1084. 9 | 3640. 9 | －14. 4% |
| 2010 | 3112. 3 | 1684. 8 | 1427. 5 | 4797. 1 | 31. 8% |
| 2011 | 3560. 2 | 2111. 9 | 1448. 3 | 5672 | 18. 3% |

资料来源：中国商务部欧洲司。2002—2003 年数据为欧盟 15 国，2004—2006 年数据含欧盟 25 国，2007—2011 年数据含欧盟 27 国。

**表 10－2　2011 年 1－11 月我国自欧盟进口商品的情况**

| 商品类别 | 初级形状塑料 | 钢材 | 未锻铜及铜材 | 自动数据设备 | 自动设备零件 | 电视等零附件 | 集成电路 | 汽车 | 装引擎车底盘 |
|---|---|---|---|---|---|---|---|---|---|
| 数量变动（%） | －3. 06 | －3. 78 | －8. 73 | 3. 60 | 7. 2 | 2. 16 | 8. 01 | 24. 84 | 26. 01 |
| 金额变动（%） | 9. 00 | 7. 92 | 8. 82 | 8. 55 | －7. 83 | 8. 91 | 7. 11 | 38. 43 | 37. 35 |

资料来源：海关统计。

**表 10－3　2005 年以来我国输欧主要出口产品数量增速**

| 商品种类＼年份 | 2005 | 2006 | 2007 | 2008 | 2009 | 2010 | 2011 |
|---|---|---|---|---|---|---|---|
| 自动处理设备 | 15. 52 | 9. 26 | 1. 77 | －1. 31 | －8. 31 | 27. 40 | 11. 70 |

续表

| 商品种类＼年份 | 2005 | 2006 | 2007 | 2008 | 2009 | 2010 | 2011 |
|---|---|---|---|---|---|---|---|
| 电话机 | -0.35 | 249.57 | -2.27 | 3.36 | 1.70 | 26.90 | 15.00 |
| 二极管类半导体 | 22.21 | 19.74 | 15.24 | 5.11 | -8.58 | 27.50 | 4.90 |
| 塑料制品 | 14.58 | 486.71 | 5.80 | -4.70 | -10.14 | 13.20 | 6.40 |
| 电线电缆 | 6.32 | -79.06 | 14.76 | 4.51 | -15.38 | 21.70 | 7.70 |

资料来源：海关统计。2011 年数据为 1—11 月份的数据。

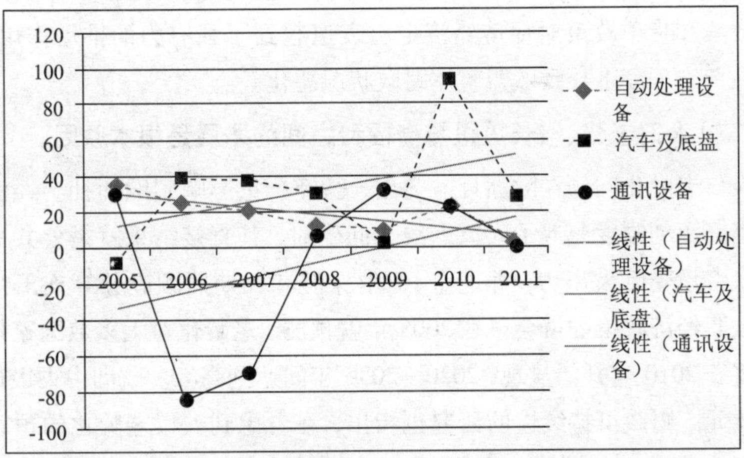


**图 10-1　2005 年以来我国自欧盟的主要进口商品数量及趋势图**

资料来源：海关统计。

## 二、欧债危机爆发的主要原因

### (一)反危机的财政支出扩张是此次危机的导火索

美国次贷危机的发生使得全球经济陷入低迷，各国针对次贷危机都采取了救助和刺激经济复苏的政策，结果私人部门债务转化为国家主权债务。欧盟各成员国大力增加财政开支以此来增加欧元区的就业和促进经济增长，成员国的财政赤字愈加扩大。2009 年各国的财政赤字都超出了《欧盟稳定与增长公约》的约定线，财政赤字最严重的国家是希腊，其财政赤字占 GDP 的比例为 12.7%，其次是爱尔兰为 12.5%，西班牙、葡萄牙、意大利分别为 11.2%、8%、5.3%，都超过了公约中规定的财政赤字占 GDP 比例 3% 的约束线。政府债务问题最严重的国家是意大利，其政府公共债务占 GDP 比例为115%，其次是希腊为113%，葡萄牙、爱尔兰、西班牙分别为77%、66%、54%，除西班牙外都超过了公约中规定的政府债务占GDP比例60%的警戒线。此条约在次贷危机后形同虚设，对各成员的财政开支没有任何的约束机制和惩罚机制。次贷危机诱发欧盟各成员国扩张财政开支成为此次危机的导火线。统计数字显示，在2008年至2010年期间，欧元区政府预算赤字在国内生产总值中所占比重增长了两倍，政府债务在国内生产总值中所占比重也呈上升之势。五年前，欧盟为应对国际金融危机而采取的宽松财政政策和货币政策对促使经济走出衰退起到了强有力的推动作用，但同时也在一定程度上导致欧盟整体财政状况恶化。

### （二）人口老化、增长放缓与高福利之间的矛盾是根本原因

人口老龄化问题在欧洲日益突出，已经严重影响到欧洲社会经济的发展。当高福利制度遭遇了人口老龄化问题时，其直接结果就是公共社会保障体系将承受巨大压力，养老金、卫生保健和长期照顾服务等支出快速增加。欧盟经济政策委员会早在2005年就预测，老龄化对大多数国家预算的影响将于2010年开始显现，2020—2030年间达到高峰。欧洲中央银行一项关于欧元区财政可持续性的研究也指出，在考虑到人口老龄化的预算约束情况下，到2050年欧盟12个成员国中（法国、德国、荷兰、比利时、奥地利、芬兰、立陶宛、希腊、意大利、爱尔兰、西班牙和葡萄牙），只有芬兰的财政预算还略有盈余，其他国家都将难以为继，政府财政赤字和对外负债率将大幅增加。其中，形势最为严重的是希腊，财政赤字与GDP之比将高达40.8%①。

近年来，发达国家人口老龄化趋势不仅给社会带来了沉重的养老负担，也成为各国经济增长的潜在阻碍因素。人口老龄化还将改变全球的贸易和金融模式。例如，欧美日等涉及养老和医疗的公共基金（Public Funds）不仅入不敷出，同时又广泛投资于主权债和市政债等资产组合，私人部门的债务和公共部门的债务纠结在一起，老龄化问题和债务问题密不可分。人口老龄化加上债务问题，无疑使欧美日比其想象得更贫困，经济复苏的长期前景更黯淡。

---

① 周茂荣，杨继梅．“欧猪五国”主权债务危机及欧元发展前景[J]．世界经济研究，2010(11)．

从欧盟 27 国实际 GDP 增长率可以看出欧盟的经济增长呈现放缓的迹象,从 2000 年 3.9% 下降到 2008 年 0.8%,2009 年甚至呈现负增长,增长率为 -4.2%。失业率明显上升且居高不下,各成员国内部的财政负担增大。欧洲长期的高福利社会,造成的"棘轮效应"使得公众对于福利的稍微的下降变得非常敏感,并且欧洲的工会组织力量比较强大,具有较强的议价能力,高福利这一社会形态暂时不能改变;各政党之间为了赢得选民的选票当选,通常会承诺公众社会福利的提升,政党的争斗导致政府财政负担进一步的增大,成为此次危机的重要原因。实际上,当前欧债危机陷入困境充分反映了西方体制的缺陷和欧洲社会福利制度的缺乏弹性。在经济繁荣和财力相对宽裕时期建立的社会福利制度没有考虑到经济衰退和老龄化的挑战,在当前窘境下凸显出缺乏张力和柔韧性,欧洲政治难以协调使得领导人作不出立足长远的决定,陷入了"囚徒困境",难以作出正确政策并被迅速执行。主权债务危机引爆以来,各国领导人首先考虑的是不要丧失选民的支持,政府的公共决策和权力被一些阶层所绑架,无法作出短期痛苦但却有利于经济长期增长和发展的正确决策。

**(三)欧洲经济发展长期不均衡是重要原因**

欧盟各成员国经济发展不均衡造成了"强国恒强,弱国愈弱"是此次危机的重要原因。欧盟各成员国经济发展阶段、经济发展模式存在较大的差异,不均衡的经济使得政策调控存在很大的难度,欧盟经济长期由德国、法国两大强国主导和领航,五国(葡萄牙、意大利、爱尔兰、希腊、西班牙)既没有经济发展的基础动力,又没有主导的支柱产业,在整个欧盟经济中处于边缘化的状态。长期而来,整个欧盟就呈现"强国恒强,弱国愈弱",成员国之间的经济差距并没有因为强国的拉动而缩小,弱国反而起了拖后腿的作用。欧洲经济主要是由德法英为主导,紧接着是西班牙和意大利,相比之下,希腊、葡萄牙、爱尔兰在整个欧盟经济中处于弱势国家的位置。德、法、英三国 2009 年 GDP 总和占欧盟 27 国总和的 51%,而希腊、葡萄牙、爱尔兰三国 2009 年 GDP 总和占欧盟 27 国总和的 4.8%,成员国之间的经济差距越拉越大。但弱国也要跟上整个联盟的发展步伐,只有通过应用财政政策调控工具,来拉动就业和经济增长,做到指标上不掉队,这种内部经济发展不均衡成为此次危机的间接原因。

### （四）欧元体制的先天缺陷使危机应对更加被动

毋庸讳言，对欧元区各国来讲，单一货币制度有着降低成本、增加贸易便利性、促进区域经济一体化的优势。但这种单一货币制度也存在一些先天的缺陷。其一，欧元区各国在充分享受统一货币低成本的同时，也让渡甚至丧失了货币政策的独立性和主动权；因为欧元区国家实行统一的货币政策，意味着不论穷国富国，财政状况和进出口形势如何，都将实施一刀切的货币政策，特别是秉承德国等国家盯住通货膨胀的单一货币政策，崇尚无通货膨胀的经济增长模式，这使得希腊等国享受到近十年的低廉借贷成本，维持了较高的经济增长，但同时也掩盖了其生产率低但劳动成本高等结构性问题。同时，单一货币政策与各国政府各自为政的财政政策必然出现无法避免的矛盾。在本轮全球经济金融危机爆发之际，为挽救本国经济，各国只有依靠财政赤字政策缓解危机，这在客观上助长了一些国家不负责任的财政赤字行为。其二，在单一货币制度和欧洲经济一体化背景下，一国主权债务危机往往会通过传染效应向其他国家扩散。事实上，从2009年4月爱尔兰危机开始，就引起国际市场的关注；到10月份希腊政府宣布巨额财政赤字后，市场更是被悲观情绪笼罩。各大评级机构纷纷下调希腊信用等级。而作为单一货币区，欧元区内任何成员出现问题，都有可能对整个欧元区产生溢出效应而波及其他国家，从而影响到欧元区的整体经济稳定。其三，在危机救助机制方面，不能对成员国进行及时有效救助，难免加剧市场看空欧元和欧元区经济前景的冲动。

### （五）国际市场投机在欧债危机中推波助澜

市场投机行为往往打着创新旗号，通过金融衍生品等渠道，牟取利益。2001年希腊加入欧元区时，由于不符合《马斯特里赫特条约》规定的公共赤字占GDP的比重不得突破3%以及公共债务占GDP的比例不能超过60%两个关键标准，美国著名投资银行高盛集团（Goldman Sachs）为希腊政府设计出一套货币掉期交易方式，为希腊政府掩饰了一笔高达10亿欧元的公共债务，从而使希腊在账面上符合了欧元区成员国的标准，但不会在希腊的公共负债率中表现出来，高盛因此收到希腊高达3亿欧元的佣金。然而，高盛深知希腊通过这种手段进入欧元区，其经济前景有潜在风险，最终可能出现支付能力不足。高盛为防止自己的投资打水漂，便向德国一家银行购买了20年期的10亿欧元信用违约互换(CDS)保险，以便在债务出现支付问题时由承保方补足亏空。随着货币掉期交易到期，希腊的债务问题便暴露出来，随即欧元下跌、希腊评级降低、融资能力下降、成本剧增（借贷利率高出一般新兴国家2倍以上）。由于希腊金融状态恶化，对希腊支付能力承保的CDS价值翻番上涨，高盛公司从中再次牟利。市场人士透露，欧元区国家借助这一方法，使得国家公共负债率得以维持在《马斯特里赫特条约》规定的占GDP比例在3%以下水平的不仅是希腊，还有意大利、西班牙等。危机的发生与蔓延，国际市场投机行为的推手作用不容忽视。

## 三、欧债危机对我国经济和金融安全的启示

欧债危机最初表现为“财政危机”,但随着影响投资者和消费者信心,加剧全球金融市场和实体经济波动,在一定程度上形成“经济危机”;危机国家实施财政紧缩,削减社会福利开支,影响到居民福利水平和消费能力,又具有部分“社会危机”的特点;社会问题引发社会不稳定,带来政权更迭,又具有了部分“政治危机”的特点。需认真研究,吸取教训,做好应对。

### (一)评估政府债务风险时必须充分考虑经济增速下滑的风险

这是欧债危机的一个重要教训。以“欧猪五国”为例,在经济增速较快时,主权债务风险并不明显,2007年爱尔兰和西班牙为财政盈余,希腊赤字占GDP比重为6.5%,葡萄牙为3.1%,意大利仅为1.6%。但在国际金融危机冲击下,这些国家经济增速明显下滑甚至出现负增长。2009年,希腊、爱尔兰、葡萄牙、西班牙和意大利GDP分别下降6.7%、3.3%、2.9%、3.7%和5.1%,财政收入分别下降7.1%、12.6%、5.3%、8.6%和2.4%,而财政支出受刚性制约以及刺激经济需要,不仅未能削减还分别增长5.7%、2.7%、9.1%、7.5%和2.9%。财政赤字明显扩大,2010年上述国家赤字占GDP比重分别急剧扩大到10.6%、31.3%、9.8%、9.3%和4.6%,债务风险凸显并集中爆发(见表10-4、表10-5)。2011年以来欧元区经济下滑也是债务危机迟迟不能化解甚至加重的重要原因。这表明财政风险往往在经济增速下滑时才会表现出来。具体到我国,地方政府在应对国际金融危机过程中也积累了一定规模的债务,虽然总体上风险可控,但主要是建立在我国经济保持平稳较快增长势头的基础上,将来一旦经济增速出现较大幅度下滑,地方

政府性债务风险将浮出水面。因此,必须加强我国地方政府性债务管理,积极防范和化解潜在风险,增强财政发展的可持续性。

**表 10-4 近年欧元区(17 国)和欧盟(27 国)经济与财政状况**

| | 2007 年 | 2008 年 | 2009 年 | 2010 年 | 2011 年 |
|---|---|---|---|---|---|
| **欧元区(17 国)** | | | | | |
| GDP(亿欧元) | 90302 | 92443 | 89309 | 91617 | 94206 |
| 政府赤字规模(亿欧元) | -620 | -1970 | -5715 | -5725 | -3907 |
| 政府赤字占 GDP 比重(%) | -0.7% | -2.1% | -6.4% | -6.2% | -4.1% |
| 政府支出占 GDP 比重(%) | 45.9% | 47.1% | 51.1% | 50.9% | 49.5% |
| 政府收入占 GDP 比重(%) | 45.2% | 44.9% | 44.7% | 44.6% | 45.4% |
| 政府债务规模(亿欧元) | 59892 | 64813 | 71259 | 78224 | 82278 |
| 政府债务占 GDP 比重(%) | 66.3% | 70.1% | 79.8% | 85.4% | 87.3% |
| **欧盟(27 国)** | | | | | |
| GDP(亿欧元) | 123975 | 124653 | 117507 | 122469 | 126498 |
| 政府赤字规模(亿欧元) | -1103 | -3024 | -8105 | -8050 | -5608 |
| 政府赤字占 GDP 比重(%) | -0.9% | -2.4% | -6.9% | -6.6% | -4.4% |
| 政府支出占 GDP 比重(%) | 45.6% | 47.1% | 51.0% | 50.6% | 49.1% |
| 政府收入占 GDP 比重(%) | 44.7% | 44.7% | 44.1% | 44.1% | 44.7% |
| 政府债务规模(亿欧元) | 73153 | 77912 | 87794 | 98164 | 104339 |
| 政府债务占 GDP 比重(%) | 59.0% | 62.5% | 74.7% | 80.2% | 82.5% |

资料来源:欧盟统计局。

**表 10-5 近年"欧猪五国"政府赤字与债务情况**

| | 2007 年 | 2008 年 | 2009 年 | 2010 年 | 2011 年 |
|---|---|---|---|---|---|
| GDP(亿欧元) | 31893 | 32477 | 31354 | 31634 | 31815 |
| 政府赤字规模(亿欧元) | -246.8 | -1339 | -2765 | -2599 | -2107 |
| 政府赤字占 GDP 比重(%) | -0.8% | -4.1% | -8.8% | -8.2% | -6.6% |
| 政府债务规模(亿欧元) | 23857.4 | 25684 | 28716.3 | 31233 | 33528 |
| 政府债务占 GDP 比重(%) | 74.8% | 79.1% | 91.6% | 98.7% | 105.4% |

资料来源:欧盟统计局。

### (二)完善社会福利制度必须与国家财力相适应

从欧元区危机国家看,超过财力水平的过高社会福利水平和刚性的社会福利体系既是诱发主权债务危机的重要因素,也是缓解和应对危机措施不力与手段不足的重要原因。例如,2001—2010 年,希腊、葡萄牙、爱尔兰福利支出分别年均增长 9.4%、7.8% 和 11.1%,大大高于同期 5.6%、3.5% 和

5.3%的经济增速。西班牙和意大利福利增速也不同程度高于经济增速。过高的刚性社会福利水平极大压缩了政府的宏观调控空间,也影响政府对基础科技、创新型产业扶持等重要公共服务的提供;影响人们的劳动积极性和创造性,使社会成员缺少主动应对危机而创业的意识和能力;成为政府财政支出的沉重负担,容易造成社会矛盾的积累和蔓延。从欧盟各国看,北欧国家实行"高税收、高福利"。2001—2011 年,挪威、瑞典、芬兰、丹麦财政收入占 GDP 比重平均分别为 57.2%、54.2%、53.1% 和 55.7%,财政支出占 GDP 比重平均分别为 43.9%、53.4%、50.9% 和 54.5%,总体上保持了财政盈余。而发生债务危机的希腊、葡萄牙等南欧国家则是"低税收、高福利"。2001—2011 年,希腊、葡萄牙财政收入占 GDP 比重平均分别为 39.9% 和 40.8%,财政支出占 GDP 比重平均为 47.8% 和 46.2%,以超过 5% 的财政赤字率支持高福利。法国、德国、英国等西欧国家财政收入和财政支出匹配程度则居于前两者之间,财政虽然存在赤字,但总体控制较好。2001—2011 年,法国、德国、英国财政收入占 GDP 比重平均分别为 49.9%、44% 和 40.4%,财政支出占 GDP 比重分别为 53.9%、46.6% 和 45.1%,赤字率在 5% 以下。

当前我国正在构建社会主义社会福利制度体系,汲取欧洲的经验和教训,社会福利制度必须与政府财力基础相匹配,需尽力而为,又要量力而行。一方面,良好的社会福利是我国经济社会发展的重要目标,是以人为本、保障和改善民生的切实体现,需尽力而为;另一方面,要按照循序渐进、量力而行、低水平全覆盖、注重公平的原则,使每一个社会成员能够共享经济发展成果,推动福利水平逐步提高。为此,应在综合考虑人们的物质文化生活需要和国家经济实力、财政实力基础上,合理划定基本社会福利范围,科学确定基本社会福利标准,维护基本社会福利的公平性和普遍性,今后随着财力基础的进一步雄厚,再逐步提高基本社会福利水平,增强基本社会福利制度的弹性,构建全面、动态、平衡、公平、弹性的社会福利制度。同时,为保民生、推改革、促发展,要注重增强财政保障能力,把握好财政收入占 GDP 比重的度。当前在实施结构性减税政策的同时,宜保持税制和宏观税负的总体稳定。

#### (三)必须坚持财政政策和货币政策的灵活性

欧债危机得不到有效遏制的一个重要原因是,欧元区货币一体化后,这些国家财政主权和货币主权分割，不能相互支持。一方面，欧盟的财政一体化程度明显低于货币一体化，《稳定和增长条约》关于赤字率和债务率的趋同标准并没有得到严格执行，如希腊一直以财政赤字维持高福利，埋下了危机的种子。另一方面，危机发生后，欧洲大多数国家都采取了刺激性财政政策，但欧洲央行固守其货币政策、反通胀目标，并未相机抉择、刺激经济迅速采取强有力的货币措施来稳定市场、刺激经济，财政政策和货币政策失调，使危机不断发酵。因此，我国必须坚持拥有完整的财政政策和货币政策，保持政策的灵活性，进一步加强财政政策和货币政策的协调配合，合力稳定市场、稳定经济。

### （四）银行和公共部门之间的债务传导风险必须得到有效制约

全球金融危机在美国爆发以来，银行“大而不能倒”问题迫使包括美国在内的各国政府对金融机构进行了救助，政府债务迅速膨胀起来，作为私人部门的金融机构债务转化为主权国家的公共部门债务，这充分说明，在现代金融体系中，私人金融部门和主权债务之间存在着风险潜在传导的可能。欧债危机中也暴露出类似的问题。欧债危机存在一个“实体经济—银行业—主权债务”的恶性循环。在欧债危机的系统性解决框架中，银行业联盟具有起承转合的重要性，构建银行业联盟的要意之一就是切断银行业危机和主权债务危机之间的恶性循环，将有效地强化欧盟的银行体系，恢复市场对银行业的信心，促进就业增长。

本轮国际金融危机充分暴露出发达国家金融业过度复杂化、金融机构过度杠杆化导致的巨大社会成本和向公共部门传导风险的巨大隐患。危机以来，在国际社会的共同努力下，国际金融监管改革取得了一系列重要进展：一是巴塞尔协议Ⅲ显著提高了银行业审慎监管标准。为了增强金融机构经营的稳健性，巴塞尔协议Ⅲ大幅提高了国际活跃银行的资本要求，制定了全球统一的流动性监管指标，引入了杠杆率监管要求。二是扩大了金融监管的范围。监管机构逐步开始关注影子银行体系的系统性风险，填补以往的监管空白。三是明确了降低系统重要性金融机构道德风险的一揽子政策框架。重点对全球系统重要性金融机构加强风险处置制度建设，降低“太大而不能倒”的风险。四是提高金融监管的强度和有效性。要求对系统重要性机构配置更多的监管资源，并且提出更高的风险治理和数据报送要求。五是强化金融市场基础设施建设。金融稳定理事会要求各国加快对场外衍生品建立中央清算和报告制度，全面收集银行的风险暴露信息。六是强化对全球范围内金融体系脆弱性的监测和评估。金融稳定理事会和国际货币基金组织定期开展脆弱性评估，分析并预警全球金融活动发展的新趋势和新风险。金融稳定理事会以及巴塞尔委员会均在对相关国家实施巴塞尔协议Ⅲ以及建立处置框架等情况进行评估。以上国际金融监管改革推动了金融监管理念的重大变革，同时金融风险的防范某种程度上也是对主权债务风险的防范。宏观审慎监管和微观审慎监管相互融合的监管模式，将系统性风险纳入日常监管，监测和评估系统性风险，防止“只见树木不见森林”。

由于我国的银行业中国有控股银行在市场上占有很高份额，对金融体系的系统性影响非常大，国家信用存在隐性担保，如果出现危机，债务非常容易由银行部门的资产负债表转移到国家的资产负债表上。因此，我国要提高对金融业特别是银行业的监管水平，时刻防范潜在的风险，特别是防止银行风险向财政传导的潜在风险。从这个意义上说，我国在银行业方面加大对内资的市场开放力度，将有利于分散银行体系的风险，通过竞争提升银行业的效率和核心竞争力，从而降低我国金融和财政体系的系统性风险。

## 四、我国面临的历史性机遇

从性质上看，欧债危机属于总需求危机的范畴，表现出总量性、直接性和自组织性[①]的特点。危机的冲击力度较大、程度较深，但同时蕴含着企稳和回升的因素，一旦条件适合则迅速形成“拐点”，拉动经济复苏。因此，风险与机遇并存，我国应审时度势、规避风险、抢抓机遇。

### （一）“马歇尔计划”的启示

60年前美国实施的“马歇尔计划”对我们有着很好的借鉴意义。“马歇尔计划”，官方名称为“欧洲复兴计划”，是美国凭借其在“二战”后的雄厚实力帮助其欧洲盟国恢复因世界大战而濒临崩溃的经济体系，并同时抗衡苏联和共产主义势力在欧洲的进一步渗透和扩张而提出此计划。该计划因时任美国国务卿乔治·马歇尔而得名，对欧洲国家的发展和世界政治格局产

① 所谓自组织性是指处于总需求危机中的生产要素可以在较短的时期内通过要素价格调整、要素组合变动和要素分布改变来主动适应总需求不足或过度的情况，在有外界调控政策的时候，这种自组织性能够顺应和放大政策效果。

生了深远的影响。该计划于1947年7月正式启动，并整整持续了4个财政年度之久。在这段时期内，西欧各国通过参加经济合作发展组织（OECD）总共接受了美国包括金融、技术、设备等各种形式的援助合计130亿美元（当时美国的GDP总量也就1000多亿美元）。美国通过该计划的援助使欧洲经济恢复，并使之成为抗衡苏联的重要力量和工具，同时也使美国更方便地控制和占领欧洲市场。

作为新兴市场和发展中国家的“领头羊”，我国可以发起和领导这样一个类似的推动欧洲经济增长的计划，借此机会扩大我国在欧洲的长远利益和全球影响力。首先，在当前的全球经济一体化背景下，作为我国产品的重要外部市场，欧洲经济的复苏和持续增长对于我国出口部门的长期增长和保证就业具有重要意义，可以说“拯救欧洲也是在拯救我们的企业和就业”。其次，在美日经济衰退和影响力下降的背景下，对我国来说面临一个前所未有的扩大在欧洲的政治、经济和外交利益，提高中国软实力的机遇。特别重要的是，欧洲是我国遏制美国的重要盟友，在对方危难之时施以援手，对于发展中欧关系可以起到“四两拨千斤”的作用，赢得欧洲对中国在国际舞台上长久的支持。其三，欧洲拥有我们需要的技术，此时援助欧洲，有利于我们以较低的代价换来较好的技术，推动我国的创新能力和产业升级。其四，抓住这一时机，可以为我国企业“走出去”和海外投资搭建一个更加友好的平台，更加有效率地使用我国过多的外汇储备。由于主权债务危机的发酵，面临困境的欧洲企业和各种资产（包括金融资产）的价格处于低位，是很好的投资机会。目前，有不少美国的私募股权基金和资产管理公司已经将战略投资的重点向欧洲倾斜。这个时机稍纵即逝，在适当考虑到安全性的基础上，通过有条件的援助，我们完全可以帮助中国的企业抓住这一难得机遇。

### （二）有选择地增持欧元区主权债券的机遇

适当购买欧元区主权债券，不仅可以分散以美元为主的外汇储备结构风险，也可以扩大在欧盟地区的影响。此外，我国持有较大规模欧元区债券，为尽量避免损失进一步扩大，并稳定我国外需和经济增长，在风险可控条件下增持欧债，尽快帮助欧洲走出危机也是一个重要考虑。

考虑到以下因素，我国可以适当增持欧元区主权债券。一是欧元区经济基本面没有受到根本性破坏。尽管欧元区边缘国家深陷主权债务危机，经济增长停滞,但欧元区实体经济的技术水平、产业结构、要素基础和出口能力没有受到大的冲击,也未形成明显的结构矛盾和扭曲。二是危机国家存在"自动稳定器"。表面上看,欧元区国家债务余额较大,期限结构过于集中,风险度很高;但实际上欧元区国家大多拥有良好的经济基础、健全的市场体系和较高的风险管理能力,既具有应对风险的经常性资源与能力,也可以在必要时借助内在"稳定器"应对风险敞口。三是欧元区已形成较系统的外部救助机制。在欧洲央行成员国国债支持计划、欧盟理事会与 IMF 联合救助机制、欧元区中心国家(德、法)救助机制的基础上,欧元区各国又进一步推进了欧洲央行注资欧洲金融稳定工具(EFSF),支持欧洲央行向 IMF 提供 2700 亿美元贷款,并由 IMF 向危机国提供援助,下调美元流动性互换利率,提出财政联盟和欧元共同债券的倡议,推出欧洲 1200 亿欧元经济增长刺激计划,欧洲央行推出购买国债计划,以及最近启动欧洲稳定机制等举措,都将有助于增加流动性。

因此,我国可有选择地适度增持欧元区债券。一是在券种方面,寻找风险可控、市场反应不充分、收益良好的券种作为投资目标。二是在时机方面,要跟踪欧元主体债券市场走势,学习和模仿债券评级机构的评价原则及方法,分析欧元区国家可行的政策选择,适时大胆介入,把相关的利好政策用早用好。三是在渠道方面,可以直接与欧元区成员国政府达成相关购买协议或者参照日本模式向 EFSF 注资,以欧洲央行和欧盟理事会作担保,但风险较小,收益水平相应低些。

### (三)加大"走出去"战略推进力度面临机遇

欧债危机危中有机,为我国投资欧洲企业、购买欧洲的先进技术和全球的资源类产品提供了很好的机会和时间窗口,价格也较低,因此,我国应该抓住有利时机,进一步推动相关"走出去"战略。

1. 进一步加快我国对外直接投资的开放力度,鼓励民间资本到欧元区寻找机会。欧元区将政策重点有从紧缩逐步转向增长的趋势,加上欧元区的实体经济仍具有强大的竞争力,我国应加快对外直接投资的开放力度,进一步在欧元区寻找机会。考虑到我国企业对欧元区熟悉程度不高,可借助中国驻欧机构、中国香港和欧盟商会等各种力量,加大对欧元区法律、社会以及经济的研究和推介力度。

2. 战略性使用外汇储备,寻找双赢机会。可将部分外汇储备加上配套人民币资金,设立专门的基金,加强与欧元区的国家、公司及个人合作。以资本投入、补贴等方式,购买欧洲的技术,引入欧洲的专业人才,提高对国内环保产业的支持力度,加大对空气及水等环境治理。将外汇储备投资到有利于子孙后代的碧水蓝天,既有利于缓解外汇储备的潜在风险,又可不扩大现有产能地刺激本国经济,给欧元区带来一定的外需,加强与欧洲在环保上的合作,提高未来谈判的筹码。

3. 将外汇储备多元化从货币多元化逐渐向实物多元化方向转变。趁着次贷危机和欧债危机的影响还在,美国 QE3 对大宗商品价格推升还需一段时间,很多资源类商品价格处于相对低位,应该积极加大这方面的储备,抵御美元贬值对我国外汇储备的侵蚀,同时,一旦经济复苏,这些储备将对我国经济发展起到重要作用。

# |结　论|
# ——暨对我国银行业改革和国家金融安全的若干战略思考①

银行业改革的重要性在中国是“不言而喻”的。银行业的改革也是新一届政府所全力推动的一项极其重大的改革。中国的金融体制是以银行间接融资为主导的,银行信贷资金的配置效率决定着整个金融资源的配置效率。近几年,中国银行业微观经营效率有很大改善,但垄断还比较严重,竞争不充分,因而宏观信贷资金配置效率不高(具体表现为中小企业和涉农融资比较难,金融资源地区分布不均衡,不发达地区金融资源向发达地区“倒流”),这是对金融资源的巨大浪费。银行业改革的目标是为了提升中国金融资源的配置效率。有效率才有竞争力,有竞争力才有国家金融安全。因此,银行改革(特别是四大国有商业银行的改革)的成功与否决定着中国金融改革的成败。在后金融危机时代,改革需要继续坚定地推进,必须有清晰的战略思路。

## 一、提高中国银行业效率需要进一步强化竞争

中国金融资源配置效率的高低很大程度上取决于占社会资金78%以上的银行业的资金效率。对中国银行业高度集中的市场结构之下的两个层面的银行产业效率(即单个银行微观面上的经营效率和整个银行业宏观面上的信贷资金配置效率)分别进行的研究表明:我国占主体地位的四大国有商业银行财务指标有了很大的改善,但经营效率低于其他股份制商业银行,业务收入结构单一,主要依赖于利息收入,缺乏国际竞争力;中国的信贷资金

---

① 本章基于国家社科基金项目《全球化背景下的中国银行产业的竞争、效率与金融安全》(编号为06CJL003)的阶段性成果。原文题目为《当前中国银行业改革的若干战略思考》,发表于《经济社会体制比较》2007年第1期。

配置是扭曲而低效率的。一方面,国有银行存在严重的"惜贷"现象,另一方面,对经济增长作出巨大贡献的中小企业(特别是富有效率的民营中小企业)得不到相应的资金支持,同时涉农融资比较难,金融资源地区分布不均衡,不发达地区金融资源向发达地区"倒流"。我国银行业的产业组织效率的低下与银行行业竞争程度不高有非常紧密的联系。

在过去20多年改革中,中国银行业走过了一条从单一的国有金融产权完全垄断到多种产权形式初具竞争的渐进道路,其产业组织结构变迁呈现出明显的阶段性特征。由于改革的路径依赖以及政府对银行业的严格管制,市场份额仍然高度集中于四大国有商业银行,其他股份制商业银行(本书将其定义为中型银行)占有的市场份额只有百分之十几,难以与四大行展开有力的竞争。与发达国家相比,我国中型银行非常弱小。如果把城市和农村信用社等金融机构理解为小银行(或小型金融机构),他们的力量更加弱小。这种状况会造成银行业集中度过高,不利于形成充分竞争的信贷市场环境。金融业是一个有机联系、互相补充的多样性生态系统,既需要大中小型商业银行,也需要面向社区中小企业和农民的合作金融组织。事实上有关研究表明,中国银行业的竞争强度明显偏弱。由于结构过于集中,使得信贷市场竞争弱化,最终必然影响到单个银行(特别是国有银行)的经营效率无法提高,反而连年下滑,使信贷资金配置效率处于一个较低水平。不仅如此,我国中小银行极不发达的状况还导致了信贷资金的扭曲配置,加剧了中小企业融资难的窘境。可以说,我国银行产业生态结构存在的严重缺陷是银行业产业组织效率低下的重要原因。

为了提高中国银行业宏微观两个层面的效率,必须有策略地开放市场,强化竞争。市场开放才有竞争,有竞争才有效率,有效率才有竞争力,有竞争力才有国家金融安全。这就是要加快银行业对内对外的开放速度。相比较近些年对外开放的大踏步前进,银行业对内开放远远不足。因此,在后金融危机时代,要特别加大对国内民间投资的市场准入和开放力度,对国内的投资者全方位、多层次开放信贷市场,鼓励银行间的重组和兼并,支持帮助中小型民营银行和村镇银行的建立和发展,彻底解决作为中国经济增长的主要推动者之一的中小型企业融资难、涉农融资难以及金融资源区域不均衡的问题,促进中小型企业发展、农村经济发展、区域协调发展和经济结构调整,培育经济长期增长的动力。其中应当特别重视中型银行的发展和改革,鼓励和支持中型银行的充分发展。

中国已经成为WTO的一员,银行业作为一个对外资逐步开放的产业领域,面对金融全球化带来的挑战和竞争,提高我国信贷资金配置效率和银行产业整体竞争力,构筑面向全球化的中国金融安全体系,将是未来我们长期努力的方向。

2003年以来的新一轮的国有银行改革,不但再次动用了注资、剥离不良资产等改写资产负债表的老手段,还初步建立起国有商业银行法人治理结构,引进战略投资者并实现建行、中行、交行、工商银行和农行,以及许多中小商业银行分别于境内外的上市。新一轮银行改革的前后,国有商业银行的内部结构和所处的外部环境都有很大的不同,相对而言,股份制银行承担的政策性负担远远小于国有商业银行。2007年末,中国商业银行机构的总资产规模达到43万亿元人民币,为2007年GDP的172.3%,且近年来银行业的财务表现和产业态势都出现了一些前所未有的变化和特征。2003年以后我国银行业的集中度延续了下降的趋势,四大行以外的商业银行的市场份额不断增加,但集中度仍然比较高。另外,2001年中国"入世"后开始稳步推进金融业开放承诺的履行,尤其是2006年以后,全面开放银行业,取消外资银行经营人民币业务的地域和客户限制,取消对外资银行在华经营的非审慎性限制,在华外资银行取得了较快发展。外资银行由于目前所占的市场份额较小,目前对我国银行业的竞争与效率的影响还比较小,但长期来看,其冲击不容忽视。基于此,增加中国银行业的竞争的政策重点应当是坚定不移地大规模对内资开放银行业市场。

## 二、国有商业银行需要进行产权结构多元化和产业结构竞争化并重的综合改革

在20世纪90年代,金融全球化进程加快,国际范围内银行间的并购风潮使得银行业的行业集中度上升、单个银行的规模显著扩张。不仅如此,信息技术革命的迅速推进引发了世界范围内银行业的传统业务和产业组织结构的深刻变化,使银行业出现分散化和集中化并存的趋势。针对现实经济活动过程中出现的这种新变化和趋势,仔细审视中国银行业存在市场份额高度集中于四大国有商业银行市场结构和低效率,我们就会发现:中国银行业既要通过产权改革来解决国有银行的自生能力问题(即内在发展动力机

制),又要通过市场结构调整来促进竞争,这样才能提高银行产业效率(微观面上单个银行的经营效率和宏观面上整个银行业的资金配置效率)。这是由中国经济转轨的特殊矛盾决定的。国有银行体制转轨的路径选择应该是产权结构和市场结构改革并重的综合改革。

我国2003年以来的银行业改革主要集中在国有商业银行的产权结构多元化上(如引入境外战略投资者),但在市场结构竞争化竞争化方面却进展缓慢,没有协调推进产权结构和市场结构并重的综合改革,"一条腿长,一条腿短",因而并没有取得最佳效果。这主要表现在:银行业依然高度集中,垄断严重,竞争还不足。更为严重的是,在传统管理体制的束缚下,中国商业银行无论是在业务产品创新、信息化等技术因素方面,还是在经营理念、组织架构、业务流程、治理结构、人力资源等管理因素方面,都明显缺乏竞争力。从银行治理上看,"官本位"现象仍然严重,有的银行即使在紧锣密鼓的股份制改造过程中,也仍在突击明确员工的"行政级别";从银行经营理念看,在授信方面仍奉行"唯所有制论"、"唯规模论"等,粗放经营模式严重制约了金融产品的创新和新的竞争形势下银行业务战略转型;从银行组织流程看,各总行纷纷上收权限,经营战略上采取"四集中"(向大客户集中、向优质客户集中、向大城市集中、向总行集中)的策略,业务、利率等定价权皆在总部,审批层次多、时间长、效率低,使基层行逐渐失去活力;从银行业监管环境看,银行业引资存在事实上的准入不平等,对国内民营资本,法规虽无明确规定,但实际审批皆以10%为限,这种不平等实际上限制了民营资本向中资银行注入活力。这些情况表明,引入境外战略投资者的产权多元化改革解决不了所有的问题,鼓励国内民间投资进入银行业的市场结构竞争化改革也是不可或缺的。产权结构多元化和市场结构竞争化并重才是改革的最佳路径。

此外,引入境外战略投资者并非毫无风险。首先,建立一个完善的法人治理结构,需要很多方面配套改革的实施,需要金融机构管理制度的创新,引入境外战略投资者并非充分必要条件。其次,在短时间内大规模向外资出售股权,并事实上将内资排除在外,将会造成国有股权"供大于求",导致国有银行一定程度的"贱卖"。最后,金融企业过度引入外资,容易造成中国经济控制权的丢失,危及国家金融安全。

当前四大国有商业银行有些已经"整体上市",有些正在引入战略投资者，加快了产权（股份制）改革的步伐，但产权改革并不能解决所有的问题。同时，引入境外战略投资者后要警惕两个陷阱：一方面，要警惕国有产权代表者（或经营者）和外国机构投资者"合谋"，强化银行业的行政垄断，削弱银行业的竞争，使我国银行产业组织效率（微观层面单个银行的经营效率和宏观层面信贷资金的配置效率）低下的局面长期化，损害经济的长期增长基础。因此，对国有商业银行推进产权结构改革的同时，也要对民间资金开放银行业，推动市场结构的改革。

另一方面，也要警惕国有商业银行引入战略投资者后由"内部人控制"变成"外部人控制"，损害国家金融安全。国有商业银行改制上市后，虽然国家绝对控股，但是由于国有产权存在的"所有者缺位"，难免会像其他国有股"一股独大"的上市公司一样，出现"内部人控制"现象（即公司经理层利用信息不对称，在经营中做出转移资产等对己有利却于股东利益有损的行为）。现在由于国有商业银行引入了拥有相当股份的外国战略投资者，在国有产权"所有者缺位"和我国银行正在迅速迈向国际化的情况下，公司法人治理中的"内部人控制"可能会演变为战略投资者主导的"外部人控制"，即战略投资者主导公司的重大经营活动（特别是国际间经营活动），利用我国对国际金融事务了解不够，做出损害国有商业银行和国家金融安全的行为。

市场开放才有竞争，有竞争才有效率，有效率才有竞争力，有竞争力才有国家金融安全。现在是该纠正中国银行业改革战略偏颇的时候了，产权结构多元化和市场结构竞争化并重才是改革的最佳路径。这就是要加快银行业对内对外的开放速度。考虑到国家金融安全，要特别加大对国内民间投资的市场准入和开放力度。其中应当特别重视中型银行的发展和改革，鼓励和支持中型银行的充分发展。

## 三、中型银行的充分发展是提高整个银行业竞争和效率的关键

中国银行业的市场结构中中型银行的市场份额非常小，这使得中型银行没有力量对大型银行形成真正的挑战，使大银行得以长期维持低效运行的状况而没有改革的压力。殊不知，中型银行的充分发展是提高整个银行业竞争和效率的关键。

首先，中型银行是信贷市场中最具活力的元素。一项实证研究表明，美

国1983—1992年,效率最高的银行并不是最大的银行,而是中型或大中型银行。中型及大中型银行的净资产收益率都在0.7%以上,而大型银行的净资产收益率只有0.31%。根据《亚洲货币》杂志1999年底对亚洲最重要的88家银行的综合评比,最佳的5家银行中,有4家的资产规模都远小于所谓的"十大银行"。最佳的15家银行中,中国台湾华信银行、新加坡KEPPEL银行及菲律宾PCI银行等都是中小银行。可见,银行的好坏并不在于规模大小,根本上取决于其发展的质量及其核心竞争力。

其次,银行业的市场竞争应该是梯度传递的有序竞争,才能衍生出一个富有竞争和产业组织效率的信贷市场。小银行在市场上除了和同等规模的银行全面直接竞争外,还会部分地和中型银行直接竞争,但由于实力有限却无法给大银行造成实质性竞争压力;中型银行在业务上除了和同等规模的银行全面地直接竞争以外,还会部分地与大银行和小银行两边都发生直接竞争;大银行在业务上除了和同等规模的银行全面展开直接竞争外,还部分地会和中型银行直接竞争,而不屑于争夺小银行的客户。因此,对于一个竞争有序且有效的信贷市场而言,中型银行对于市场竞争强度的提高和竞争的传递能够起到承上启下的作用,产生"鲶鱼效应"。因此,鼓励中型银行的迅速发展,让它们成长为市场中的"鲶鱼",增加对大型银行和小型银行的竞争压力,激发它们的活力,对于增进我国银行业的竞争强度,提高整个银行业的经营效率和信贷资金配置效率可能具有特别重要的意义。

做强做大中型银行是提高我国银行业整体竞争力的关键。大力支持中型银行做强做大战略的实施将带动和加快银行业改革和产业组织效率提升。这一步棋下好了,可以将银行改革的全局"盘活"。鼓励现有的中信银行、招商银行、浦东发展银行、光大银行、深圳发展银行等中型银行做强做大,将会较快地打破目前四大国有商业银行主导的寡头型市场结构,加速整个银行业的竞争和改革,带动中国银行产业效率的提升,起到"四两拨千斤"的作用。

## 四、发展中小银行和村镇银行是解决金融资源宏观配置效率扭曲的重要途径

改革开放25年来,我国取得的经济成就与中小企业的发展密不可分,中小企业在国民经济中已占有十分重要的地位。中小企业在促进区域经济增

长、增加财政收入、创造就业机会、维持区域经济安全、保持自由竞争制度、推动技术创新、培养企业家队伍等方面扮演了非常重要的角色。发展中小企业符合我国的资源禀赋特征,中小企业已经成为我国经济增长的主要动力,但目前其发展却受到"融资难"的困扰。中小企业融资难的根源是信息不对称,我国长期金融抑制下形成的银行产业组织缺陷(中小金融机构极不发达)是造成我国中小企业融资特别困难(与国际相比较而言)的主要原因。同时,农村和西部地区长期处于对金融资源的渴求当中,但农村和西部的储蓄资金却通过四大银行信贷渠道大规模流向城市和发达地区,造成农村和西部地区为城市和东部地区的发展长期"献血",进一步拉大城乡和区域经济差距。银行产业组织结构由集中走向分散会使中小企业贷款增加,竞争加剧,从而使得这些金融资源扭曲的状态得以改善。这里仅以中小企业融资问题为例。

决策分散化的市场改革必然引起实体经济中产业组织结构的变化,中小企业特别是体制外民营中小企业的发展带来了竞争,提升了经济的资源配置效率;与实体经济的产业组织结构变迁相匹配,必然要求金融产业组织结构改革,发展中小金融机构,特别是中小银行。因为中小企业的融资主要通过间接的渠道,而小银行与大银行相比,在给中小企业的贷款中存在着经济上的比较优势。

银行作为间接融资机构,在解决信贷资金供给方和需求方之间的信息不对称问题方面具有比较优势,但不同规模贷款的交易成本差距不大,单位贷款的成本会随着贷款规模的递增而降低。不仅如此,大银行由于行政层级多而导致代理成本和信贷信息传递成本较中小银行高,因而在对中小企业贷款进行信息筛选时处于劣势。综合起来,从节约成本和信息不对称问题的解决这两个方面来说,大银行都会更加愿意给大企业贷款,形成对中小企业的信贷歧视。这样,中小企业融资难的问题归根到底靠大量中小型银行(特别是民营银行)的进入,改善过于集中的市场结构来解决。

国有银行在信贷中的所有制歧视曾是导致非国有中小企业融资难问题的原因之一,但现在不是主要原因。这可以从一些大型民营企业成为国有银行争相放贷的对象得到印证(例如,深圳的华为公司,作为一个赢利性很好的大型私营公司,根本就不缺来自银行的信贷资金),同样是非国有企业,所有制歧视应该不是中小企业得不到贷款的主要原因。在竞争中形成的信贷市场是一个专业化分工的市场,大银行和小银行有各自的比较优势,在中小企业融资问题上存在着明显的"小银行优势"(在解决信息不对称和降低交易成本方面),因而要解决中小企业(特别是非国有中小企业)融资难问题,最佳的战略是鼓励中小银行(特别是民营中小银行)的发展。

因而,弥补银行产业组织结构缺陷,放松政府管制,发展中小银行的市场结构改革势在必行。从长期来看,大力发展中小银行①(特别是民营中小银行)符合"小银行优势"假说和信贷市场的专业化分工,是从根本上解决中小企业融资问题的最佳战略。

## 五、产业效率的提升是构筑我国银行安全战略的根本点

金融全球化的发展,极大地推进了发展中国家的金融深化进程,但在后金融危机时代的国际金融环境中,也对发展中国家的金融安全构成了威胁。借鉴银行业开放的国际经验教训,对于我们有特别的意义。

发展中国家银行如果开放速度过快,又不能积极应对,会很快失去对国内市场的主导权。这个特点在拉美和东欧国家非常显著。这两个地区的许多国家同时在20世纪90年代中期迅速放开对外资银行的控制,外资银行在1995年前后迅速以并购方式进入当地市场,且在1994—1999年的五年时间里初步取得了一些国家银行业的控制权。拉美国家1990年前后外国银行资产在东道国银行资产总额中的比例不超过10%,但到了2000年,阿根廷已达49%,智利为54%。东欧国家与此类似,捷克、波兰、匈牙利在2000年外资银行均已经占领了60%以上的市场。在另外一些国家,虽然外国银行还未超过当地银行,但发展速度非常快。例如,墨西哥1990年几乎没有外资银行的介入,但2000年外资银行占领了24%的市场;哥伦比亚1990年是8%,2000年达26%;巴西1990年是6%,2000年达23%②。相比之下,东南亚国家对银行业的开放一直比较谨慎,从20世纪80年代中期开始的金融开放主要是以离岸金融中心的形式来实现,这样虽然导致在90年代上半期大量国

① 此处所指的中小金融机构和中小银行含义是基本相同的。因为中小金融机构既包括商业银行、合作银行,也包括信用合作社,但是这些金融机构都是以传统的存放款业务为主,因而可以统称为"中小银行"。

② 数据参见王益:《中国银行业竞争力分析(下)》,表十四"发展中国家外资银行的进入及经营状况",《管理现代化》2002年第6期。

际信贷涌入国内市场,但外资银行直接介入本地业务的速度相对较慢。直到1997年东亚金融危机之后,外资银行才逐步被容许介入本币业务之中,到2000年,外资银行在本地市场所占份额依然有限。另外,东南亚危机发生后东南亚各国也多依赖本国力量进行银行业重组,特别是在韩国。而许多拉美和东欧国家则借助外国金融机构注资的方式进行银行的重组。

在开放过程中,如对本国银行过度保护,会影响金融市场的发展,失去开放的意义。日本是一个发达国家,但它非常担心美欧国家控制其金融市场,因此在开放金融市场方面非常保守。日本表面上同意开放市场,但实际上却设置很多障碍阻挡外国银行在日本扩展业务。其目的是达到了,金融市场紧紧控制在日本人手上。但由于缺乏国际竞争,日本的银行业透明度很低,不良资产比例很高,金融市场流动性不高,与其经济大国地位极不相称。因此,日本银行的评级在发达国家中最低。例如,作为日本银行业巨子的东京三菱银行和富士银行其实际经营绩效处于国际三流水平①。

外资银行的进入会对当地金融市场和金融机构的改革起明显的推动作用。外资银行的进入,会迫使当地政府和金融机构进行改革,改善法律制度和公司治理结构,降低营业成本并提高服务质量,使金融市场和金融机构的竞争力都得到加强。

中国已经加入WTO和正在快速融入金融全球化,银行业对外开放的步伐正在加快,对国家金融安全正产生越来越大的影响。借鉴银行业开放的国际经验教训,面对加入WTO后我国银行业正在和即将面临的挑战,针对我国银行体系的脆弱性,作者认为构筑我国面向全球化的银行安全战略的根本点是提升银行业的产业组织效率,进而提升中国银行业的整体竞争力。有效率才有竞争力,有竞争力才有国家金融安全。

## 六、警惕资产价格波动对我国银行体系脆弱性的冲击

在现代金融体系中,金融市场环境的变化对银行的经营产生着越来越重要的影响。而资本金融市场的特点又是极易形成泡沫,因此,在后金融危机时代要十分关注资产价格波动与银行所赖以存在的金融市场脆弱性的联动关系问题,要研究房地产、股票、债券、外汇、金融衍生品等资产价格自身

---

① 王益．中国银行业竞争力分析(上)[J]．管理现代化,2002(5).

波动的内在规律及其对我国银行体系安全的冲击。

我国银行体系的脆弱性表现在:(1) 融资过度银行化。我国金融体系以间接融资为主导,企业融资渠道相对单一,严重依赖银行贷款,企业通过发行股票和债券方式融资比重过低,这种融资结构使得全社会的融资风险过度集中到银行体系。而就我国国有商业银行贷款方向来看,高度集中于国有企业,这使得商业银行的资产质量直接受制于国有企业的财务经营状况,因此国有企业经营风险在一定的条件下可能会大量转嫁给商业银行。例如,2009 年以来的信贷大规模扩张,导致许多国有企业(特别是央企)流动性过于充裕,转而投向房地产业等非主业,产生了许多大大小小的"地王",蕴含着房地产泡沫破灭后给银行带来大量呆坏账的风险。(2)商业银行产权关系及治理结构缺陷。主要表现为产权关系不明,主体缺位或虚置,难以对经营者产生有效约束,从而导致代理人的道德风险,银行经营层的利益目标与银行体系稳定目标冲突;政府作为国有商业银行所有人,过分强调国有商业银行的宏观调控职能;公司治理结构缺失,导致激励机制、内控机制不完善等。(3)金融安全网不够完善。我国目前的隐性存款保险制度某种程度上加剧了银行体系的脆弱性。无论是剥离四大国有银行的不良资产,或是向它们注资,还是向被关闭金融机构提供再贷款,都可看作是政府提供了一种变相的"存款保险服务"。这种隐性存款保险制度的最大缺陷是强化了金融企业的道德风险。(4)"大而不能倒"的风险。我国银行业产业组织结构集中度过高,比起发达经济体的情况更加严重,再加上国有控股的产权结构,实际上"大而不能倒"的风险更大。

2010 年 11 月份,美国为刺激本国经济增长,转嫁金融危机,实施了第二轮量化宽松货币政策,其产生的巨量流动性向新兴市场经济国家(如中国、巴西、印度等)蔓延,再加上国际范围的食品供给短缺,中东和北非的局势不稳,我国国内劳动力成本上升和外汇对冲引发的流动性过剩,通胀压力和房地产泡沫都有所加剧,我们要谨慎应对,防止资产价格泡沫的过分累积。特别是房地产价格的调控,要努力采取多种措施使其趋于稳定,升幅过高将会进一步累积泡沫和风险,降幅太大又可能引发泡沫破灭后的"金融危机",要讲究调控的艺术,把握好时机和力度。

## 七、适时推进混业经营并相应改革金融监管体制

自20世纪80年代以来，随着各国经济的蓬勃发展及金融国际化步伐的加快，金融自由化的浪潮兴起，许多国家纷纷放弃原先的金融分业管制政策，与此同时越来越多的金融机构热衷于多元化经营并采取兼并收购等手段向其他业务领域渗透。混业经营逐渐成为各国金融业发展的基本模式。我国目前的金融体制是分业经营，但从长远来看，中国金融业最终将融入全球竞争之中，与世界各国集银行、保险、证券等金融业务于一身的金融巨头进行角逐，中国金融业实现从分业经营走向混业经营的体制变革是必然的，也是可能的。混业经营的推进固然风险巨大，但如果建立了与之匹配的良好的金融监管体系，总体上利大于弊。

我国现行的三会"各管一段"的分业监管模式，已经暴露出各监管机构之间的协调效率低下的问题。主要表现在：(1)监管重复和监管真空。我国的三家金融监管机构自成系统，条块分割，对于跨行业金融产品和金融机构的监管，不是相互争夺权力，就是相互推诿责任，极易导致监管重复和监管真空。这种体制安排不仅增加了监管成本，也严重影响了监管效果。而且不同监管机构的监管目标和监管重点不同，也会导致监管冲突。(2)抑制金融创新。现行分业监管体制中，不同金融机构业务交叉时，一项新业务的推出需要经过多个部门长时间的协调才能完成。不同的监管机构为了减小监管压力，对原不属于本业的新产品采取抵制态度，抑制金融创新，从而阻碍了我国金融业混业经营的正常发展。(3)无法对金融控股公司进行有效的监管。我国已经出现了大量的金融控股集团，政府对金融控股集团的发展一直采用一种默许的态度，但没有相应采取有效的办法对金融控股集团加以监管。

我国已加入WTO，越来越多的外资金融机构将进入中国市场，它们大都是混业经营，各部门之间可以充分互通信息、人员和资金，而我国金融业在信息不对称的条件下，则很难做到有效的监管。从1998年以后，中国人民银行不再是整个金融业的主管部门，但货币政策的制定与执行、金融业稳定运行与保险业政策等有着密切联系，货币市场和资本市场有着密切联系。金融系统客观上需要一个部门来进行综合协调。基于以上原因，对现行金融机构进行调整已经势在必行。在借鉴国外经验的同时，结合我国金融监管

体制的现状和金融业的发展需要，在现行监管体制基础上建立一个统一的监管机构应该是可行的。

## 八、在宏观经济理论和政策反思中对金融安全进行顶层政策重构

过去的100年发生了三次大经济危机，“大萧条”挑战当时的主流经济学，引发了“凯恩斯革命”和现代宏观经济学的诞生，也引发了对金融安全体系构建的思考，凯恩斯的“政府干预”思想反映在金融领域就是《格拉斯—斯蒂格尔法案》的通过和分业经营、分业监管模式的确立；20世纪70年代的“经济滞胀”引发了“回归古典”的浪潮，新自由主义宏观经济学主导了顶层政策设计，最终导致美国1999年《金融现代化法案》的通过和混业经营的流行以及金融监管的全面放松，成为21世纪金融危机发生的重要原因；而2008年全球金融危机中出现的新问题对金融安全、宏观经济学的理论与政策形成了新挑战，同样也必将引起金融监管和金融安全顶层政策设计的变革。

作者对当前金融学和宏观经济学理论与政策遇到的挑战进行了梳理，旨在提出问题，推动对金融安全与宏观经济理论和政策研究的深入。经过初步研究，作者认为，深度全球化背景下国与国之间宏观经济政策协调之难和“国家道德风险”的制约需要在理论和政策层面加强相关研究，推动全球治理框架和经济政治秩序的重构；在宏观经济政策中，价格稳定目标应当包括资产价格的稳定；在金融市场高度发达的背景下，金融机构具有了强大的货币创造和衍生功能，央行不再是唯一的货币发行机构，因此要有效监控和调节货币供应量；对市场机制和政府干预各自的边界要有相对清晰的划分，这样才能在金融监管和鼓励金融创新二者之间找到平衡点；收入和财富分配问题应该纳入宏观经济理论和政策视野，减少因贫富悬殊造成金融政策扭曲从而引致金融危机的可能性。

## 九、汲取欧债危机的教训并充分利用带来的前所未有机遇

欧债危机反复发酵，仍是当前全球经济下行的主要风险，目前欧元区存在的基本矛盾仍较尖锐，经济增长乏力使债务危机有进入债务负担重—紧

缩财政—经济下滑—债务负担进一步加重的恶性循环的可能。欧债危机前景仍不明朗,或呈现长期化趋势,仍可能存在反复。欧债危机会对我国经济有多重影响,其发生原因主要有五个方面。欧债危机对我国有四点启示:一是评估政府债务风险时必须充分考虑经济增速下滑因素;二是完善社会福利制度必须与国家财力相适应;三是必须坚持财政政策和货币政策完整与灵活性;四是银行和公共部门之间的债务传导风险必须得到有效制约。“马歇尔计划”对我国有重要启示,欧债危机给我国提供了有选择增持欧元区主权债券的机会,也为我国投资欧洲企业、购买欧洲的先进技术和全球的资源类产品提供了很好的机会和时间窗口,也为我国金融业在全球布局和国际化提供了前所未有的机遇。

## 十、几点战略性政策建议

中国已经成为WTO的一员,银行业作为一个将对外资逐步开放的产业领域,面对金融全球化带来的挑战和竞争,如何进一步推动体制改革,化解目前银行业存在的隐患,优化银行产业组织结构,提高我国信贷资金配置效率和银行产业整体竞争力,构筑面向全球化的中国金融安全体系,将是未来我们长期努力的方向。尤其要指出的是,2008年引爆全球金融危机的“大而不能倒”问题,在我国甚至更加严重,加之这些大银行和金融机构都是国家信用做隐性担保,因而所谓的“系统性重要的金融机构”在危机发生时必然会得到国家的救助,甚至绑架国家政策。因此,推动中国银行业对内外资的开放,特别是对内资的开放,强化竞争从而提升效率,具有重要的战略意义。

基于上面的分析,作者对中国银行业改革和建立全球化下的银行安全(乃至国家金融安全)体系的战略性政策建议主要是:

1. 中国银行业改革和构筑国家金融安全的核心问题是银行产业组织效率的提升,包括微观面上银行经营效率的提高,也包括宏观面上信贷资金配置效率的改进。

2. 国有银行体制转轨的路径选择应该是产权结构和市场结构改革并重的综合改革,二者本质上都是为了促进中国银行产业组织效率的提升,因而是相互协调、相互补充、相互促进的关系,关键是政策上要扬长补短,进行合理的配合。最近几年比较重视产权结构多元化的改革,市场结构竞争化改革(即市场开放,特别是对内资的开放)的力度比较弱,要避免“一条腿长,一条腿短”,当前要加大银行产业对内外资(特别是内资)的开放力度。

3. 放松四大国有商业银行业务发展上的政府管制,强化对大银行的垄断行为的规制和监管,使其能够充分地展开竞争,这样可以弥补产业过于集中、竞争弱化导致的效率损失,在产业组织结构调整还没有到位的情况下也可以有一个相当充分的竞争环境,推动国有银行产权改革,提升银行产业组织效率。

4. 大刀阔斧地推进银行业对内开放,对国内的投资者全方位、多层次开放信贷市场,鼓励银行间的重组和兼并。

5. 鼓励和支持中型银行的做强做大,以提高中型银行的竞争力,提升整个信贷市场的竞争程度和银行产业组织效率。

6. 鼓励小型银行(特别是民营小型银行、社区银行、村镇银行)的发展。当前我国银行产业生态结构存在重大缺陷,小型银行(特别是民营小型银行、社区银行)极不发达已经严重影响到金融资源的有效配置,必须高度重视这一问题的解决。要鼓励民间资金进入这一领域,支持帮助中小型民营银行的建立和发展,彻底解决作为中国经济增长的主要推动者之一的中小型企业融资难的问题,促进中小型企业发展,培育经济长期增长的动力。

7. 转变监管重心,强化对外资银行的业务监管和风险监管。银行业开放使外资银行成为我国金融体系中的重要组成部分,它们的安全运行将直接影响到我国的金融安全。

8. 提高国家对整个银行业的监管水平,警惕资产价格风险,防范并尽快化解潜在的金融风险。

9. 逐步放开对金融混业经营的管制。混业经营是金融全球化下的银行业发展的重要趋势之一。加入 WTO 和我国银行经营方式从 1999 年开始的向混业经营的制度变迁虽然加大了我国目前的金融风险,但从长远来看,混业经营是提升银行经营绩效和金融资源配置效率,特别是提高金融全球化下中国金融产业竞争力的重要举措之一。

10. 在理论和政策层面加强相关研究,推动全球治理框架和经济政治秩序的重构。在深度全球化背景下,一国的金融和经济安全与其他国家乃至全球经济状况紧密相连,甚至“一荣俱荣,一损俱损”,谁也难以独善其身。但与此同时,随着经济相互依赖和影响程度越来越深,国与国之间宏观经济政策就越来越难以协调,同时个别国家的“国家道德风险”也需要得到有效制约,因此,构建有效的全球宏观经济理论与政策框架,推动全球经济协调发展和安全运行就成了必由之路。

11. 在宏观经济政策实践中,宏观经济政策四大目标中的价格稳定目标应当包括资产价格的稳定,时刻关注资产价格合理性、是否存在泡沫以及引发金融危机的可能性。

12. 在金融市场高度发达的背景下,金融机构具有了强大的货币创造和衍生功能,央行不再是唯一的货币发行机构,因此要有效监控和调节货币供应量。

13. 对市场机制和政府干预各自的边界要有相对清晰的划分,这样才能在金融监管和鼓励金融创新二者之间找到平衡点。

14. 收入和财富分配问题应该纳入宏观经济理论和政策视野,减少因贫富悬殊造成金融政策扭曲从而引致金融危机的可能性。

# 参考文献

1. 吴树青．吴树青自选集[M]．北京:学习出版社,2003.

2. 吴树青．邓小平理论与当代中国经济学[M]．北京:北京大学出版社、哈尔滨:黑龙江教育出版社,2002.

3. 恩格尔曼,等．剑桥美国经济史(第三卷)[M]．高德步,等,译．北京:中国人民大学出版社,2008.

4. 国际货币基金组织．迈向金融稳定的框架[M]．北京:中国金融出版社,1998.

5. 佩特·斯潘瑟．金融市场结构与监管[M]．戴国强,译．上海:上海财经大学出版社,2000.

6. 谢平,蔡浩仪．金融经营模式及监管体制研究[M]．北京:中国金融出版社,2003.

7. 林毅夫,蔡昉,李周．中国奇迹:发展战略和经济改革[M]．上海:上海三联书店、上海人民出版社,1999.

8. 张维迎．博弈论与信息经济学[M]．上海:上海三联出版社,1996.

9. 王洛林,李扬．金融结构与金融危机[M]．北京:经济管理出版社,2002.

10. 魏后凯．市场竞争、经济绩效与产业集中[M]．北京:经济管理出版社,2003.

11. 王颖捷．金融产业组织的市场结构[M]．北京:机械工业出版社,2004.

12. 孙天琦．金融组织结构研究[M]．北京:中国社会科学出版社,2002.

13. 藏旭恒,徐向艺,杨慧馨．产业经济学[M]．北京:经济科学出版社,2002.

14. 厉无畏,王振．中国产业发展前沿问题[M]．上海:上海人民出版社,2003.

15. 陈富良,万卫红．企业行为与政府规制[M]．北京:经济管理出版社,2001.

16. 钱小安．信贷紧缩、银行重组与金融发展[M]．上海:上海三联书店,2000.

17. 武剑．货币政策与经济增长——中国货币政策发展取向研究[M]．上海:上海三联书店,2000.

18. 杨治．产业组织经济学导论[M]．北京:中国人民大学出版社,1995.

19. 刘树成,张平,等．"新经济"透视[M]．北京:社会科学文献出版社,2001.

20. 江生忠．中国保险产业组织研究[M]．北京:中国社会科学出版社,2003.

21. 焦瑾璞．中国银行业国际竞争力研究[M]．北京:中国时代经济出版社,2002.

22. 黄金老．金融自由化与金融脆弱性[M]．北京:中国城市出版社,2001.

23. 尚明．新中国金融 50 年[M]．北京:中国财政经济出版社,2000.

24. 多纳德·海,德理克·莫瑞斯．产业经济学与组织(中译本)[M],北京:经济科学出版社,1991.

25. 青木昌彦．比较制度分析(中译本)[M]．上海:上海远东出版社,2001

26. G. 斯蒂格勒．产业组织和政府管制[M]．潘振民,译．上海:上海三联书店、上海人民出版社,1996.

27. J. 泰勒尔．产业组织理论[M]．张维迎,总译校．北京:中国人民大学出版社,1997.

28. 雷蒙德·W. 戈德史密斯.金融结构与金融发展(中译本)[M]．上海:上海三联书店、上海人民出版社,1994.

29. 植草益．日本的产业组织理论与实证的前沿[M]．北京:经济管理出版社,2000.

30. 蒂米奇·威塔斯．金融规管——变化中的游戏规则[M]．上海:上海财经大学出版社,2001.

31. 于永臻. 当前中国银行业改革的若干战略思考[J]. 经济社会体制比较,2007(1).

32. 于永臻. 中国银行业产业组织:结构缺陷与效率提升[J]. 改革,2006(8).

33. 于永臻. 与跨国银行竞争——中国银行业的效率与金融安全[J]. 攀登. 2006(5).

34. 于永臻. 全球金融危机对宏观经济理论和政策的新挑战[J]. 经济研究参考,2012(22).

35. 杜群阳,朱佳钰. 外资进入与银行业效率的实证研究[J]. 国际贸易问题,2010(2).

36. 王国红,何德旭. 外资银行进入中国市场的竞争效应研究[J]. 财经问题研究,2010(6).

37. 吴梦,李继民. 我国银行业市场结构、绩效与规模经济之间的关系研究[J]. 财会月刊,2010(24).

38. 李继民,胡坚. 中国银行业市场结构、绩效与规模经济——基于2004—2007 年面板数据的实证研究[J]. 金融理论与实践,2010(6).

39. 应展宇. 中美金融市场结构比较:基于功能和演进的多维考察[J]. 国际金融研究,2010(9).

40. 潘英丽. 为何需要加快金融转型[J]. 西部论丛,2010(12).

41. 张士平. 对中国国有银行引入境外战略投资者路径选择的思考[J]. 经济研究导刊,2010(31).

42. 杨丽平. 以审慎监管促外资银行在华稳健运行[J]. 中国金融,2011(2).

43. 何喜有. 外资银行在华进入模式选择与组织演进研究[J]. 经济纵横,2010(12).

44. 李润兰,王霞. 入世后外资银行在华发展状况及应对策略[J]. 兰州大学学报(社会科学版),2010(6).

45. 孔庆龙. 资产价格波动与银行脆弱性关系解析[J]. 理论界,2010(7).

46. 胡兆军. 中国银行业脆弱性测度的实证研究——基于自下而上的方法[J]. 金融理论与实践,2010(11).

47. 贾丹. 我国银行体系脆弱性治理及银行危机防范策略[J]. 经济论坛,2010(7).

48. 郑联盛,何德旭. 美国金融危机与金融监管框架的反思[J]. 经济社会体制比较,2009(3).

49. 王淼晶. 混业经营战略与商业银行风险的实证研究[J]. 贵州大学学报(自然科学版),2010(5).

50. 成学真,张德梅. 混业经营趋势下我国建立金融业统一监管机构的构想——基于次贷危机后美国金融监管体制改革的启示[J]. 武汉金融,2010(10).

51. 赵小茜,寇志博. 中国商业银行市场结构与效率的关系研究[J]. 中国市场,2010(35).

52. 邹巍. 中国商业银行规模经济的实证研究—— 基于2006—2008年面板数据模型的分析[J]. 经济经纬,2010(5).

53. 袁增霆,蔡真,王旭祥. 中国小企业融资难问题的成因及对策[J]. 经济学家,2010(8).

54. 柯孔林. 中国银行业市场竞争结构测度:基于Bresnahan范式研究[J]. 数理统计与管理,2010(4).

55. 章隽等. 商业银行的风险:规模和非利息收入——以美国为例[J]. 金融研究,2010(6).

56. 李哲. 国际资本流入中国银行部门动机变迁研究[J]. 北京师范大学学报(社会科学版),2010(5).

57. 王晓枫,熊海芳. 基于市场结构的银行竞争力实证分析[J]. 大连海事大学学报(社会科学版),2010(5).

58. 吴志坚. 银行业产业集中度国际比较研究[J]. 中国科技信息,2010(4).

59. 雷震,彭欢. 银行业市场结构与中小企业的生成:来自中国1995—2006年的证据[J]. 世界经济,2010(3).

60. 张旭涛,胡莹. 银行业市场集中度、竞争程度与货币政策传导——基于中国银行业的经验研究[J]. 山西财经大学学报,2010(12).

61. 范小云,肖立晟,王博. 银行监管对银行业结构演进的影响——基于市场准入与经营范围监管视角的研究[J]. 财经研究,2010(4).

62. 邹朋飞,廖进球. 风险竞争、银行效率与监管有效性——“金砖四国”的经验研究与政策建议[J]. 金融论坛,2009(12).

63. 曹源芳. 中国信贷规模、结构、效率与经济增长关系的经验分析[J]. 上海金融,2011(1).

64. 赵昌文,杨记军,夏秋. 中国转型期商业银行的公司治理与绩效研究[J]. 管理世界,2009(7).

65. 吴俊,张宗益,邓宏辉. 商业银行资本、风险与效率的关系:中国经济转型期的经验研究[J]. 财经论丛,2011(1).

66. 郭妍. 我国银行海外并购绩效及其影响因素的实证分析[J]. 财贸经济,2010(11).

67. 彭玉镏. 政府注资国有商业银行的有效性分析[J]. 管理世界,2010(5).

68. 王媛媛. 浅析我国国有商业银行的全球竞争力[J]. 黑龙江对外经贸,2010(12).

69. 陈守东,杨东亮. 中国银行体系脆弱性的动态分析与预测[J]. 吉林大学社会科学学报,2010(4).

70. 卢二坡,张桃生. 关于银行业稳定性、效率及其关系研究综述[J]. 南京航空航天大学学报(社会科学版),2010(3).

71. 刘陈伟. 商业银行体系脆弱性实证研究[J]. 经济研究导刊,2010(3).

72. 周忠英,外国证券投资与中国银行体系的脆弱性[J]. 经济研究导刊,2010(16).

73. 徐燕. 我国金融体系金融脆弱性分析研究[J]. 生产力研究,2010(4).

74. 大卫·科茨. 当前的金融和经济危机:一个新自由资本主义的系统性危机[J]. 上海金融学院学报,2010(2).

75. 王翔,钱力. 金融发展视角下中国的资本形成与银行业市场结构[J]. 江淮论坛,2009(2).

76. 王鹤立. 我国金融混业经营前景研究[J]. 金融研究,2008(9).

77. 美国财政部. 关于现代化的金融监管架构的蓝图. 国务院发展研究中心,摘译,2008-09-22.

78. 赵静梅．美国金融监管结构的转型及对我国的启示[J]．国际金融研究,2007(12).

79. 于永臻．银行产业组织演进趋势与国有银行体制转轨[J]．财经理论与实践,2004(5).

80. 周耀东．现代产业组织理论的沿革和发展[J]．经济评论,2002(4).

81. 程玉春,夏志强．西方产业组织理论的演进及启示[J]．四川大学学报(哲学社会科学版),2003(1).

82. 董艳华,荣朝和．产业组织理论的主要流派与近期进展[J]．北方交通大学学报(社会科学版),2003－12.

83. 卫志民．近70年来产业组织理论的演进[J]．经济评论,2003(1).

84. 余东华．新产业组织理论及其新发展[J]．中央财经大学学报,2004(2).

85. 杨瑞龙,刘刚．企业理论的发展对产业组织理论演进的影响[J]．东南大学学报(哲学社会科学版),2001(2).

86. 夏大慰．产业组织与公共政策:哈佛学派[J]．外国经济与管理,1999(8).

87. 夏大慰．产业组织与公共政策:芝加哥学派[J]．外国经济与管理,1999(9).

88. 夏大慰．产业组织与公共政策:可竞争市场理论[J]．外国经济与管理,1999(11).

89. 夏大慰．产业组织与公共政策:新奥地利学派[J]．外国经济与管理,1999(10).

90. 王颖捷．陷入困境银行的退出壁垒和我国相关问题的研究[J]．金融论坛,2003(2).

91. 赵怀勇,王越．论银行规模经济[J]．国际金融研究,1999(4).

92. 李文军．银行越大越好吗?——兼论银行规模问题[J]．国际金融研究,1998(12).

93. 赵旭,凌亢．对银行业行为与效率的分析[J]．当代财经．2001(3).

94. 赵旭．中外商业银行效率比较[J]．世界经济文汇,2001(1).

95. 高波,于良春．中国银行业规模经济效应分析[J]．经济评论,2003(1).

96. 杨大光. 中国银行业市场结构透析[J]. 中央财经大学学报,2002(12).

97. 刘宗华. 中国银行业规模经济的实证检验[J]. 统计研究,2003(11).

98. 刘宗华,范文燕,易行健. 中国银行业的规模经济与技术进步效应检验[J]. 财经研究,2003(12).

99. 鲁志勇,于良春. 中国银行竞争力分析与实证研究[J]. 改革,2002(3).

100. 黄宪. 中国银行业效率分析[J]. 国际金融研究,1998(7).

101. 张杰. 中国银行制度改革的经济分析[J]. 财贸经济,1994(2).

102. 樊纲. 论体制转轨的动态过程[J]. 经济研究,2000(1).

103. 罗金生. 中国金融业"次优选择"的改革路径思考[J]. 云南财贸学院学报,2001(1).

104. 贺力平. 克服金融机构与中小企业之间的不对称信息障碍[J]. 改革,1999(2).

105. 林毅夫,李永军. 中小金融机构发展与中小企业融资[J]. 经济研究,2001(1).

106. 周业安. 金融抑制对中国企业融资能力影响的实证研究[J]. 经济研究,1999(2).

107. 段卫平. 国有商业银行与股份制商业银行竞争力比较分析——兼论中国商业银行的增量改革[J]. 中央财经大学学报,2002(7).

108. 高莉,樊卫东. 中国银行业创值能力分析[J]. 财贸经济,2003(11).

109. 刘伟,黄桂田. 中国银行业改革的侧重点:产权结构还是市场结构[J]. 经济研究,2002(8).

110. 于良春,鞠源. 垄断与竞争:中国银行业的改革和发展[J]. 经济研究,1999(8).

111. 焦谨璞. 中国银行的市场竞争格局及其制度分析[J]. 宏观经济研究,2001(6).

112. 易纲,赵先信. 中国银行竞争:机构扩张、工具创新与产权改革[J]. 经济研究,2001(8).

113. 王国红. 论中国银行业的市场结构[J]. 经济评论,2002(2).

114. 王元龙. 国际银行业发展的新潮流与我国的抉择[J]. 经济学动态,1999(11).

115. 姜波. 竞争与合作:中国股份制商业银行的战略选择[J]. 财贸经济,2003(1).

116. 张秋雷,廖绪发,周萱. 从银行上市看我国银行业重组[J]. 经济科学,2001(4).

117. 何德旭. 商业银行制度与投资基金制度:一个比较分析框架[J]. 经济研究,2002(9).

118. 徐传谌,郑贵廷,齐树天. 我国商业银行规模经济问题与金融改革策略透析[J]. 经济研究,2002(10).

119. 张捷. 中小企业的关系型贷款与银行组织结构[J]. 经济研究,2002(6).

120. 张捷,王霄. 中小企业金融成长周期与融资结构变化[J]. 世界经济,2002(9).

121. 李志赟. 银行结构与中小企业融资[J]. 经济研究,2002(6).

122. 冯昕. 生命周期、预期利润与中小企业融资困境[J]. 财贸研究,2003(2).

123. 刘颖. 关于中小企业融资问题的探讨[J]. 武汉大学学报(社会科学版),2003(5).

124. 周天勇,张弥. 经济运行与增长中的中小企业作用机理[J]. 经济研究,2002(4).

125. 尤建新,王岚,陈宝胜. 信息不对称与中小企业融资[J]. 同济大学学报(社会科学版),2003(6).

126. 王霄,张捷. 银行信贷配给与中小企业贷款——一个内生化抵押品和企业规模的理论模型[J]. 经济研究,2003(7).

127. 张杰. 民营经济的金融困境与融资次序[J]. 经济研究,2001(4).

128. 姚力,盛光华. 中小企业的融资难题与金融机构改革[J]. 当代经济研究,2002(3).

129. 郭田勇. 中小企业融资的国际比较与借鉴[J]. 国际金融研

究,2003(11).

130. 郑之杰,赵克义,宋效军. 中小企业融资市场供求分析——兼论中小企业融资困难的原因与对策建议[J]. 中央财经大学学报,2003(8).

131. 罗正英,陶凌云. 中小企业融资战略的国际经验比较[J]. 经济学动态,2003(11).

132. 王延中. 中小企业融资状况与结构特征[J]. 财贸经济,2003(9).

133. 王自力. 香槟塔效应与中小企业信贷市场[J]. 金融研究,2004(1).

134. 王维安. 银行业开放与国家金融安全[J]. 财经研究,2003(12).

135. 尹博力,张羽. WTO 与中国的金融安全[J]. 东北财经大学学报,2002(7).

136. 张延良,李赞周. 金融全球化与发展中国家的金融安全[J]. 山东财政学院学报(双月刊),2003(4).

137. 伍志文. 中国银行体系脆弱性状况及其成因实证分析(1978—2000)[J]. 金融研究,2002(12).

138. 王益,2002a. 中国银行业竞争力分析(上)[J]. 管理现代化(第5期).

139. 王益,2002b. 中国银行业竞争力分析(下)[J]. 管理现代化(第6期).

140. 符贵兴,制度变迁中的银行产业组织改善[J],财经研究,2002(10).

141. 王元龙. 我国对外开放中的金融安全问题研究[J]. 国际金融研究,1998(5).

142. 王元龙. 我国加入 WTO 后银行业市场的竞争及对策[J]. 新视野,2002(2).

143. 王元龙. 中国国有商业银行股份制改革研究[J]. 金融研究,2001(1).

144. 欧阳勇,卫东. 经济全球化与发展中国家金融安全问题[J]. 财经科学增刊,2002.

145. 徐振东. 发展中国家银行业开放的经济金融效应分析[J]. 世界经济,2001(12).

146. 米建国,李扬,黄金老. 应对 WTO,完善银行服务市场基础. 国务院发展研究中心第 128 号,2001.

147. 杨慧. 全球化下的国家金融安全[J]. 银行家,2003(3).

148. 林伯强. 外债风险预警模型及中国金融安全状况评估[J]. 经济研究,2002(7).

149. 易纲,赵晓,江慧琴. 对冲基金·金融风险·金融监管[J]. 国际经济评论,1999(1).

150. 易纲,赵晓,江慧琴. 对冲基金·金融风险·金融监管[J]. 国际经济评论,1999(2).

151. 钟伟,宛圆渊. 预算软约束和金融危机理论的微观建构[J]. 经济研究,2001(8).

152. 吴涛. 我国利率市场化改革中的金融安全问题分析[J]. 金融研究,2002(11).

153. 钟伟,等. 中国银行业:在不堪重负中前行[J]. 中国改革,2003(3).

154. 钟伟. 存款保险制度和中国银行业转轨[J]. 国际经济评论,2003(7).

155. 钟伟. 存款保险制度和中国银行业转轨[J]. 国际经济评论,2003(8).

156. 李怀,高良谋. 新经济的冲击与竞争性垄断市场结构的出现——观察微软案例的一个理论框架[J]. 经济研究,2001(10).

157. 谢平,尹龙. 网络银行:21 世纪金融领域的一场革命[J]. 财经科学,2000(8).

158. 谢平,尹龙. 网络经济下的金融理论与金融治理[J]. 经济研究,2001(4).

159. 迈耶·J. 戈登,李曜. 中国银行业不良资产与中国金融体系的未来[J]. 财经研究,2003(8).

160. 黄菊. 实实在在转变体制机制和观念,坚定不移推进国有商业银行改革[J]. 国际金融报,2004-09-22.

161. 刘明康. 不断提高中国商业银行公司治理与风险管理水平[EB/OL]. 新华网,2004-05-19.

162. 刘明康．中国继续推进银行业对外开放外资金融机构在华发展良好[J]．金融时报,2004－12－02.

163. 周小川,刘明康．周小川刘明康在十届全国人大二次会议举行的记者招待会上答记者问,纵论金融改革和监管热点[J]．金融时报,2004－03－12.

164. 周小川．完善法律制度改进金融生态[EB/OL]．人民网,2004－12－08.

165. 唐双宁．国有商业银行股份制改革基本步骤已确定[EB/OL]．中国新闻网,2004－11－12.

166. 张新．中国银行、中国建设银行的重组、股份制改造和上市以及汇金公司的角色,银监会内部资料,2004.

167. 朱民．中国银行股份制改造工作汇报．银监会内部资料,2004.

168. 中国经济景气监测中心课题组．关于国有商业银行困境与改革路径的思考．研究参考资料,2004(41).

169. 中国经济景气监测中心课题组．关于国有商业银行困境与改革路径的思考．研究参考资料,2004(42).

170. 马蔚华．战略调整:中国商业银行发展的路径选择[J]．新华文摘.2005(8).

171. 夏斌,陈道富．中国金融战略2020[M]．北京:人民出版社,2011.

172.(美)米尔顿·弗里德曼，安娜·J. 施瓦茨．美国货币史(1867—1960)[M]．巴曙松,等,译．北京:北京大学出版社,2009.

173.(美)罗伯特·J. 希勒．非理性繁荣(第二版)[M]．李心丹,等,译.北京:中国人民大学出版社,2008.

174.(美)莱维．巴特拉.1990年大萧条[M]．中国国际信托投资公司国际研究所,译．上海:上海三联书店,1988.

175. 张晓晶．主流宏观经济学的危机与未来[J]．经济学动态,2009(12).

176. 约瑟夫·斯蒂格利茨．宏观经济学在美国的失败[J]．中国社会科学报,2011－03－24.

177. 何帆．金融危机对经济学的影响[J]．国际经济评论,2010(6).

178. 周慕冰.金融危机背景下的银行业监管改革[J].中国金

融,2012(23).

179. 陈燕飞,杨明. 欧债危机对欧元区国家政府债务影响的实证研究[J]. 世界经济与政治论坛,2012 - 07.

180. 陈道富. 欧债危机的进展、判断和对策[J]. 中国发展观察,2011(11).

181. 马骏. 欧债危机的下一步演进及对中国的影响[J]. 国际经济评论,2011(6).

182. 中科院国际金融研究中心. 欧债危机的现状评估、政策选择与演进前景,2012 年 1 月 30 日发布.

183. Gang Yi, 1994, "Money, Banking, and Financial Markets in China", Westview Press, Inc.

184. Lawrence S. Ritter, William L. Silber, 1974, "Principles of Money, Banking, and Financial Markets", New York, Basic books, Inc, 1974.

185. J. S. Bain, 1956, Barries to New Competition. Cambridge, MA. Harrard University Press.

186. Berger, A. N. , W. C. Hunter, and S. G. Timme, 1993, The Efficiency of Financial Institutions: A Review and Preview of Research Past, Present and Future. Journal of Banking and Finance 17.

187. Berger, A. N. , and Humphrey, D. B. , 1991, "The Dominance of Inefficiencies over Scale and Product Mix Economics in Banking", Journal of Monetary Economics, 28.

188. Boyd, J. H. and Gertler, M > , 1993, "US Commercial Banking: Trends, Cycles, and Policy. "NBER Macroeconomics Annual.

189. Herwig Langohr, 1998, "Big is Not Best in Euroland", The Banker, January.

190. Barth J. R. , G. Caprio, and R. Levine, 2001a, "The Regulation and Supervision of Banks Around the World", World Bank, Memo.

191. Barth J. R. , G. Caprio, and R. Levine, 2001b, "Bank Regulation and Supervision: What Works Best?", World Bank, Memo.

192. Mark Gertler, Simon Gilchrist, 1994, "Monetary policy, Business Cycles, and the Behavior of Small Manufacture Firms", Quarterly Journal of Economics, May, 309 - 340.

193. Bester, H. , 1985, "Screening Versus Rationing in Credit Markets with Imperfect Information", American Economic Review 75, 850 – 855.

194. Bester, H. , 1987, "The Role of Collateral in Credit Markets with Imperfect Information", European Economic Review, 31, 887 – 899.

195. Stiglitz, J. E. Weiss, A. , 1981, "Credit Rationing in markets with Imperfect Information", American Economic Review, Volume 71, Issue 3, 393 – 410.

196. Wette, H. C. , 1983, "Colateral in Credit Rationing in markets with Imperfect Information", American Economic Review73(3), 442 – 445.

197. Schimdt Mohr, U. , 1997, "Rationing Versus Colateralization in Competitive and Molopolistic Credit Markets with Asymmetric Information", European Economic Review 41, 1321 – 1342.

198. Banerjee, A. V. , Besley, T. , Guinnane, T. W. , 1994, "The Neighbor's Keeper: The Design of a Credit Cooperative with Theory and a Test", Quarterly Journal Of Economics 109, 491 – 515.

199. Strahan, P. E. , Weston, J. P. , 1996, "Small Business Lending and Bank Consolidation: Is There Cause for Concern?", Working Paper, Federal Reserve Bank of New York, New York(March).

200. Peek, J. , Rosengren, E. S. , 1996 , "Small Business Credit Availability: How Important is Size of Lender?" in: Saunders, A. , Walter, I. (Eds. ), Universal Banking: Financial System Design Reconsidered, Irwin, Chicago, IL, pp. 628 – 655.

201. Meyer, Laurence H. , 1998, "The Present and Future Roles of Banks in Small Business Finance", Journal of Banking &Finance 22.

202. Berger, A. N. , Saunders, A. , Scalise, J. M. , Udell, G. . E. , 1998, "The Effects of Bank Mergers and Acquisitions on Small Business Lending", Journal of Financial Economics, 50, 187 – 229.

203. Srtahan Philips E. and Weston, James P. , 1998, "Small Business Lending and the Changing structure of the Banking Industry", Journal of Banking and Finance, 22, 821 – 845.

204. Berger, A. N. , Udell, G. . F. , 1998, "The Economics of Small Business Finance: The Role of Private Equity and Debt Market in the Financial Growth Cycle", Journal of Banking and Finance, 22, 613 – 673.

205. Berger, A. N. , Udell, G. F. , 2002, "Small Business Credit Availability and Relationship Lending: The Importance of Bank organizational Structure", Economic Journal, Forthcoming.

206. Claessens, S. , A. Demirg Kunt, and H. Huizinga, 2001, "How Does Foreign Entry Affect the Domestic Banking Market?", Journal of Banking and Finance.

207. Crystal, Jenifer S. , B. Gerard Dages and Linda S. Goldberg, 2001, "Does Foreign Ownership Contribute to Sounder Banks in Emerging Markets?: The Latin American Experience", Federal Reserve Bank of New York, Revised May 29.

208. Minsky, Hyman, "The financial Fragility Hypothesis: Capitalist Process and the Behavior of the Economy" in Financial Crises, ed. Charles. Kindlberger and Jean – Pierre Laffargue, Cambridge: Cambridge University Press, 1982.

209. Bernanke, Ben, Mark Gertler and Simon Gilchrist. The Financial Accelerator in a Quantitative Business Cycle Framework, in Handbook of Macroeconomics, Volume 1C, 1999.

210. Fisher, Irving. The Debt – Deflation Theory of Great Depressions, Econometrica, Vol. 1 (4), October 1933: 337 – 57.

211. Minsky, Hyman. Debt – Deflation Processes in Today's Institutional Environment, Banca Nazionale del Lavoro Quarterly Review, December, 1982.

212. Pigou, Arthur. The Classical Stationary State, Economic Journal, Vol. 53 (212), 1943: 343 – 51.

213. Pigou, Arthur (1947). Economic Progress in a Stable Environment, chapter 12 in Lutz and Mints (1951).

214. Tobin, James. Keynesian Models of Recession and Depression, American Economic Review, Vol. 65 (2), 1975: 195 – 202.

215. Tobin, James. Asset Accumulation and Economic Activity, Oxford: Basil Blackwell, 1980.

216. Allen, F. and D. Gale, 1997. "Financial Market, Intermediaries and Intertemporal Smoothing." Journal of Political Economics. 105: 523 – 46.

217. Baily, Martin Neil, Douglas W. Elmendorf and Robert E. Litan, 2008.

"The Great Credit Squeeze: How it Happened, How to Prevent Another." Brookings Institution Discussion paper. May 21, 2008.

218. Cecchetti, Stephen G., 2008. "Crisis and Response: The Federal Reserve and the Financial Crisis of 2007 - 2008." NBER working paper 14134. June, 2008.

219. Coffe, J. C, 1995. "Competition Versus Consolidation: The Significance of Organizational Structure in FinancialServices Regulation." The Business Lawyer. 50: 45 - 77.

220. Diamond, D. W., 1991. "Monitoring the Reputation: The Choice between Bank Loans and Directly Placed Debt." Journal of Political Economy. 99: 689 - 701.

221. Eichengreen, Barry, 2008. Thirteen Questions about the Subprime Crisis. Berkeley: University of California.

222. Government Accountability Office (GAO), 2004. Financial Regulation: Industry Changes Prompt Need to Reconsider U. S. Regulatory Structure.

223. Goldstein, Morris, 2008. "The Subprime Credit Crisis: Origins, Policy Responses, and Reforms." Policy Brief. 105.

224. Hoenig, Thomas M., 2008. "Maintaining Stability in a Changing Financial System: Some Lessons Relearned Again." Economic Review. First Quarter.

225. IMF, 2000. "Issues in the Unification of Financial Sector Supervision." IMF working paper 00/213.

226. IMF, 2008a. "Transmission of Liquidity Shocks: Evidence from the 2007 Subprime Crisis." IMF working paper 08/200.

227. IMF, 2008b. "The Recent Financial Turmoil - Initial Assessment, Policy Lessons, and Implications for Fund Surveillance." April 2008, www. imf. org

228. Merton, Robert C., and Z. Bodie, 1993. "Deposit Insurance Reform: A Functional Approach." In Carnegie - Rochester Conference Series on Public Policy. 38: 1 - 34.

229. Merton, Robert C., 1995. "A Functional Perspective of Financial Intermediation." Financial Management. 24.

230. Michael P. Dooley, David Folkerts - Landau, Peter Garber, 2003. "An

Essay on the Revived Bretton Woods System. "NBER working paper 9971, September.

231. Minsky, Hyman P., 1992. The Financial Instability Hypothesis. NBER Working Paper No. 74.

232. Paul, Henry, 2009. "Reform the Architecture of Regulation." Financial Times. March 24, 2009.

233. Paul Krugman, 2009. Has Macroeconomics Failed? Available at: <http://everydayecon. wordpress. com/2009/07/19/has – macroeconomics – failed/ >.

229. Raghuram Rajan, 2010. Fault Lines: How Hidden Fractures Still Threaten the World Economy. Princeton University Press.

234. Enrique G. Mendoza, Vincenzo Quadrini, 2009. Financial Globalization, Financial Crises And Contagion, NBER Working Paper Series. Available at: <http://www. nber. org/papers/w15432 >.

235. Thomas Philippon, Ariell Reshef, 2009. Wages And Human Capital In The U. S. Financial Industry: 1909 – 2006. NBER Working Paper Series. Available at: <http://www. nber. org/papers/w14644 >.

236. Jesús Fernández – Villaverde, The econometrics of DSGE models. SERIEs (2010) 1: 3 – 49. DOI 10. 1007/s13209 – 009 – 0014 – 7. Available at: <http://www. econ. upenn. edu/ ~ jesusfv/econometricsDSGE. pdf >.

237. Mike Wickens, 2009. What's Wrong with Modern Macroeconomics? Why its Critics Have Missed the Point?. A joint initiative of Ludwig – Maximilians University's Center for Economic Studies and the Ifo Institute for Economic Research. Available at: < http://www. cesifo – group. de/portal/page/portal/CFP_CONF/CFP_CONF_2009/Conf – es09 – Illing/Papers/es09_Wickens. pdf >.

# 索引


**B**

不良资产 47

**C**

产权结构多元化 15,86,110,217 - 219,227

产权结构改革 87,95,96,98,102,103,111

产业组织理论 1,4 - 10,12 - 14,16,25,35,51,53,57,95,96,

创值能力 62,63,65,67,68,

村镇银行 216,220,228

**D**

大而不能倒 171,173

大萧条 188,194 - 196

德姆塞茨 8

顶层政策设计 188

**F**

反垄断政策 6

分业经营 13,16,17,108,157,161,175,177 - 180,183,184,186,188,194,225,226

负外部溢出效应 189

**G**

戈得史密斯 10

格拉斯—斯蒂格尔法案 188

寡头垄断 27,35

规模不经济 37 - 39,43 - 45

规模经济 6,8,13,24,28,30,32,34 - 44,46,47,52,53,98,104,177,232,233,235 - 237

国际货币体系改革 189

国家道德风险 188,190

国家金融安全 1,4,13,15,16,86,87,96,98,102,110,111,139,149,156,161,168,215,216,218,219,223,227,238,239

国家信用 173

国有商业银行股份制改革 103,104,106,107,110

国有银行 64,75,76,78 - 82,85,86

国有银行改革 2,13,19,23,47,87,88,94,96,97,108,109,217

国有银行体制转轨 87,95,96,100 - 102

**H**

哈佛学派产业组织理论 6

后金融危机时代 168

混业经营 1,13,16 - 18,103,164,

175－182,184－186,188,224－226,228,233,234

J

间接融资 215,221,224

结构失衡 3

金融创新 188,191,194

金融监管 175,179,181－188

金融监管体制改革 183－185

金融市场脆弱性 166,171

《金融现代化法案》 188

金融衍生品 164,166

金融业开放 56

金融抑制 115

金融资源宏观配置效率扭曲 220

金融资源配置效率 215,228

经济滞胀 188,194,195

经营绩效 62－68

竞争力 87,90,93,94,96,103,104,106,109,110,113,114

竞争效应 57,60,61

K

凯恩斯革命 188

L

量化宽松货币政策 16,17,189,224

垄断 3,5－10,12,13,19,20,22－25,27,28,31,33,39,42,44－46,51,58,59,61,75,80,86,94,96－102,110,111,121,123,128,129,156,163,173,186,215,216,218,219,228,236,239

路径选择 87,89,96,101,102,110

M

美国金融监管 175,181－183

O

欧元体制的内在不协调 190

Q

全球金融危机 1,4,17,18,56,109,115,173,175,181,188,189,193－195,197,226,227,232

全球治理框架 188

S

市场绩效 52－54

市场结构 8－15,17,19,20,25,27－29,35,38,44,47,50－53,57,59,61,62,84－87,95－101,110,111,115,116,126,128,129,136,179,215,217－221,230,232－234,236,237,239

市场结构改革 87,96,98,99,102,110

市场结构竞争化 15,17,218,219,227

收入和财富分配 188,195,196

斯蒂格勒 6－8

T

体制转轨 13,22,81,87,95,177,236

调节货币供应量 188,193

W

外资银行 56－61

X

“小银行优势” 115,130,131

系统性重要的金融机构　173
新自由主义　188,194
信贷配给理论　115,116,118－120
信贷资金配置　1,2,4,16,62,75,76,80－82,85,86,95,98,101,102,110,121,215－217,220,227
信息不对称　115,116,118－120,123,126,128－131,135

**Y**

银行产业组织结构　15,82,84－86,102,115,121,221,222,227
银行产业组织效率　76,82
银行产业组织演进　98,102
银行体系脆弱性　13,158,168－173,223,233,234,238
银行业开放　139,141,149,154－157
银行业市场集中度　28,51,173,233
银行主导型的金融结构　47
隐性担保　173,174,227

**Z**

战略投资者　47
政府干预　188,194,195
制度变迁　19,22
中小企业融资难　115－118,121,129,130,135－137
中小银行　216,220－222
“中型银行促进竞争”假说　84
专业化分工　115,130,132,135,222
资产价格　4,16,160,164－167,171,188,191,192,223,224,226,228,229
资产价格波动　158,163－166
资金配置的扭曲　79

# 后 记

随着本书写作的完成，我在大学的执教生涯告一个段落。大学毕业后我曾在广东的企业工作了五年，后来的经历却主要在学校，虽然中央党校不是普通的高校，研究的是“管用的理论”和政策，但经济学作为一门经世致用的学问，不“下海试水”，理论和实践的结合总是有欠缺。古语云，读万卷书，行万里路。从中央党校的讲台到财政部的政策研究舞台，多年养成的读书习惯已成为生命的一部分，毫无疑问会延续，但“行万里路”却刚开了个头，毕竟要改变已经适应的工作状态，体味了不少转型的酸甜苦辣，好在“路上”的旖旎风光让生命变得丰富，理论和实践相互印证的精彩瞬间是作为经济学人的最大收获。

本书写作始于2006年我成功申请到国家社科基金，之后获得哈佛大学博士后全额奖学金赴美访学，课题完成时间不得不推迟，但三年美国游学使得相关的思考更加深入，对本书重要观点的形成至关重要。改革开放30多年来，中国金融业的改革、开放和发展已有了巨大的推进，不过中国金融业仍以银行间接融资为主导，信贷资金的配置效率决定整个金融资源的配置效率，行政力量在基准利率、人民币汇率和信贷投放规模等方面仍发挥重要的作用，金融业的市场准入、新业务的开发和提供仍需政府主管部门审批。这种银行主导和行政管制型金融体系的存在有其历史的必然性和合理性，但是也使得银行业的结构缺陷日益明显，相对封闭的行业导致中小微型金融机构不发达，竞争不充分，信贷资源配置效率较低且扭曲，提供大量就业岗位的中小型企业和“三农”融资难、融资贵普遍存在。其次，中国作为世界贸易组织（WTO）的正式成员，企业已渐渐融入全球经济，国际化是必由之路，中国银行业如何顺势实施“走出去”战略，进一步推动体制改革，优化银行产业结构，提高我国的信贷资金配置效率和银行产业整体竞争力，构筑一个面向全球化的安全的金融体系，将是未来我们长期努力的方向。最后，这次全球金融危机以来,全球金融业以及监管架构都在重构,中国金融业(特别是银行业)面临哪些机遇和挑战,如何抓住机遇,应对挑战? 危机前的混业经营趋势在危机后备受质疑,中国银行业是否继续走向混业经营? 全球金融监管的新趋势是什么? 中国能从危机中学到什么? 中国金融监管改革路在何方? 全球金融危机和此后的欧债危机对我国构筑安全的金融体系有何启示? 这些问题的回答需要我们立足国情,以广阔的全球视野作出判断,提出有效的应对之策和改革方案。本书的写作试图做这样一个尝试。

我于 2008 年 8 月赴美访学,9 月雷曼兄弟破产,金融危机随之愈演愈烈,对于世界来说这是很大的不幸,但在风暴眼观察危机和世界经济却是作为经济学者一生难遇的机会。哈佛大学的学术平台汇集了一流的学者和一流的资源,肯尼迪政府学院和哈佛商学院就隔着风光醉人的查尔斯河,在 Harvard Yard 旁边的经济系、美国国民经济研究局、费正清中心、燕京学社也不过步行十分钟的路程,这些机构学术资源共享,讲座和学术活动应接不暇,为我打开了另一个精彩世界的大门,恨不得有分身之术去遍览学海胜景。两年期间关于金融危机问题的讲座数不胜数,我有幸聆听了马丁·费尔德斯坦、肯尼斯·罗格夫、劳伦斯·萨默斯、格利高利·曼昆等经济学大家的课程和演讲,就相关问题单独拜访了一些教授和专家。同时在哈佛的奖学金支持下,我多次赴华盛顿的国际货币基金组织(IMF)、世界银行、美联储、美国财政部、布鲁金斯学会等作学术演讲,并和来自日本央行的肯尼迪学院访问学者富本智之先生(现日本央行驻华首席代表)拜会很多专家,听取他们对世界和中国金融发展趋势及监管的独特见解,深受启发。这里特别感谢肯尼迪学院的 Dwight H. Perkins 教授、William W. Hogan 教授、John Holdren 教授、Jeffrey Frankle 教授、F. M. Scherer 教授、Jay Rosengard 教授、Mark Fagan 教授,以及美国纳斯达克前主席 Robert R. Glauber 教授,高级研究员、前深圳发展银行首任洋行长韦杰夫先生,哈佛经济系的 Martin Feldstein 教授、Dale Jorgenson 教授,哈佛商学院的 Jin Li 教授,美联储高级顾问 Mark Gary 博士,美国财政部部长助理 Charles Collyns 先生,皮特森国际经济研究所的高级研究员 Nicolas Lardy 博士,美国企业研究所的高级研究员 Alex Pollock 先生,乔治华盛顿大学的 Arthur Walmath 教授等。2010 年受 IMF 高级顾问兼西半球局副局长 Gilbert. Terrier 先生的邀请作为访问学者主持大宗矿产品价格周期与中国经济增长关系的研究课题,后来又受亚太局副局长

Nigel Chalk 和前 IMF 驻中国首代李一衡两位先生邀请研究全球经济再平衡与中国结构调整，持续做访问学者 8 个月，我利用这个难得的机会就中国银行业的问题请教 IMF 和世行的专家，同样获益匪浅。这里特别感谢时任世界银行首席经济学家林毅夫教授和 IMF 副总裁朱民博士的睿智见解给我的启发。借此机会，感谢哈佛大学和 IMF 为我的访学和研究提供奖学金支持，感谢访问过的其他教授、专家和肯尼迪学院、IMF 的同事以及朋友们给予的支持和帮助。

2011 年回中央党校后，我开始系统整理在美国的思考，同时在省部班、地厅班和中青班的课堂上和讨论中与众多领域的领导干部一起探讨相关问题，在课堂上日渐游刃有余的同时，我对相关问题的研究更加深入和贴近实际。借此机会，我要感谢中央党校 2011 年和 2012 年“转变发展方式和经济结构调整”省部班和地厅班以及中青班的学员，面对这些高级领导干部，课堂压力自然很大，但也迫使我深入思考，同时在与他们深入交流的过程中我受益匪浅，部分学员也为本书观点的形成提供了丰富的素材和睿智见解，使我深受启发，其中特别感谢财政部楼继伟部长、李军司长，山东郭树清省长，证监会庄心一副主席、姜洋副主席，中国人民银行王华庆书记、焦瑾璞局长、殷兴山行长、谢多司长，国家开发银行周清玉书记，全国政协经济委员会石军副主任，科技部李萌秘书长，湖南省委组织部郭开朗部长，四川王宁副省长，陕西延安姚引良书记，国务院研究室马传景司长，中财办杨尚勤局长、杨泽军局长，央汇金公司张宏安副总经理，国务院发展研究中心办公厅隆国强主任，华能国际刘国跃总经理，上海市政府肖贵玉副秘书长，中国石化联合石化公司戴照明总经理，云南省金融办刘光溪主任，外交部刘强民大使，中国北方工业公司赵刚总裁等。

感谢中央党校为我的大学执教生涯提供了一个精彩的舞台，也感谢经济学部和其他各个部门的领导和同事一直以来对我的关心和支持，特别是王东京教授、赵振华教授、赵长茂教授、韩保江教授、潘云良教授、梁朋教授、鲍永升书记、田应奎教授、谢鲁江教授、石霞教授、徐祥临教授、曹新教授、李旭章教授、董艳玲教授、施红教授、徐平华教授、李省龙教授、曹立教授、李鹏教授、陈启清教授、刘淑琴老师以及很多可爱的同事朋友，这里难以一一列举。中央党校搭建了一个平等讨论平台，学员汇集了中国社会方方面面的杰出人士，教学和研究极富有挑战性，作为教师，我收获良多。这一段经历对我人生的丰富远远超越了最初的期望,走出了校门更加感觉到这是我人生阅历中一笔可贵的财富。

感谢财政部给予我一个发挥自身所长的舞台,使我能在财经综合部门一线,感受国家经济发展的强劲脉搏。这里要特别感谢综合司的欧文汉司长、汪义达副司长、马拴友处长以及其他领导和同事对我这个财政一线"新兵"的关心、帮助和支持。

我的恩师吴树青先生在他八十多岁的高龄为我的拙作欣然作序,此恩此情永生难忘。高山仰止,景行行止。我跟随先生读博三年,做人做事都受益匪浅,参加工作后先生对我关怀提携有加。这里衷心祝愿先生和师母健康长寿。

借此机会,感谢师兄李玉赋、范恒山、王中华、康克龙、惠双民,师姐吴斌,师弟王成炜、赵夫增,师妹张红、高嵩等一直以来的关心和帮助。感谢蒲晓鸥叔叔这些年来的帮助。感谢原中办人事局李永平副局长一直以来的关心和帮助。特别感谢中国经济出版社的霍宏涛博士对本书出版所提供的支持,责任编辑严莉所付出的辛勤劳动。感谢我的硕士生李鹏程和李明慧在本书成书过程中提供的帮助。

感谢四川省委原副秘书长鄢正刚先生长期以来对我和我的家人的大量无私帮助。他的丰富人生阅历、满腹诗书和飘逸潇洒的书法一直令我颇多受益,仰慕不已。

我的岳母毛韵秋女士一直以来对我的事业给予了巨大支持,近几年她奉献了逍遥无忧的退休时光,尽心尽力、无怨无悔帮我们照顾女儿,辛苦异常;她对唯一的外孙女倍加呵护,精心培育,比我们做父母的都细心,倾注了所有爱心,此恩此情,终生难报。我的妻子杨璇随我赴美访学,对我的支持一如既往,承担了大量的家事,才使我有更多的时间用在写作和事业上,感激之情难以言表;同时,她在波士顿没有虚掷光阴,勤奋努力,拿到了钢琴艺术指导专业的硕士学位和钢琴独奏艺术研究生文凭,实属不易,在她即将履新之际,谨以本书的出版表示祝贺。

我的父亲于光华和母亲常凤英含辛茹苦将我养育成人,是我成长路上永远的坚强后盾;熬过的岁月才有味道,往日的艰辛都成为美好的回忆,而恩情已铭记于心。借此机会,感谢我的三位姐姐于晓燕、于林燕、于荣燕及姐夫们多年来给予我的巨大支持和帮助,三个外甥也一直在为我加油。

最后,感谢女儿依玚给我和妻子带来了无穷的欢乐与希望,让我们的生命更有意义,是我们永远的骄傲。她冰雪聪明,举手投足充满了精灵之气,时不时将我从尘俗的奔波中拉回诗意人生,为整个家注入了不竭的爱和活力。这本书献给她,愿健康快乐相伴她一生。

于永臻

2013 年 4 月 16 日